Springer-Lehrbuch

Ralph Berndt
Adrienne Cansier

Produktion und Absatz

Zweite, aktualisierte und erweiterte Auflage

Mit 124 Abbildungen

Professor Dr. Ralph Berndt
PD Dr. Adrienne Cansier

Eberhard-Karls-Universität Tübingen
Wirtschaftswissenschaftliche Fakultät
Nauklerstraße 47
72074 Tübingen

ralph.berndt@uni-tuebingen.de
adrienne.cansier@uni-tuebingen.de

ISSN 0937-7433

ISBN 978-3-540-69340-6 Springer Berlin Heidelberg New York
ISBN 978-3-540-43206-7 1. Auflage Springer Berlin Heidelberg New York

Bibliografische Information der Deutschen Nationalbibliothek
Die Deutsche Nationalbibliothek verzeichnet diese Publikation in der Deutschen Nationalbibliografie; detaillierte bibliografische Daten sind im Internet über http://dnb.d-nb.de abrufbar.

Springer ist ein Unternehmen von Springer Science+Business Media

springer.de

Herstellung: LE-TEX Jelonek, Schmidt & Vöckler GbR, Leipzig
Umschlaggestaltung: WMX Design GmbH, Heidelberg

SPIN 11966876 43/3100YL - 5 4 3 2 1 0 Gedruckt auf säurefreiem Papier

Vorwort

Die Monographie ist als Lehrbuch insbesondere für das Grundstudium der Betriebswirtschaftslehre gedacht. Das Buch besteht aus fünf Teilen. Im Teil 1 erfolgt eine Einordnung der betrieblichen Teilfunktionen Produktion und Absatz in die Betriebswirtschaftslehre. Schwerpunktmäßig werden die Grundlagen der betrieblichen Entscheidungsfindung präsentiert. Gegenstand des Teils 2 sind die Produktions- und Kostentheorie. Ausgewählte, grundlegende Produktionsfunktionen werden dargestellt, die hierauf aufbauenden Kostenfunktionen werden hergeleitet; sie stellen die Basis für betriebswirtschaftliche Entscheidungen in den Bereichen Produktion und Absatz, z.B. bezüglich der optimalen Preis- und Mengenpolitik, dar. Im Teil 3 werden – als wesentliche Teilgebiete der Produktion – die Beschaffungsplanung, die Lagerbewirtschaftungssysteme sowie die Produktionsprogrammplanung behandelt. Gegenstand des Teils 3 ist der betriebliche Funktionsbereich Absatz. Nach einer Darstellung der entscheidungsrelevanten Grundlagen wird untersucht, wie in den Bereichen Produkt-, Preis-, Kommunikations- und Distributionspolitik optimale Entscheidungen getroffen werden können. Zum Abschluss dieses Teils wird auf die Planung von Marketing-Mixes eingegangen. Im abschließenden Teil 5 wird dargelegt, wie die betrieblichen Teilbereiche Produktion und Absatz untereinander abgestimmt werden können.

Dem Buch liegt ein erprobtes didaktisches Konzept zugrunde, welches auf der Lehrveranstaltungs-Kombination Vorlesung plus Übung basiert. Erstens werden die Grundlagen der einzelnen Teilbereiche präsentiert; Hinweise auf diverse Erweiterungen werden gegeben. Zweitens wird in jedem Teil vertiefende Literatur aufgeführt. Drittens wird jeder Teil durch eine Sammlung von Übungsaufgaben ergänzt. Viertens werden Kurzlösungen am Ende des Buches präsentiert, die es interessierten Lesern erlauben, ihren Wissensstand selbst zu kontrollieren.

Wir wünschen viel Spaß bei der Lektüre und viel Erfolg beim Studium der Betriebswirtschaftslehre.

Tübingen, im März 2007

Prof. Dr. Ralph Berndt
PD Dr. Adrienne Cansier

Inhaltsverzeichnis

Teil 1: Produktion und Absatz im Rahmen der Betriebswirtschaftslehre

A. Das Wirtschaften von Betrieben

Gegenstand der Betriebswirtschaftslehre ist das Wirtschaften von Betrieben. **Betriebe** können gekennzeichnet werden (vgl. Schweitzer 2000, S. 27 ff.) als

- technische, soziale und wirtschaftliche Einheiten, die im Rahmen einer bestimmten Umwelt tätig sind,
- mit der Aufgabe der Fremdbedarfsdeckung,
- mit selbständigen Entscheidungen und
- mit eigenen Risiken.

Dies ist im Einzelnen näher zu charakterisieren:

- Die technische Einheit drückt sich durch die vorhandene, im Produktionsprozess eingesetzte Technologie (Produktionsapparat) sowie durch die Produktqualität in technischer Hinsicht aus.
- Die soziale Einheit ist durch die Menge der in einem Betrieb tätigen Personen sowie der Interaktionen zwischen ihnen abgegrenzt.
- Die wirtschaftliche Einheit umfasst das an den Märkten tätige Wirtschaftssubjekt, welches von anderen Wirtschaftssubjekten abgrenzbar ist.
- Zu den relevanten Umweltfaktoren zählen zum einen die Märkte, auf denen die Betriebe tätig sind. Die Märkte wiederum sind u.a. durch die angebotenen Güter (Produkte), die Anzahl und Größe (Macht) der Anbieter (Konkurrenten) und die Anzahl/Charakteristika der Nachfrager (Letztverbraucher, Konsumenten) gekennzeichnet. Als weitere wichtige Umwelt eines Betriebes ist die na-

türliche Umwelt zu nennen; der Umweltbezug eines Betriebs ist generell unternehmens-, branchenspezifisch (zur Umweltökonomie siehe Cansier 1996).

- Fremdbedarfsdeckung bedeutet, dass – abgesehen von Ausnahmen – für andere Betriebe bzw. für Konsumenten (Letztverbraucher) produziert wird.
- In Betrieben werden in umfassender Weise selbständige Entscheidungen getroffen, zum einen über die zu verfolgenden Ziele, zum anderen über die zu wählenden Maßnahmen (z.B. im Produktions- beziehungsweise Absatzbereich).
- Das "eigene" Risiko eines Betriebes liegt in der Verlustgefahr, im Extremfall in der Gefahr eines ruinösen Verlustes. Allgemein können Risiken als Gefahr negativer Konsequenzen charakterisiert werden.

Das **Wirtschaften** eines Betriebes beinhaltet das Disponieren über knappe Güter, die direkt oder indirekt geeignet sind, Bedürfnisse von (Letzt-)Verbrauchern zu befriedigen.

- Hier wird das Disponieren als Entscheidungsfindung im Rahmen einer Planung der Beschaffung, der Produktion und des Absatzes knapper Güter verstanden.
- Knappe Güter sind insbesondere durch drei Merkmale gekennzeichnet: die Nachfrage ist größer als das Angebot, die Güter sind prinzipiell zwischen Wirtschaftssubjekten übertragbar; es existieren Preise, zu denen knappe Güter abgegeben werden. Der Gegensatz zu knappen Gütern sind so genannte freie Güter, also Güter, die frei verfügbar sind, für die damit keine Märkte existieren.
- Die Bedürfnisse insbesondere von Letztverbrauchern (Konsumenten) sind vielfältiger Art. Gemäß der Motivtheorie von Maslow (vgl. z.B. Berndt 1996, S. 62) lassen sich
  - physiologische Motive (Sicherung der Daseinsgrundlagen),
  - Sicherheitsmotive,
  - soziale Motive,
  - die Selbstachtung und
  - die Selbstverwirklichung

  unterscheiden. Offensichtlich ist, dass verschiedene Güter zur Verwirklichung unterschiedlicher Motive beitragen können. Betrachtet man beispielsweise die physiologischen Motive, so ist eine Sicherung der Daseins-(Existenz-) Grundlagen durch Güter wie Nahrungsmittel, Kleidung, Wohnung und Möbel sowie Auto möglich.

Das Wirtschaften erfolgt in verschiedenen **betrieblichen Funktionsbereichen:**

- der Beschaffung,
- der Produktion,
- des Absatzes und
- der Finanzierung.

Gegenstand der **Produktion** ist die Erstellung von Leistungen durch die Kombination verschiedener Einsatzfaktoren (so genannte Produktionsfaktoren). Voraussetzung der Produktion ist die **Beschaffung** der benötigten Produktionsfaktoren. Die Vermarktung der erstellten Leistungen erfolgt im Rahmen des **Absatzes** (des Marketing) (vgl. Abb. 1.1). Ergänzt werden diese güterwirtschaftlichen Prozesse durch die **Finanzierung**, also durch die Planung der Zahlungsströme eines Unternehmens, wobei die Liquidität, also die Zahlungsfähigkeit eines Unternehmens, gewahrt sein muss. (Beachte: Die Begriffe Betrieb und Unternehmen werden im Folgenden synonym verwendet.)

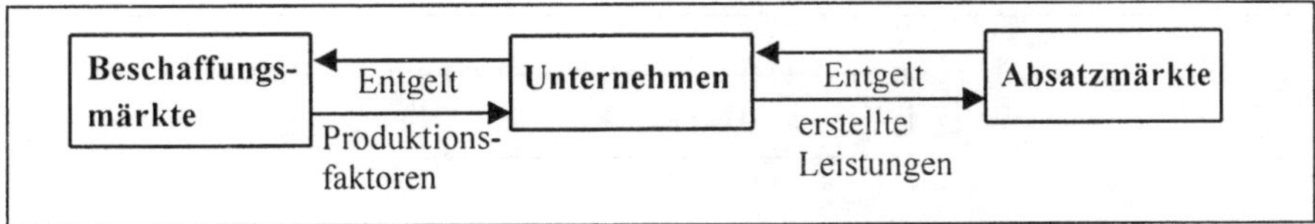

Abb. 1.1: Ein Unternehmen im Rahmen seiner Beschaffungs- und Absatzmärkte

Betrachtet man den Bereich der "**Produktion**" näher, so lassen sich die in der Abb. 1.2 angegebenen Teilgebiete unterscheiden:

- die Beschaffungsplanung
  (Bedarfsermittlung, Entscheidung zwischen Eigenfertigung und Fremdbezug, Beschaffungsmengenplanung u.ä.),
- die Lagerhaltungspolitik
  (Entscheidung über Lagerbewirtschaftungssystem) und
- die Produktionsprogrammplanung
  (Planung der Produktions- und Absatzmengen der einzelnen Produkte).

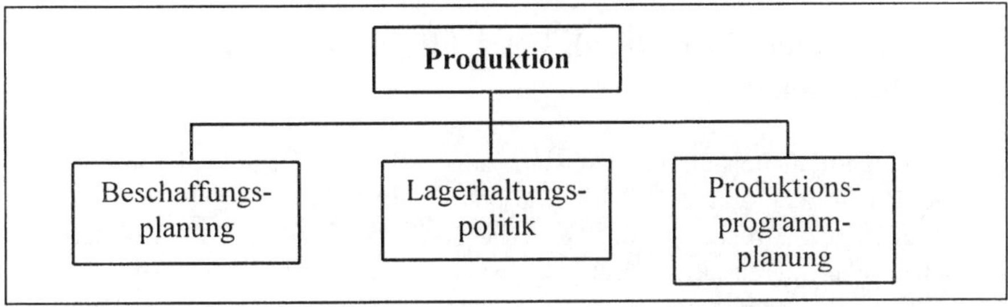

Abb. 1.2: Teilgebiete der Produktion

Eine Strukturierung des **Absatz**bereiches (**Marketing**-Bereich) lässt sich durch eine Systematisierung der Instrumente des Absatzes erreichen (vgl. im Einzelnen Berndt 2005). Üblich ist die Unterteilung in

- Produkt-, Sortiments- und Servicepolitik (z.B. Produktdifferenzierung oder Produktinnovation im Rahmen der Produktpolitik),
- Kontrahierungspolitik (Preis- und Konditionenpolitik),
- Kommunikationspolitik (z.B. Corporate-Identity-Policy, Werbung, Sponsoring) sowie
- Distributionspolitik (Vertriebs- und Verkaufspolitik).

Daneben ist das Marketing-Mix, die gegenseitige Abstimmung der verschiedenen Marketing-Instrumente, zu planen.

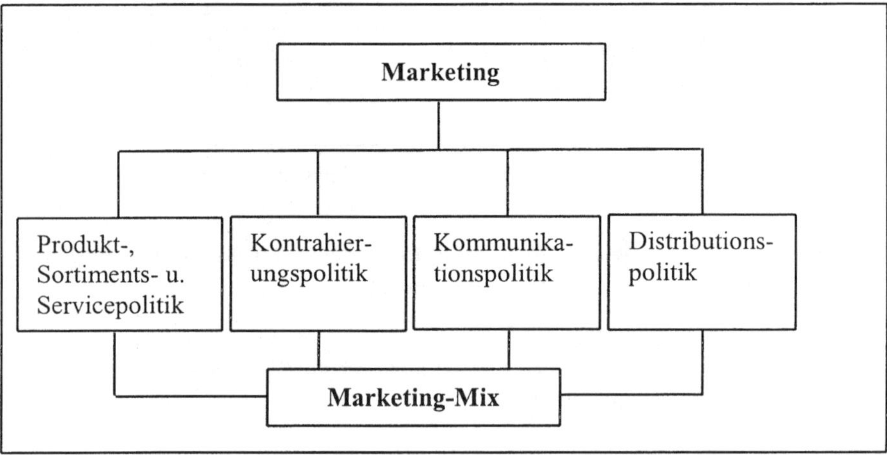

Abb. 1.3: Teilgebiete des Marketing (Absatzes)

B. Planung und Kontrolle als betriebliche Management-Teilfunktionen

Das **Management** im funktionalen Sinne kann als betriebliche Funktion bezeichnet werden, welche zum Inhalt hat, die betriebsinternen (güter-, finanz- und informationswirtschaftlichen) Prozesse sowie die (güter-, finanz- und informationswirtschaftlichen) Transaktionsprozesse zwischen einem Unternehmen und seiner Umwelt auf die Unternehmensziele auszurichten sowie zu koordinieren. Die typischen Transaktionen zwischen einem Unternehmen und seinen Beschaffungs- und Absatzmärkten, nämlich

- güterwirtschaftliche Transaktionen,
- finanzwirtschaftliche Transaktionen und
- informationswirtschaftliche Transaktionen

werden in der Abb. 1.4 skizziert. Bei den güter-/finanzwirtschaftlichen Transaktionen zwischen einem Unternehmen und seinen Beschaffungs- und Absatzmärkten ist dabei vom Normalfall (Güter gegen Entgelt) ausgegangen worden.

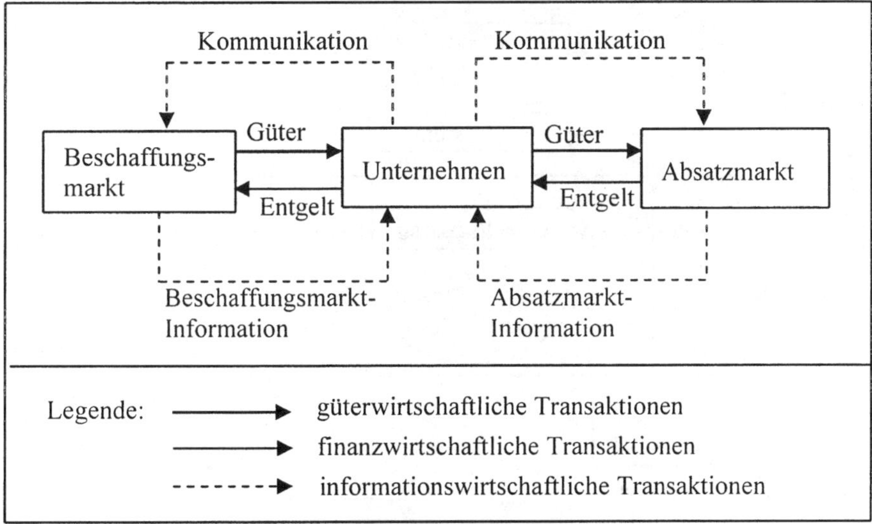

Abb. 1.4: Typische Transaktionen zwischen einem Unternehmen und seinen Märkten

Als **Teilfunktionen des Management** im funktionalen Sinne können unterschieden werden

- die Planung,
- die Kontrolle,
- die Organisation und
- die Führung.

Der gesamte Prozess der Planung, (innerbetriebliche) Durchsetzung, Realisation und Kontrolle lässt sich in verschiedene aufeinander folgende Phasen unterteilen, zwischen denen Vor- und Rückkopplungen bestehen (vgl. Abb. 1.5).

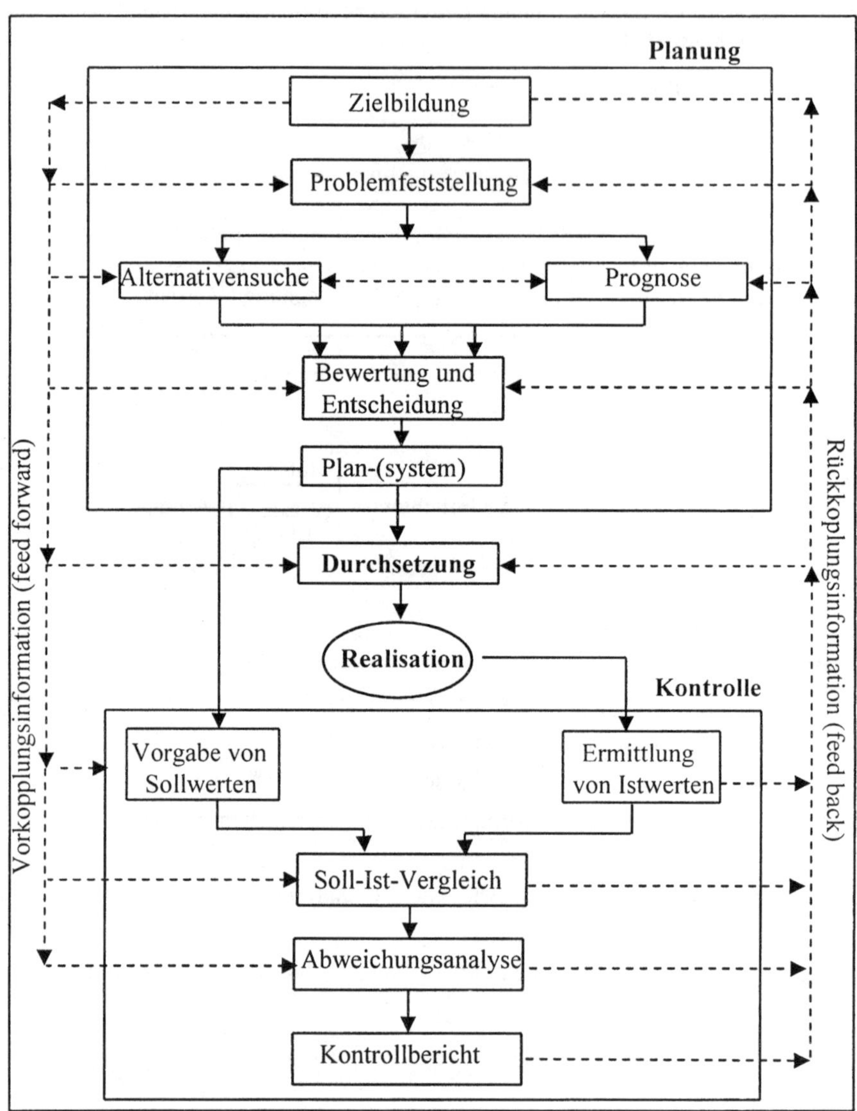

Quelle: Nach Schweitzer 2001, S. 26.
Abb. 1.5: Stellung der Planung im Planungs- und Kontrollprozess eines Betriebes

Eine rationale **Planung** beinhaltet ein systematisches, zukunftbezogenes Durchdenken und Festlegen von Zielen, Maßnahmen und Ressourcen zur zukünftigen Zielerreichung. Objekte der Planung sind damit Ziele, Maßnahmen und Ressourcen; die wesentlichen Tätigkeiten der Planung bestehen aus dem Durchdenken (Analysieren) und Festlegen (Entscheiden); die typischen Charakteristika der Planung sind deren Zukunftsbezogenheit, deren Zielbezogenheit und die systematische Vorgehensweise. Ausgangspunkt eines **Planungsprozesses** (vgl. Abb. 1.5) ist die Zielbildung und das Erkennen eines Entscheidungsproblemes. Anschließend sind die Handlungsalternativen zu suchen; zu prognostizieren sind deren Wirkungen bezüglich der verfolgten Ziele; die Handlungsalternativen sind vergleichend zu beurteilen, so dass eine Entscheidung getroffen werden kann. Wenn die Planung mit einer Entscheidungsfindung abgeschlossen ist, müssen die geplanten Maßnahmen innerbetrieblich durchgesetzt werden; im Anschluss hieran können die geplanten Maßnahmen realisiert werden.

Um ein Ziel vollständig und praktikabel zu definieren, müssen die drei **Zieldimensionen**

- Inhalt,
- Ausmaß und
- zeitlicher Bezug

festgelegt werden. Der Zielinhalt umfasst die ökonomische Größe (Zielgröße), die verfolgt wird, also der Bewertung von Handlungsalternativen zugrunde gelegt wird. Bei dem Zielausmaß können drei Fälle unterschieden werden:

- die Maximierung (beziehungsweise) Minimierung einer Zielgröße,
- die Vorgabe eines Mindestwertes (eines maximalen Wertes) und
- das Streben nach einem festen Wert.

Der zeitliche Bezug umfasst jene (Planungs-) Periode, in welcher das verfolgte Ziel erreicht werden soll.

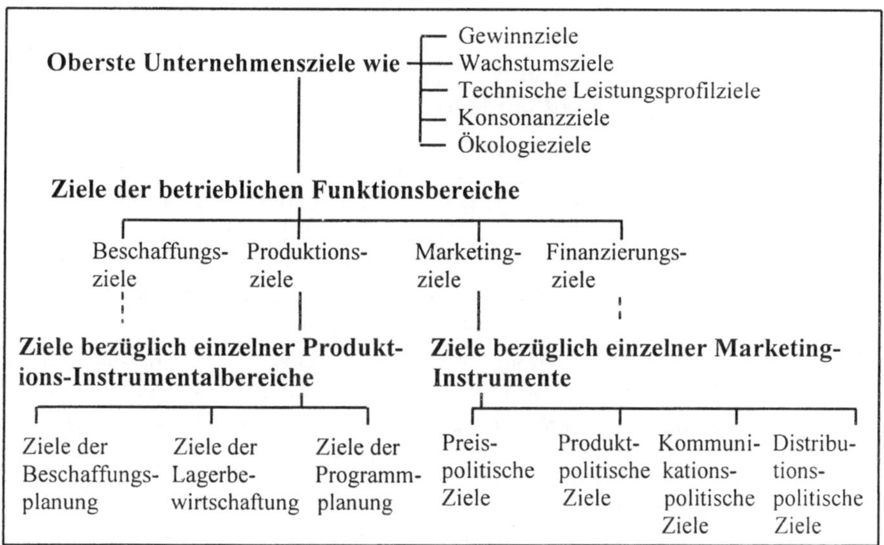

Abb. 1.6: Zielhierarchie eines privatwirtschaftlichen Unternehmens

Eine gesamtbetriebliche, nach betrieblichen Funktionsbereichen differenzierte Zielbildung schlägt sich in einer betrieblichen Zielhierarchie nieder; in der Abb. 1.6 wird die **Zielhierarchie** eines privatwirtschaftlichen Unternehmens allgemein skizziert. Neben obersten Unternehmenszielen und Zielen der einzelnen betrieblichen Funktionsbereiche sind hier beispielhaft Ziele bezüglich einzelner Marketinginstrumente und Ziele bezüglich einzelner Produktions-Instrumentalbereiche aufgeführt.

Im Zusammenhang mit dem obersten Unternehmensziel **"Gewinn"** können ökonomische Zielgrößen wie der Gewinn, der Erlös, die Kosten sowie die Produktions- und Absatzmenge genannt werden. Der Gewinn ist definiert als

$$G = E - K = p \cdot x - K^{Prod} - K^{Ma} \tag{1.1}$$

mit
G: Gewinn
E: Erlös
K: Gesamtkosten
p: Preis
x: Produktions- und Absatzmenge
K^{Prod}: Produktionskosten
K^{Ma}: Marketingkosten (z.B. Werbekosten).

Im Zusammenhang mit dem obersten Unternehmensziel **"Wachstum"** ist der Marktanteil von besonderer Bedeutung. Der Marktanteil kann mengenmäßig oder wertmäßig definiert werden. Der mengenmäßige Marktanteil entspricht der eigenen Absatzmenge bezüglich eines bestimmten Produktes, bezogen auf die Gesamtabsatzmenge der Branche hinsichtlich der entsprechenden Produktart. Der wertmäßige Marktanteil ergibt sich als Quotient aus dem eigenen Erlös bezüglich eines bestimmten Produktes und dem entsprechenden Gesamterlös der Branche. Offensichtlich ist, dass wertmäßige Marktanteile insbesondere dann von Interesse sind, wenn deutliche Preisunterscheide zwischen den verschiedenen Anbietern derselben Produktart existieren. Bei dem **"technologischen Leistungsprofil"** als Unternehmensziel geht es um angemessene Produktionsverfahren und Produktqualitäten, in denen sich führende technologische Erkenntnisse niederschlagen. Die Zielgröße **"Konsonanz"** beinhaltet ein angestrebtes konfliktfreies Zusammenleben mit allen relevanten Bezugsgruppen der Umwelt. **Ökologische Zielgrößen** sind beispielsweise die Verringerung/Begrenzung der Emission von Schadstoffen. Beispiele für produktionspolitische Ziele sind die Kostensenkung bzw. die Beschäftigungsglättung und für Marketingziele die Steigerung des Bekanntheitsgrades oder die Verbesserung des Images (vgl. Teile 3.A und 4.A).

Zur Messung des **Bekanntheitsgrades** kann z.B. eine gewisse Branche vorgegeben und gefragt werden, welche zugehörigen Unternehmen genannt werden können. Ein **Image** kann allgemein als Erscheinungsbild/Ruf/Ansehen eines Unternehmens angesehen werden. Zur Messung von Images ist auf die Modelle der

Einstellungstheorie zurückzugreifen; dem (objektbezogenen) Image entspricht die (subjektbezogene) Einstellung (zum Objekt). Als mehrdimensionales Einstellungsmodell kann folgender Ansatz (vgl. Trommsdorff 1975) zugrunde gelegt werden:

$$E_{ij} = \sum_{k=1}^{n} \left| B_{ijk} - I_{ik} \right| \tag{1.2}$$

mit

E_{ij}: Einstellung einer Person i zum Objekt j

k : relevante Merkmale des Objektes ; k =1,..,n

B_{ijk} : von der Person i wahrgenommene Ausprägung des Merkmales k beim Objekt j

I_{ik} : von der Person i als ideal empfundene Ausprägung des Merkmales k.

Durch eine Mittelwertbildung der Einstellungen der einzelnen Personen kann die (durchschnittliche) Einstellung gegenüber dem Objekt j ermittelt werden; sie ist umso besser, je kleiner die Werte E_{ij} für i=1,.,n sind.

Sachlich eng verbunden mit der Planung ist die **Kontrolle,** die allgemein als systematische Prüfung und Beurteilung der betrieblichen Prozesse und deren Rahmenbedingungen charakterisiert werden kann. Gegenstände der **ergebnisorientierten Kontrolle** sind die Resultate der realisierten Unternehmens-Politiken; typische Kontrollgrößen sind der Gewinn, Umsatz oder Marktanteil. Dabei werden Soll-Ist-Vergleiche vorgenommen: Die Größen, die im Rahmen der Planung prognostiziert oder als wünschenswert festgelegt wurden, werden mit dem verglichen, was tatsächlich eingetreten ist bzw. realisiert wurde.

Der Vollständigkeit halber sollen noch die Organisation und die Führung als dritte und vierte Teilfunktion des Management im funktionalen Sinne kurz charakterisiert werden. Bei der **Organisation** in funktionaler, betriebswirtschaftlicher Sicht handelt es sich um eine zielgerichtete Tätigkeit, um die Strukturierung eines Unternehmens im Sinne einer Differenzierung eines Unternehmens in arbeitsteilige Subsysteme und deren Integration zu einer zielgerichteten Ganzheit. Wesentliche Dimensionen einer Organisationsstruktur (Kieser/Walgenbach 2003) sind:

- die Spezialisierung,
- die Koordination,
- die Konfiguration,
- die Entscheidungsdelegation und
- die Formalisierung.

Gegenstand der Spezialisierung ist die Verteilung der in einem Unternehmen zu erfüllenden Aufgaben auf verschiedene organisatorische Einheiten. Die zunächst nur isoliert entwickelten Teilaufgabenbereiche sind in einem zweiten Schritt in angemessener Weise zu koordinieren. Des Weiteren ist die Konfiguration eines Unternehmens zu entwickeln, es sind Leitungssysteme zu bilden. Außerdem sind Entscheidungsbefugnisse zu delegieren, d.h. es ist festzulegen, welche Instanzen für eine Organisation nach innen und/oder nach außen verbindliche Entscheidungen treffen können. Schließlich sind die formalen Regelungen, welche sich auf die Organisationsstruktur, den Informationsfluss und die Leistungsdokumentation beziehen (können), schriftlich zu fixieren.

Als vierte Teilfunktion des Management im funktionalen Sinne ist die **Führung** zu nennen. Während im Rahmen der Organisation mittels formaler Regelungen – also an Stellen, nicht an Mitarbeiter gerichtete Regelungen – eine gewisse Strukturierung des Unternehmens vorgenommen wird, erfolgt im Rahmen der Führung eine persönliche Beeinflussung von Mitarbeitern. Dieses erfolgt unter einem kurzfristigen und einem langfristigen Aspekt: Kurzfristig soll das Erreichen gemeinsam verfolgter Ziele ermöglicht werden, langfristig soll beispielsweise auf den Zusammenhalt von Individuen in einer Gruppe hingewirkt werden.

C. Grundlagen der betrieblichen Entscheidungsfindung

Eine Vielzahl von Verfahren zur betrieblichen Entscheidungsfindung ist entwickelt worden, die beispielsweise nach den Kriterien

- Informationssituation (Sicherheits-, Ungewissheits- bzw. Risikosituation),
- Anzahl und Inhalt der Zielgrößen und
- Periodenbezug (eine bzw. mehrere Perioden)

geordnet werden können; entsprechend gliedern sich die folgenden Ausführungen.

Wahrscheinlichkeiten / **Zustände** / **Aktionen**	$P(z_{i1})$ z_1	...	$P(z_{ij})$ z_j	...	$P(z_{im})$ z_m
a_1	e_{11}	...	e_{1j}	...	e_{1m}
⋮	⋮		⋮		⋮
a_i	e_{i1}	...	e_{ij}	...	e_{im}
⋮	⋮		⋮		⋮
a_n	e_{n1}	...	e_{nj}	...	e_{nm}

Abb. 1.7: Eine einfache Entscheidungsmatrix (für m alternative Informationssituationen)

In der Abb. 1.7 findet sich beispielhaft eine **Entscheidungsmatrix** für den Fall einer einzigen Zielgröße und einer Einperiodenbetrachtung; mehrere Informationssituationen sind damit grundsätzlich abgedeckt. Im Falle einer **Sicherheitssituation** trifft eine (beliebige) Aktion (Handlungsalternative) a_i auf einen bestimmten Zustand (z.B. z_j) mit dem zugehörigen Ergebniswert e_{ij}. Optimal ist – im Falle einer zu maximierenden Zielgröße - jene Aktion, welche den maximalen Ergebniswert liefert.

Bei **Ungewissheitssituationen** hingegen wird davon ausgegangen, dass eine Aktion auf verschiedene mögliche Umweltzustände treffen kann; alle möglichen Umweltzustände z_j (mit $j = 1,..,m$) sind vollständig erfasst. Bekannt sind die zugehörigen Ergebniswerte e_{ij}. Bei Ungewissheitssituationen sind spezielle Entscheidungsregeln erforderlich, wenn nicht eine dominierende Aktion gegeben ist. Durch einen direkten Vergleich der Alternativen ist zunächst festzustellen, ob nur **eine** dominierende Aktion vorliegt. Sie ist dadurch gekennzeichnet, dass sie bei mindestens einem möglichen Zustand einen höheren Ergebniswert und bei den anderen Zuständen keinen geringeren Ergebniswert aufweist. Falls nicht eine einzige dominierende Aktion gegeben ist, müssen spezielle Entscheidungsregeln angewandt werden. Beispielhaft kann die **Hurwicz-Regel** herangezogen werden. Hiernach ergibt sich die optimale Aktion als

$$a_{opt} : \underset{i}{\mathrm{Max}} \left[\lambda \cdot \underset{j}{\mathrm{Max}}\, e_{ij} + (1-\lambda) \underset{j}{\mathrm{Min}}\, e_{ij} \right], \tag{1.3}$$

wobei λ ($0 \le \lambda \le 1$) ein subjektiv zu bestimmender Optimismus-Parameter ist. Zur Bestimmung von λ kann von folgender hypothetischer Entscheidungssituation ausgegangen werden: Gegeben seien zwei Alternativen a_1 und a_2 mit jeweils zwei verschieden möglichen Ergebniswerten (1,0) bzw. (e,e). Der mögliche Ergebniswert der Alternative a_2, e, ist dabei nicht festgelegt; er muss so lange variiert werden, bis der Entscheidungsträger indifferent ist zwischen den beiden Handlungsalternativen; in diesem Fall resultiert dann für den Optimismus-Parameter der Wert e.

Im Falle $\lambda = 1$ erfolgt eine Beurteilung jeder Handlungsalternative nur anhand des größten (besten) Ergebniswertes; in diesem Fall liegt das **Maximax-Prinzip** vor. Gilt hingegen $\lambda = 0$, wird jede Handlungsalternative nur anhand des kleinsten (schlechtesten) Ergebniswert beurteilt; in diesem Fall spricht man vom **Minimax-Prinzip.** Gemäß der **Savage-Niehans-Regel** ist aus der Entscheidungsmatrix (Abb. 1.7) die zugehörige Opportunitätskostenmatrix herzuleiten; sie gibt den Nutzenentgang an, den man erleidet, wenn der Umweltzustand z_j eintritt und anstelle der – bei diesem Umweltzustand (quasi bei Sicherheit) – optimalen Aktion die Aktion a_i ergreift. Formal ergibt sich die optimale Aktion als

$$a_{opt} : \underset{i'}{\text{Min}}\left\{\underset{j}{\text{Max}}\left[\underset{i}{\text{Max}}\, e_{ij} - e_{i'j}\right]\right\} \tag{1.4}$$

mit i' Hilfsindex für die möglichen Aktionen i. Wird schließlich jede Handlungsalternative anhand des Mittelwertes der Ergebniswerte beurteilt, erfolgt eine Entscheidungsfindung gemäß des **Laplace-Prinzips.**

Ein **Rechenbeispiel** zur Entscheidungsfindung bei Ungewissheit findet sich in Abb. 1.8; aufgeführt sind die Ergebniswerte der vier möglichen Aktionen bezüglich der vier möglichen Umweltumstände. Abb. 1.9 zeigt, dass die Aktion a_2 sowohl bei Verfolgen der Maximax – als auch der Hurwicz-Regel und die Aktion a_3 gemäß der Minimax –, der Laplace- und der Savage-Niehans-Regel optimal sind.

Zustände / Aktionen	z_1	z_2	z_3	z_4
a_1	-20	40	60	10
a_2	30	80	-20	10
a_3	50	40	20	20
a_4	20	0	40	60

Abb. 1.8: Ein Rechenbeispiel zur Entscheidung bei Ungewissheit

Regel / Aktionen	Minimax-Regel	Maximax-Regel	Hurwicz-Regel $\lambda = 0{,}8$	Laplace--Regel	Savage-Niehans-Regel
a_1	-20	60	44	22,5	70
a_2	-20	(80)	(60)	25	80
a_3	(20)	50	44	(32,5)	(40)
a_4	0	60	48	30	80

Abb. 1.9: Die relevanten Ergebniswerte und die optimalen Aktionen bei verschiedenen Entscheidungsregeln für Ungewissheitssituationen

Eine **kritische Beurteilung** der Entscheidungsregeln für Ungewissheitssituationen kann anhand der Kriterien "Ausnutzung vorhandener Informationen" und "Risikoeinstellungen" erfolgen. So werden bei der Minimax-, der Maximax- und der Savage-Niehans-Regel jeweils nur ein Ergebniswert, bei der Hurwicz-Regel zwei Ergebniswerte und der Laplace-Regel alle Ergebniswerte pro Aktion zur Vorteilhaftigkeitsbeurteilung herangezogen. Hinsichtlich der mit den Entscheidungsregeln verbundenen Risikoeinstellung gilt: Die Minimax-Regel und die Savage-Niehans-Regel beinhalten eine extreme Risikoempfindlichkeit (pathologischer Pessimismus), die Maximax-Regel eine extreme Risikofreudigkeit. Die mit der Hurwicz-Regel verbundene Risikoeinstellung ist von der Wahl des Optimismusparameters abhängig; in den Grenzfällen $\lambda = 1$ (bzw. $\lambda = 0$) entspricht die Hurwicz-

Regel der Maximax-Regel (der Minimax-Regel). Die Laplace-Regel impliziert eine risikoneutrale Einstellung, da alle möglichen Ergebniswerte mit demselben Gewichtungsfaktor in den Vorteilhaftigkeitswert einer Aktion eingehen. Der Laplace-Regel liegt aber das strittige "Prinzip des unzureichenden Grundes" zugrunde. Da für jeden möglichen Zustand keine spezifische Eintrittswahrscheinlichkeit angegeben werden kann, werden alle möglichen Zustände als gleichwahrscheinlich angesehen. Dieses ist aber nicht vereinbar mit der unterstellten Informationssituation der Ungewissheitssituation. Am Rande sei aber zusätzlich darauf verwiesen, dass gemäß der Axiomatik von Milnor (vgl. z.B. Bamberg/Coenenberg 2006) die Laplace-Regel am besten abschneidet.

Risikosituationen bauen auf Ungewissheitssituation auf; neben den möglichen Umweltzuständen gelten zusätzlich deren Eintrittswahrscheinlichkeiten als bekannt. In Abb. 1.7 bezeichnet $P(z_{ij})$ die Eintrittswahrscheinlichkeit des Zustandes z_j bei Betrachtung der Aktion a_i (für alle i,j). Grundsätzlich lassen sich objektive und subjektive **Wahrscheinlichkeiten** unterscheiden; bei der objektiven Wahrscheinlichkeit existieren noch die zwei Unterfälle der logischen (mathematischen) Wahrscheinlichkeit und der Wahrscheinlichkeit als Grenzwert relativer Häufigkeiten. Ausgangspunkt der logischen Wahrscheinlichkeit ist z.B. das Würfelexperiment (wie groß ist die Wahrscheinlichkeit, dass beim einmaligen Würfeln eine Eins gewürfelt wird?). Die logische Wahrscheinlichkeit lässt sich aus dem Würfelexperiment deduzieren. Dabei greift man auf den Begriff des Elementarereignisses zurück. Elementarereignisse sind nicht weiter zerlegbare, sich gegenseitig ausschließende Ergebnisse (z.B. die möglichen Ergebnisse beim einmaligen Würfeln). Entsprechend lässt sich die Eintrittswahrscheinlichkeit eines möglichen Ereignisses als Verhältnis der Anzahl der darin enthaltenden, gleich möglichen Elementarereignisse zur Gesamtzahl der gleich möglichen Elementarereignisse definieren. Die sehr harte Prämisse des gleich möglichen Auftretens der Elementarereignisse wird aber in der ökonomischen Realität nicht erfüllbar sein.

Basis der Wahrscheinlichkeiten als Grenzwerte relativer Häufigkeiten ist ein Zufallsexperiment, das unter denselben Bedingungen häufig wiederholt wird. Ermittelt werden die relativen Häufigkeiten, mit denen die einzelnen möglichen Ergebnisse eintreten; diese relativen Häufigkeiten konvergieren jeweils auf einen bestimmten Grenzwert. In der Realität ist aber die wesentliche Voraussetzung (Konstanz der Bedingungen des Zufallsexperimentes) im Allgemeinen nicht erfüllbar (Ausnahmen: Qualitätskontrolle, Angebotspolitik bei regelmäßigen, vergleichbaren Ausschreibungen).

Damit sind in Risikosituationen insbesondere subjektive Wahrscheinlichkeiten, d.h. personenbezogene Glaubwürdigkeitsschätzungen für das Eintreten gewisser Ereignisse heranzuziehen. Diese können auf der Basis einer vorgegebenen Wahrscheinlichkeitsverteilung (z.B. Normal- oder Beta-Verteilung) ermittelt werden; in diesem Fall sind (nur) deren Parameter zu schätzen (vgl. z.B. Berndt 1996, S. 296 ff.). Alternativ, d.h. ohne Vorgabe einer Standard-Verteilung müssen den einzelnen möglichen Ergebnissen deren Eintrittswahrscheinlichkeiten direkt zugewiesen werden; dabei kann auf geeignete Skalen zurückgegriffen werden (vgl. Abb.1.10).

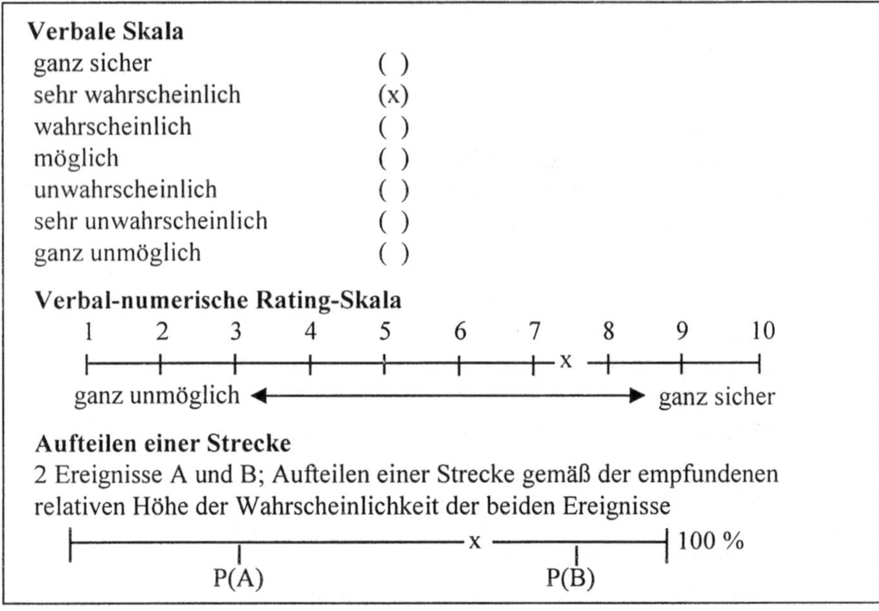

Abb. 1.10: Hilfsmittel zur Messung subjektiver Wahrscheinlichkeiten

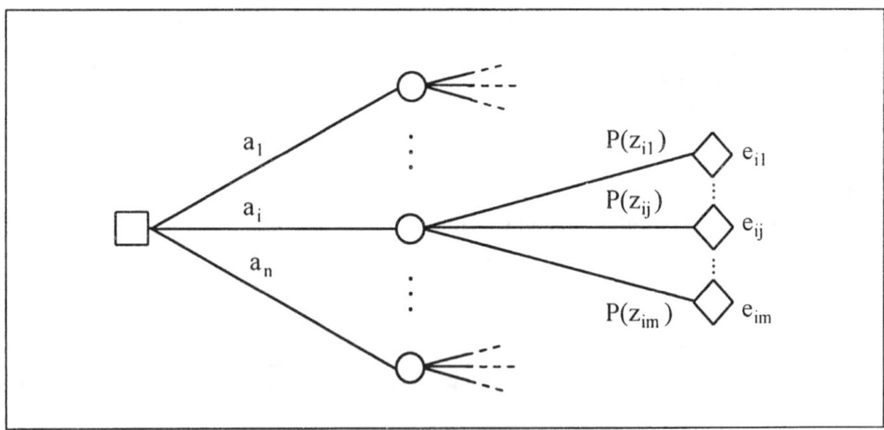

Abb. 1.11: Ein beispielhafter einperiodiger Entscheidungsbaum

Eine Entscheidungsfindung kann auf der Grundlage verschiedener Entscheidungsprinzipien für Risikosituationen erfolgen. Im Falle einer **risikoneutralen Einstellung** des Entscheidungsträgers ist jene Aktion optimal, welche den maximalen Erwartungswert des Ergebniswertes liefert:

$$a_{opt} : \underset{i}{Max} \left[\sum_{j=1}^{m} e_{ij} \, P(z_{ij}) \right], \tag{1.5}$$

wobei $P(z_{ij})$ die Höhe der Eintrittswahrscheinlichkeit des Umweltzustandes z_j bei der Aktion a_i bezeichnet. In der Abb. 1.11 wird die einfache Entscheidungssituation grafisch dargestellt.

Für den Fall einer nicht-risikoneutralen Einstellung können – neben dem zu einer Aktion gehörigen Erwartungswert der Ergebniswerte als Risikomaß die Verlustwahrscheinlichkeit bzw. die Standardabweichung (jeweils zur betrachteten Aktion gehörig) herangezogen werden. Die zur Aktion a_i gehörige **Verlustwahrscheinlichkeit** ist definiert als

$$P_{0,i} = P(e_i < 0) = \sum_{j \in J_{neg}} P(z_{ij}) \qquad \text{(für alle i)} \tag{1.6}$$

mit

J_{neg}: Menge der Indizes jener Umweltzustände, bei denen ein negativer Ergebniswert (bei Aktion a_i) zu verzeichnen ist,

und die zur Aktion a_i gehörige **Standardabweichung** als

$$\sigma_i = \sqrt{\sum_{j=1}^{m} (e_{ij} - \mu_i)^2 \cdot P(z_{ij})} \qquad \text{(für alle i)} \tag{1.7}$$

mit dem zur Aktion a_i gehörenden Erwartungswert des Ergebniswertes

$$\mu_i = \sum_{j=1}^{m} e_{ij} \cdot P(z_{ij}) \qquad \text{(für alle i).} \tag{1.8}$$

Als explizite Entscheidungsregel ist denkbar:

> Maximierung des Erwartungswertes unter der Bedingung, dass die Verlustwahrscheinlichkeit (bzw. die Standardabweichung) einen vorgegebenen Wert nicht überschreitet.

Zur Illustration des Erwartungswert-Standardabweichung-Prinzips dient die Abb. 1.12. Abgetragen sind die Wahrscheinlichkeitsverteilungen für zwei Handlungsalternativen a_1 und a_2 (mit den Ergebniswerten – allgemein – e_{ij} und den zugehörigen Eintrittswahrscheinlichkeiten $P(z_{ij})$). Für die beiden Handlungsalternativen gilt, dass sie denselben Erwartungswert der Ergebniswerte aufweisen: $\mu_1 = \mu_2$. Damit erscheinen sie einem risikoneutralen Entscheidungsträger als gleich gut. Sie unterscheiden sich aber bezüglich der Standardabweichungen, denn es gilt: $\sigma_2 > \sigma_1$. (Während bisher von diskreten Wahrscheinlichkeitsverteilungen ausgegangen wurde, liegen in Abb. 1.12 stetige Wahrscheinlichkeitsverteilungen vor. Die Formeln (1.5)-(1.8) sind hier nicht direkt übertragbar; auf eine Berechnung von Erwartungswerten und Standardabweichungen in diesem Fall wird hier verzichtet.) Ein risikoscheuer Entscheidungsträger wird nun die Aktion mit der geringeren Standardabweichung (im Beispiel a_1) und ein risikofreudiger Entscheidungsträger die Aktion mit der größeren Standardabweichung (im Beispiel a_2) vorziehen, denn die negativen Abweichungen vom Erwartungswert sind als Risiken und die positiven Abweichungen vom Erwartungswert als Chancen zu interpretieren. Der Risikoscheue präferiert a_1 wegen geringerer Risiken und der Risikofreudige a_2 wegen höherer Chancen.

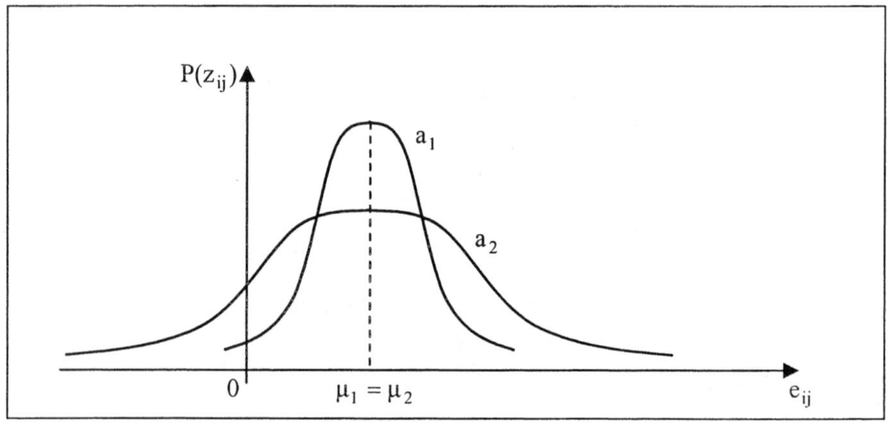

Abb. 1.12: Wahrscheinlichkeitsverteilungen für zwei Handlungsalternativen a_1 und a_2

Neben diesen speziellen Entscheidungsregeln für die Risikosituationen kann noch das allgemeine **Bernoulli-Prinzip** herangezogen werden. Hier wird davon ausgegangen, dass der Entscheidungsträger imstande ist, eine Nutzenfunktion anzugeben, anhand derer die Ergebniswerte in Nutzenwerte transformiert werden. Jene Aktion ist dann optimal, welche den maximalen Nutzenerwartungswert liefert:

$$a_{opt} : \underset{i}{Max} \left[\sum_{j=1}^{m} u(e_{ij}) \cdot P(z_{ij}) \right] \tag{1.9}$$

mit
$u(e_{ij})$: zum Ergebniswert e_{ij} gehöriger Nutzenwert (für alle i, j)
(zur Ermittlung der Nutzenfunktion eines Entscheidungsträgers, dessen theoretische Fundierung und zur Vereinbarkeit des Bernoulli-Prinzips mit unterschiedlichem individuellen Risikoeinstellungen vgl. Bamberg/Coenenberg 2006).

Ein **Rechenbeispiel** zur Entscheidungsfindung bei Risiko findet sich in Abb. 1.13. Errechnet werden die Erwartungswerte, Verlustwahrscheinlichkeiten, Standardabweichungen und Nutzenerwartungswerte für die vier Aktionen (s. Abb. 1.14), wobei im Falle des Bernoulli-Prinzips von der Nutzenfunktion

$$u(e_{ij}) = \begin{cases} \sqrt{e_{ij}}, & \text{für } e_{ij} > 0 \\ \dfrac{-e_{ij}^2}{1000}, & \text{für } e_{ij} \leq 0 \end{cases}$$

ausgegangen worden ist. Es zeigen sich folgende Ergebnisse:

- Gemäß dem Erwartungswert-Kriterium ist die Aktion a_2 optimal.
- Gibt man einen maximalen Wert der Verlustwahrscheinlichkeit in Höhe von 0,3 bzw. einen maximalen Wert der Standardabweichung in Höhe von 20 vor, so ist jeweils die Aktion a_1 optimal.
- Gemäß dem Bernoulli-Kriterium erweist sich die Aktion a_4 als die beste.

Wahrscheinlichkeit / Zustand / Aktion	0,25 z_1	0,2 z_2	0,1 z_3	0,3 z_4	0,15 z_5
a_1	0	-10	-5	20	10
a_2	-15	0	40	30	-20
a_3	10	5	0	-25	-30
a_4	20	10	10	-30	10

Abb. 1.13: Ein Rechenbeispiel zur Entscheidungsfindung bei Risiko

Regel / Aktion	Erwartungswerte	Verlustwahrscheinlichkeiten	Standardabweichungen	Nutzenerwartungswerte
a_1	5	0,3	11,51	1,80
a_2	6,25	0,4	22,52	2,16
a_3	-8,5	0,45	16,74	0,92
a_4	0,5	0,3	20,37	2,27

Abb. 1.14: Ermittlung der optimalen Aktionen bei den verschiedenen Entscheidungsregeln für Risikosituationen

Bisher ist von einer einzigen Zielgröße ausgegangen worden. Sind **mehrere Zielgrößen** gegeben, die gleichzeitig verfolgt werden, so kann ein Scoring-Modell (Punktbewertungsmodell) herangezogen werden. Im Falle einer **Sicherheitssituation** sind folgende Schritte zu beachten:

(1) Vorgabe der Beurteilungskriterien für die Aktionen (abgeleitet aus den verfolgten betrieblichen Zielgrößen),

(2) Gewichtung der Beurteilungskriterien
(gemäß der Bedeutungsunterschiede der zugrunde liegenden Zielgrößen),

(3) Operationalisierung der Kriterien
(zumindest auf Intervallskalenniveau, d.h. anhand numerischer Rating-Skalen),

(4) Ermittlung der Ausprägungen, welche eine Aktion bei den einzelnen Kriterien erreicht,

(5) Bestimmung der gewichteten Gesamtpunktzahl einer Aktion,

(6) Vorgabe einer Entscheidungsregel
(z.B. Maximierung der gewichteten Gesamtpunktzahl; Vorgabe eines Mindestwertes der gewichteten Gesamtpunktzahl).

Unter Berücksichtigung folgender Definitionen

z : Index für Beurteilungskriterien ($z = 1,..,Z$)

g_z : Gewichtungsfaktor für Beurteilungskriterium z ($z = 1,..,Z$)

w_z : alternative Ausprägungen des Kriteriums z ($z = 1,..,Z$)

w_{zi} : durch die Aktion a_i erreichbare Ausprägung des Kriteriums z ($z = 1,..,Z$; $i = 1,..,n$)

ergibt sich die gewichtete Gesamtpunktzahl der Aktion a_i als

$$GGPZ_i = \sum_{z=1}^{Z} g_z \cdot w_{zi} \qquad \text{(für alle i)} \qquad (1.10)$$

(ein Beispiel hierzu findet sich in Abb. 4.8).

Eine Anwendung von Scoring-Modellen in der betrieblichen Praxis setzt voraus, dass die (Bewertungs-)Kriterien nicht willkürlich zusammengestellt werden, vielmehr tatsächlich verfolgte Ziele repräsentieren, die Kriterien sich nicht überschneiden, die Kriteriengewichte tatsächlich die Bedeutungsunterschiede der zugrunde liegenden Ziele repräsentieren, alle Kriterien zumindest intervallskaliert sind. Eine Beurteilung der Handlungsalternativen kann allein auf der Grundlage der gewichteten Gesamtpunktzahl erfolgen; zusätzlich können Mindestwerte bezüglich der gewichteten Gesamtpunktzahl und/oder bezüglich einzelner Kriterien vorgegeben werden.

Liegt hingegen eine **Risikosituation** vor, so sind bei der Vorgehensweise (1) bis (6) die Schritte (5) und (6) zu modifizieren: zu fragen ist nach den Wahrscheinlichkeiten $P(w_{zi})$ (für alle z und alle i), mit denen die Ausprägungen w_{zi} des Kriteriums z auf die Aktion a_i zutreffen (für alle z, i). Als Entscheidungskriterium kann dann die erwartete gewichtete Gesamtpunktzahl E(GGPZ) einer Aktion herangezogen werden:

$$E(GGPZ_i) = \sum_{z=1}^{Z} \sum_{w_{zi}=1}^{W_z} g_z \cdot w_{zi} \cdot P(w_{zi}) \quad \text{(für alle i)} \tag{1.11}$$

mit

$$\sum_{w_{zi}=1}^{W_z} P(w_{zi}) = 1 \quad \text{(für alle z, i).} \tag{1.12}$$

Bewertung Aktion a_1:

Kriterien	Gewichtungs-faktoren	Bewertung (1)	(2)	(3)	(4)	(5)
1	0,1	0,3	0,4	0,2	0,1	
2	0,2		0,2	0,5	0,2	0,1
3	0,1	0,4	0,3	0,2	0,1	
4	0,3		0,2	0,2	0,4	0,2
5	0,1	0,1	0,2	0,2	0,3	0,2
6	0,1	0,1	0,2	0,4	0,2	0,1
7	0,1		0,2	0,5	0,3	

Bewertung Aktion a_2:

Kriterien	Gewichtungs-faktoren	Bewertung (1)	(2)	(3)	(4)	(5)
1	0,1	0,1	0,2	0,4	0,2	0,1
2	0,2	0,1	0,4	0,3	0,2	
3	0,1	0,3	0,5	0,2		
4	0,3		0,3	0,4	0,3	
5	0,1		0,2	0,5	0,3	
6	0,1		0,2	0,2	0,4	0,2
7	0,1	0,2	0,4	0,2	0,2	

Bewertung Aktion a_3:

Kriterien	Gewichtungs-faktoren	Bewertung (1)	(2)	(3)	(4)	(5)
1	0,1	0,4	0,3	0,2	0,1	
2	0,2	0,2	0,4	0,3	0,1	
3	0,1		0,2	0,5	0,3	
4	0,3	0,2	0,4	0,2	0,2	
5	0,1		0,1	0,2	0,3	0,4
6	0,1			0,2	0,3	0,5
7	0,1		0,1	0,3	0,4	0,2

Abb. 1.15: Bewertung dreier Aktionen anhand eines Scoring-Modells für Risikosituationen

Ein Beispiel zum Scoring-Modell für eine Risikosituation findet sich in Abb. 1.15. Bewertet werden drei Aktionen (a_1, a_2, a_3) anhand von Punktskalen von (1) bis (5) Punkten für insgesamt sieben verschiedene Beurteilungskriterien mit den angegebenen Gewichtungsfaktoren. Aufgeführt sind die Wahrscheinlichkeiten, mit denen die verschiedenen Ausprägungen der Beurteilungskriterien durch die drei Aktionen erreicht werden. Folgende erwartete, gewichtete Gesamtpunktzahlen resultieren:
$E(GGPZa_1) = 3{,}07$;
$E(GGPZa_2) = 2{,}82$;
$E(GGPZa_3) = 2{,}89$.

Bisher ist eine statische Analyse, d.h. eine Einperiodenbetrachtung vorgenommen worden. Im Folgenden wird eine **dynamische Analyse** angestellt. Ausgegangen wird vom Fall einer **Sicherheitssituation**. Betrachtet wird eine Aktion, die im Zeitpunkt 0 zu einer Auszahlung in Höhe von A_0 und in den folgenden T Perioden ($t = 1,..,T$) jeweils zu Einzahlungsüberschüssen in Höhe von E_t führt (vgl. Abb. 1.16). Die Vorteilhaftigkeit dieser Aktion kann anhand der ökonomischen Zielgröße Kapitalwert erfolgen, welche auf der – durch eine Aktion ausgelösten – Zahlenreihe dieser Aktion beruht und im Rahmen der zu verschiedenen Zeitpunkten erwartete Zahlungen "gleichnamig" gemacht werden, indem die Zahlungen in jeweils relevanter Weise auf den Bezugszeitpunkt 0 diskontiert (abgezinst) werden.

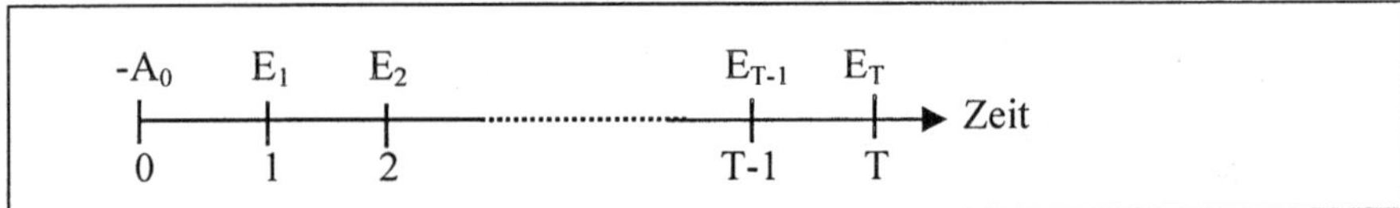

Abb. 1.16: Ausgangssituation einer Kapitalwertberechnung

Der Kapitalwert der Zahlungsreihe beläuft sich auf

$$C_0 = -A_0 + \sum_{t=1}^{T} E_t \cdot q^{-t} = -A_0 + \sum_{t=1}^{T} E_t \cdot \frac{1}{(1+d)^t}. \qquad (1.13)$$

Hierbei bezeichnet der Quotient $q^{-t} = \frac{1}{(1+d)^t}$ den Diskontierungsfaktor für t Perioden ($t = 1,..,T$) und d den zugrunde liegenden Kalkulationszinsfuß, der z.B. als Kapitalkostensatz oder als Zinssatz für den Fall einer alternativen Anlage des in der Aktion (z.B. Marketingmaßnahme) investierten Kapitals angesetzt werden kann.

Wenn für verschiedene Perioden jeweils gewisse Handlungsalternativen gegeben sind und – in zeitlicher Hinsicht – die optimale Kombination von Handlungsalternativen gesucht ist, können Entscheidungsbäume zur Darstellung der Entscheidungssituation herangezogen werden. Für den Fall einer zunächst betrachteten Sicherheitssituation findet sich in Abb. 1.17 ein **deterministischer Entscheidungsbaum**. Dabei symbolisieren Quadrate Entscheidungsknoten, Kanten die Handlungsalternativen und Rauten Ergebnisknoten. Allgemein sind in den Perioden t (t = 1,2,3) alternative Handlungsmöglichkeiten gegeben, die mit a_{ti} bezeichnet werden. Gesucht ist jener Kantenzug, jene Kombination von Alternativen, welche den maximalen Kapitalwert liefert. Daher ist am Ende eines jeden (im Zeitpunkt 0 beginnenden) Kantenzuges der zugehörige gesamte Kapitalwert $C_0(a_{1i}, a_{2i'}, a_{3i''})$ für $i = 1,2$, $i' = 1,2$, $i'' = 1,2$ abgetragen. Optimal ist jene Kombination von Alternativen, die den maximalen Kapitalwert aufweist.

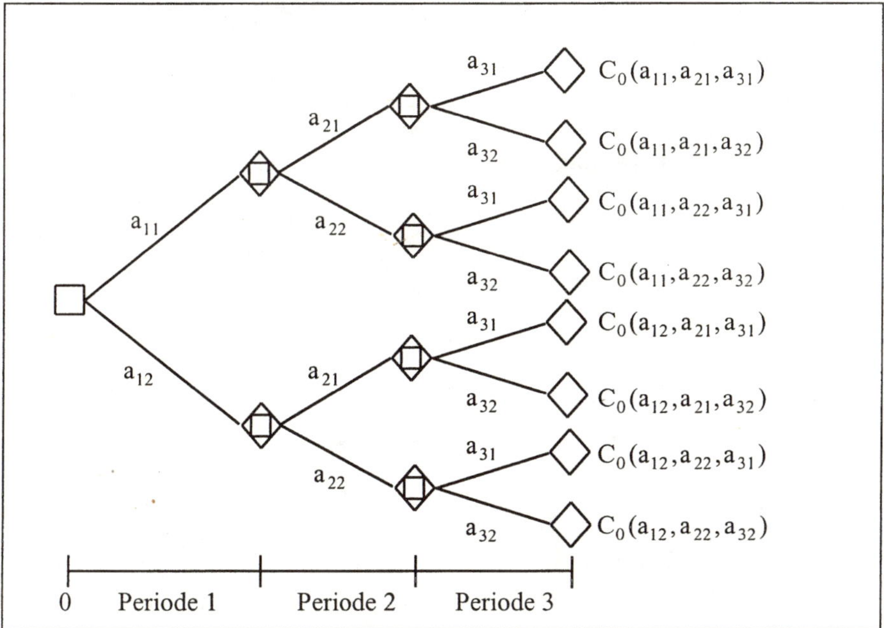

Abb. 1.17: Ein beispielhafter deterministischer Entscheidungsbaum

Ein Beispiel zur Entscheidungsfindung auf der Grundlage eines deterministischen Entscheidungsbaumes findet sich in der Abb. 4.15. Eine Definitionsgleichung für die Bestimmung der zugehörigen Kapitalwerte ist mit (4.5) gegeben.

Liegt hingegen eine **Risikosituation** vor, so kann zunächst eine **Risikoanalyse** durchgeführt werden. Der Zweck einer Risikoanalyse besteht darin, das mit einem Produkt verbundene Risiko aufzuzeigen. Dabei wird vom Risiko im Sinne einer Verlustgefahr, allgemein im Sinne einer negativen Abweichung der tatsächlichen von der angestrebten Ergebnisrealisation, ausgegangen. Folgende Vorgehensweise ist für eine Risikoanalyse typisch:

- Konstruktion eines Erklärungsmodells, das den Zusammenhang zwischen den Einflussgrößen (die zum Teil zufallsverteilt sind) und der Zielgröße aufzeigt;
- Ermittlung der Wahrscheinlichkeitsverteilungen der zufallsabhängigen Inputgrößen (Zufallsvariablen) z.B. durch Expertenschätzungen;
- Darstellung und Interpretation der Ergebnisse.

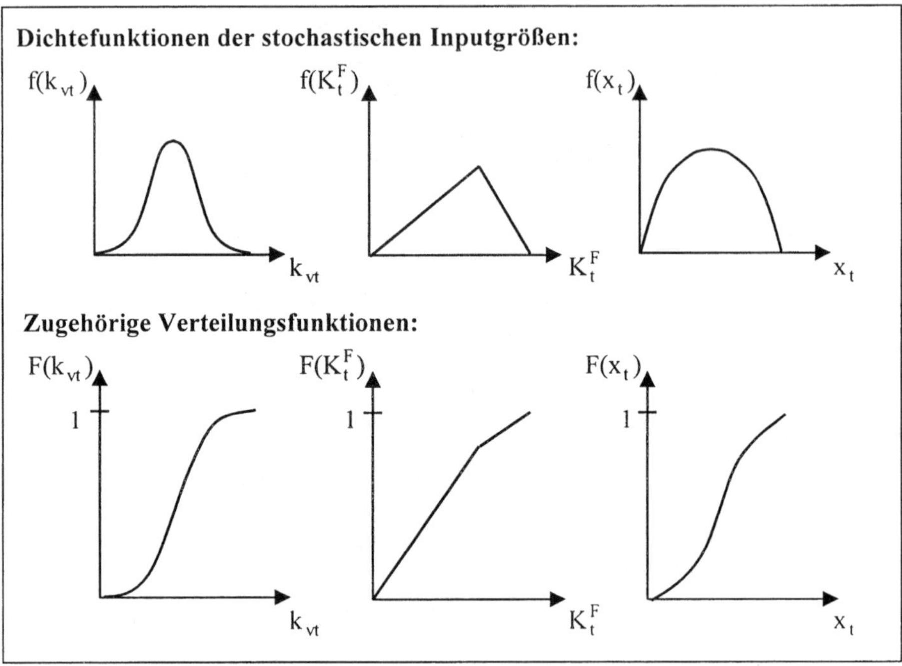

Abb.1.18: Beispielhafte Dichtefunktionen und zugehörige Verteilungsfunktionen der stochastischen Inputgrößen

Als Erklärungsmodell kann z.B. folgender Kapitalwertansatz zugrunde gelegt werden:

$$C_0 = \sum_{t=1}^{T} \left[(p_t - k_{vt}) \cdot x_t - K_t^F \right] \cdot q^{-t} - I_0 \qquad (1.14)$$

mit

p_t :	Preis der Periode t (t = 1,.., T)
k_{vt} :	variable Stückkosten der Periode t (t = 1,.., T)
x_t :	Absatzmenge der Periode t (t = 1,.., T)
K_t^F :	Fixkosten der Periode t (t = 1,.., T)
I_0 :	Investitionsauszahlung im Zeitpunkt 0

$q^{-t} = \frac{1}{(1+d)^t}$: Diskontierungsfaktor der Periode t (t = 1,.., T)

d: Kalkulationszinsfuß.

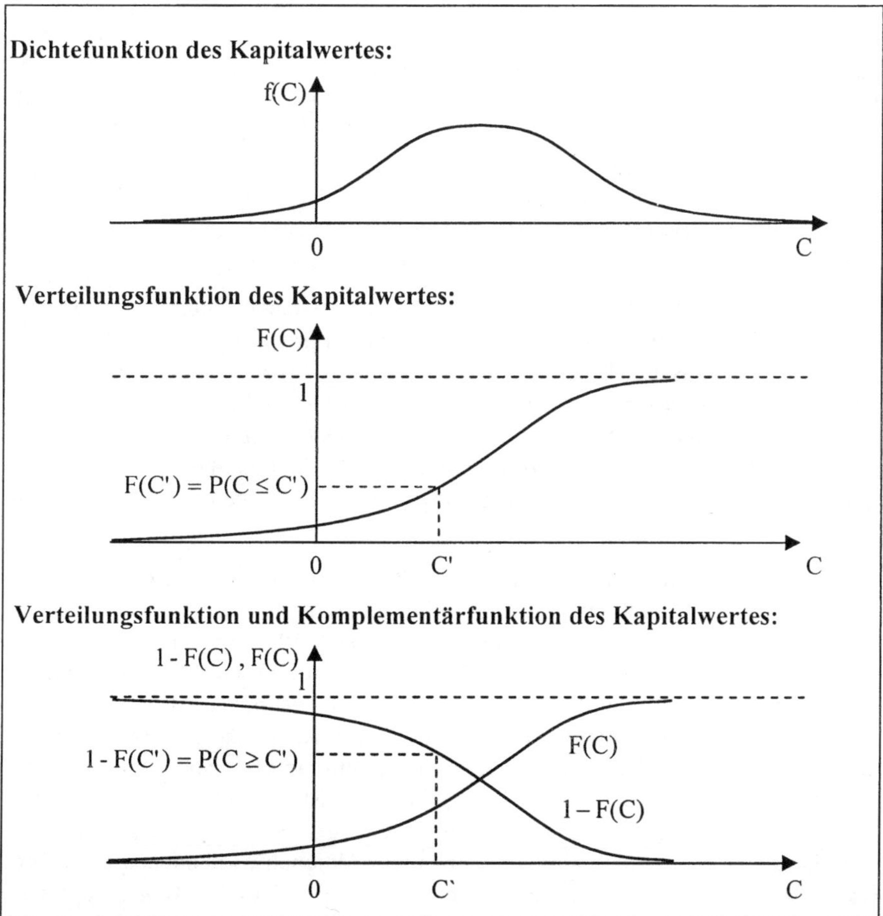

Abb. 1.19: Resultierende Dichtefunktion, Verteilungsfunktion und Komplementärfunktion des Kapitalwertes

Beispielhafte Wahrscheinlichkeitsverteilungen für die Zufallsvariablen finden sich in der Abb. 1.18. Die Risikoanalyse kann z.B. mittels der Monte-Carlo-Simulation erfolgen. Deren Prinzip besteht darin, dass aus den geschätzten Verteilungen der Zufallsvariablen jeweils Stichproben gezogen werden; jeder gezogenen Zufallszahl wird jeweils ein bestimmter (zugehöriger) Wert der Zufallsvariablen zugeordnet. Diese Methodik – Ziehung einer Zufallszahl und Zuordnung eines bestimmten Wertes der Inputgröße – wird jeweils für jede Zufallsvariable durchgeführt. Aus den so gefundenen Werten für die Zufallsvariablen und den bekannten, deterministischen Werten der anderen Inputgrößen folgt dann ein bestimmter numerischer Wert des Kapitalwertes (vgl. im Einzelnen Berndt 2005, S. 96 ff.). Wird diese Vorgehensweise häufig wiederholt, so können die resultierenden absoluten Häufigkeiten und die zugehörigen relativen Häufigkeiten der verschiedenen numerischen Werte des Kapitalwertes ermittelt werden. Als Ergebnis der Risikoanalyse resultiert damit eine Häufigkeitsverteilung (Dichtefunktion) für den Kapitalwert; hieraus kann die zugehörige Verteilungsfunktion bestimmt werden (vgl. Abb. 1.19). Während die Dichtefunktion die Eintrittswahrscheinlichkeiten für alternative Werte der Zielgröße angibt, zeigt die Verteilungsfunktion des Kapitalwertes die kumulierten Wahrscheinlichkeiten für Werte kleiner/gleich einem bestimmten Wert der Zielgröße; falls ein bestimmter Mindestwert der Zielgröße erreicht werden soll, ist hiermit ein Risikoprofil gegeben.

In einem letzten Schritt kann zusätzlich die Komplementärfunktion der Verteilungsfunktion, also die Funktion 1-F(C), betrachtet werden (vgl. Abb. 1.19 unten). Sie erlaubt eine zusätzliche spezifische Interpretation: Wenn ein bestimmter Mindestwert der Zielgröße angestrebt wird, so liefert die Verteilungsfunktion F(C) ein Risikoprofil; in diesem Falle zeigt die Komplementärfunktion der Verteilungsfunktion, 1-F(C), das Chancenprofil, denn es werden die kumulierten Wahrscheinlichkeiten für Werte, die größer beziehungsweise gleich einem bestimmten Mindestwert sind, ausgewiesen.

Daneben können für mehrperiodige Risikosituationen **Entscheidungsbäume der starren bzw. der flexiblen Planung** aufgestellt werden. Vereinfachend werden im Folgenden nur 2 Perioden betrachtet. Ein **starrer Planungsansatz** (vgl. Abb. 1.20) ist dadurch charakterisiert, dass bindend – zum Zeitpunkt 0 – die optimale Kombination der Aktionen für die zwei Perioden zu bestimmen ist; eine Revision von Aktionen, die eine spätere Periode betreffen, in Abhängigkeit von dem in der ersten Periode tatsächlich eingetretenen Umweltumstand ist dabei nicht vorgesehen. Im Rahmen eines starren Planungsansatzes ist die Entscheidungsfindung vergleichsweise einfach: Unter Zugrundelegung z.B. des Erwartungswertkriteriums sind die mit den Kombinationen von Aktionen verbundenen Kapitalerwartungswerte zu bestimmen und zu vergleichen; jene Kombination ist optimal, welche den maximalen Kapitalerwartungswert liefert. Der Kapitalwert bei Wahl der Aktion a_1 in beiden Perioden berechnet sich bspw. zu:

$$C_0(a_1,a_1) = P(z_{11}) \cdot \left[\sum_{j=1}^{2} P(z_{2j}|z_{11}) \cdot e_{2j} \cdot q^{-2} + e_{11} \cdot q^{-1} \right] +$$

$$P(z_{12}) \cdot \left[\sum_{j=3}^{4} P(z_{2j}|z_{12}) \cdot e_{2j} \cdot q^{-2} + e_{12} \cdot q^{-1} \right]$$

mit

$q^{-t} = \frac{1}{(1+d)^t}$: Diskontierungsfaktor für t Perioden, $t = 1,2$) und

d: Kalkulationszinsfuß.

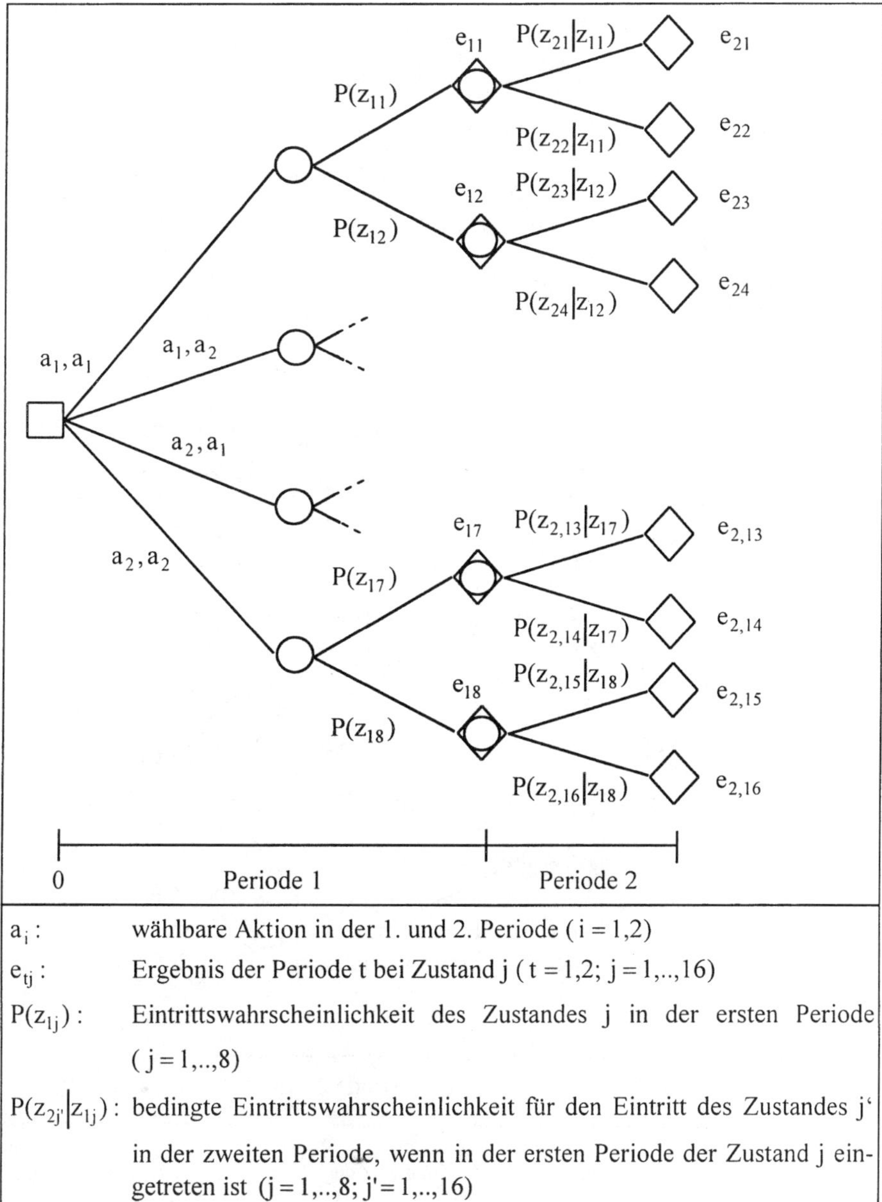

a_i: wählbare Aktion in der 1. und 2. Periode ($i = 1,2$)

e_{tj}: Ergebnis der Periode t bei Zustand j ($t = 1,2$; $j = 1,..,16$)

$P(z_{1j})$: Eintrittswahrscheinlichkeit des Zustandes j in der ersten Periode ($j = 1,..,8$)

$P(z_{2j'}|z_{1j})$: bedingte Eintrittswahrscheinlichkeit für den Eintritt des Zustandes j' in der zweiten Periode, wenn in der ersten Periode der Zustand j eingetreten ist ($j = 1,..,8$; $j' = 1,..,16$)

Abb. 1.20: Ein Entscheidungsbaum der starren Planung in einer Risikosituation

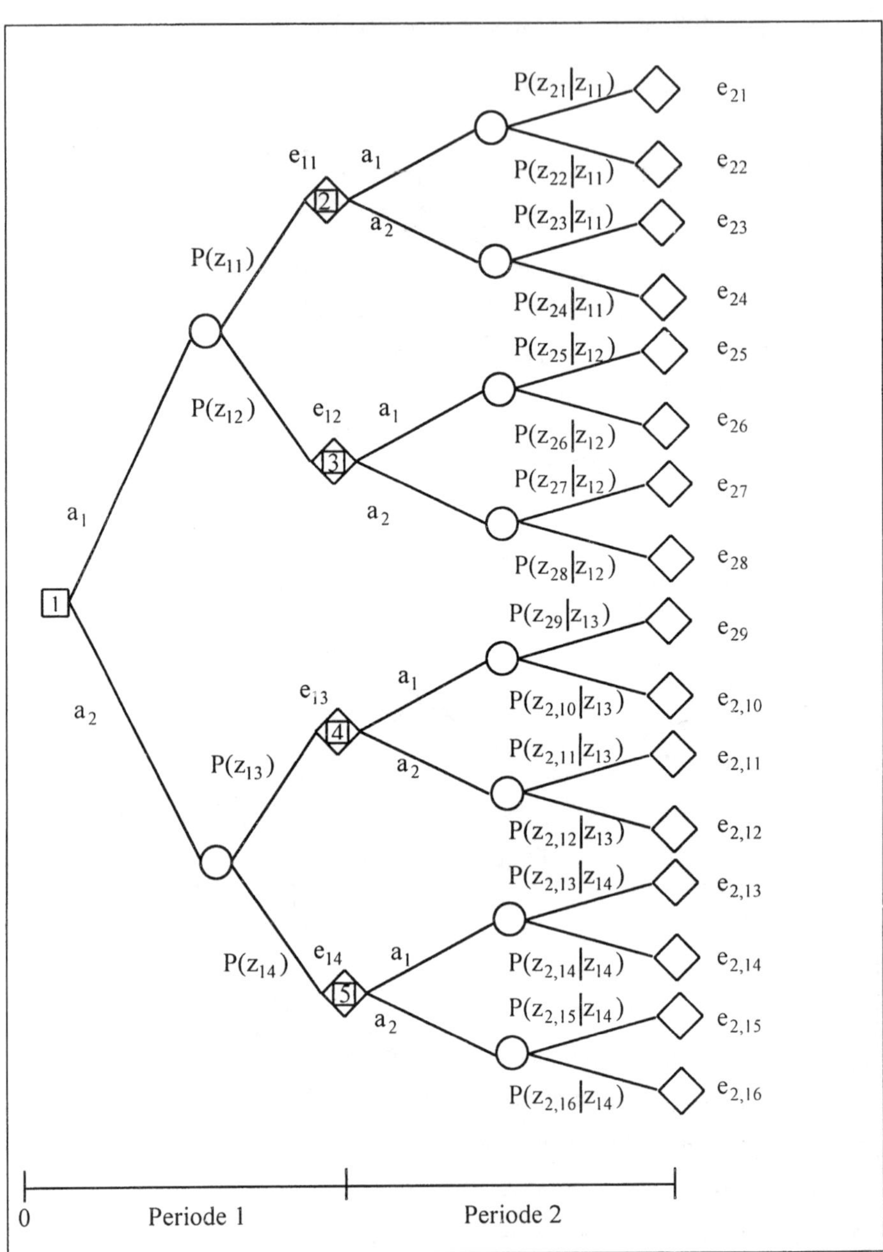

Abb. 1.21: Ein Entscheidungsbaum der flexiblen Planung

Der **flexible Planungsansatz** (vgl. Abb.1.21) unterscheidet sich vom starren Planungsansatz darin, dass für jede Periode die optimale Aktion bestimmt wird, indem bei jedem möglichen Ergebnis einer vorausgehenden Periode die Folgeentscheidung getroffen wird (die Bezeichnungen sind entsprechend Abb. 1.20). Zur Bestimmung der optimalen Strategie gemäß dem Erwartungswert-Prinzip ist das Roll-back-Verfahren heranzuziehen: Ausgehend von jedem möglichen Ergebnis der vorletzten Periode sind zunächst die bedingten Entscheidungen über die optimalen (bedingten) Aktionen der letzten Periode zu treffen; im Folgenden sind dann –ausgehend von jedem möglichen Ergebnis der vorvorletzten Periode – die optimalen Aktionen der vorletzten Periode zu bestimmen, wobei die relevanten, optimalen Ergebniswerte der vorletzten Periode und die relevanten, zuvor bestimmten optimalen (und bedingten) Kapitalerwartungswerte der letzten Periode zu beachten sind usw. Schließlich kann die optimale Aktion der ersten Periode ermittelt werden (unter Berücksichtigung der zuvor getroffenen Folgeentscheidungen für die Folgeperioden). Bindend ist dabei nur die Entscheidung für die erste Periode; welche Aktion jeweils in den Folgeperioden gewählt wird, hängt u.a. davon ab, welcher Umweltzustand in der Vorperiode tatsächlich eintritt (vgl. Abb. 1.22).

Folgeentscheidungen in den Knoten 2-5:

Knoten 2:

$$Max_2 = Max\left[\left(P(z_{21}|z_{11})\cdot e_{21} + P(z_{22}|z_{11})\cdot e_{22}\right);\left(P(z_{23}|z_{11})\cdot e_{23} + P(z_{24}|z_{11})\cdot e_{24}\right)\right]\cdot q^{-2}$$

Knoten 3:

$$Max_3 = Max\left[\left(P(z_{25}|z_{12})\cdot e_{25} + P(z_{26}|z_{12})\cdot e_{26}\right);\left(P(z_{27}|z_{12})\cdot e_{27} + P(z_{28}|z_{12})\cdot e_{28}\right)\right]\cdot q^{-2}$$

Knoten 4:

$$Max_4 =$$

$$Max\left[\left(P(z_{29}|z_{13})\cdot e_{29} + P(z_{2,10}|z_{13})\cdot e_{2,10}\right);\left(P(z_{2,11}|z_{13})\cdot e_{2,11} + P(z_{2,12}|z_{13})\cdot e_{2,12}\right)\right]\cdot q^{-2}$$

Knoten 5:

$$Max_5 =$$

$$Max[\left(P(z_{2,13}|z_{14})\cdot e_{2,13} + P(z_{2,14}|z_{14})\cdot e_{2,14}\right);$$

$$\left(P(z_{2,15}|z_{14})\cdot e_{2,15} + P(z_{2,16}|z_{14})\cdot e_{2,16}\right)]\cdot q^{-2}$$

Entscheidung im Knoten 1:

$$Max_1 = Max[\left(P(z_{11})\cdot(e_{11}\cdot q^{-1} + Max_2) + P(z_{12})\cdot e_{12}\cdot q^{-1} + Max_3)\right);$$

$$\left(P(z_{13})\cdot(e_{13}\cdot q^{-1} + Max_4) + P(z_{14})\cdot(e_{14}\cdot q^{-1} + Max_5)\right)]$$

Abb. 1.22: Entscheidungen eines flexiblen Planungsansatzes

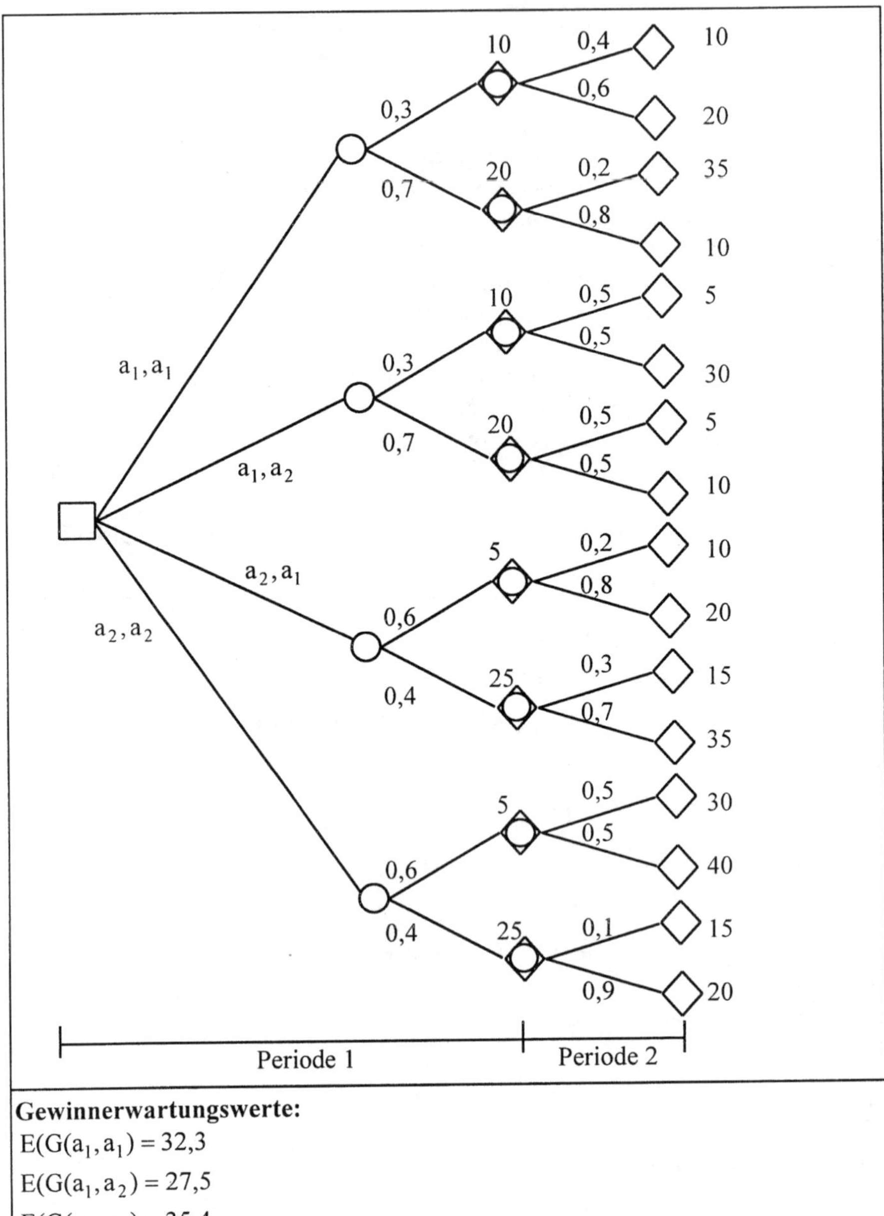

Gewinnerwartungswerte:

$E(G(a_1, a_1) = 32{,}3$

$E(G(a_1, a_2) = 27{,}5$

$E(G(a_2, a_1) = 35{,}4$

$E(G(a_2, a_2) = 41{,}8$

Abb. 1.23: Rechenbeispiel zur starren Planung

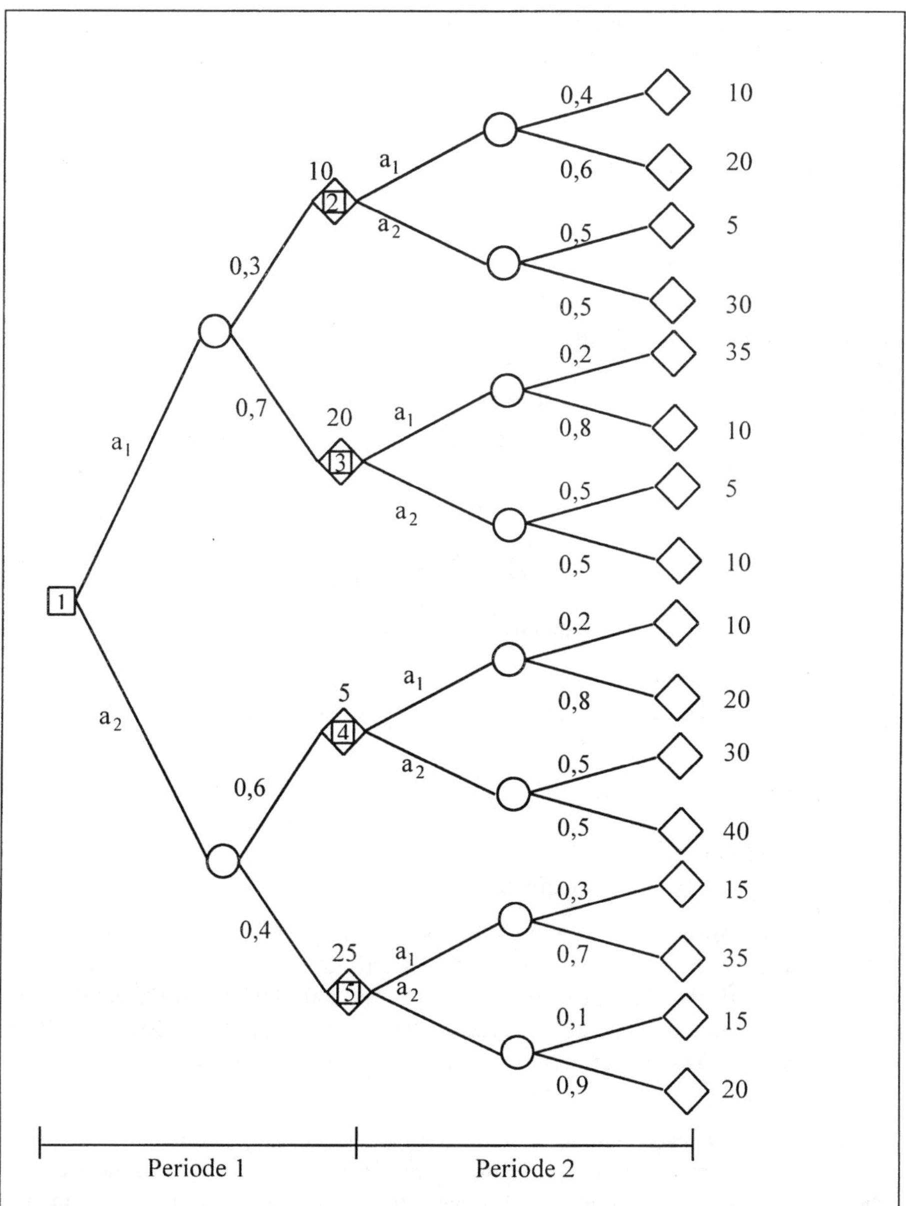

Abb. 1.24: Rechenbeispiel zur flexiblen Planung

Der Abb. 1.23 und Abb. 1.24 sind Beispiele zur starren und flexiblen Planung zu entnehmen. Die (bedingten) Eintrittswahrscheinlichkeiten der verschiedenen Zustände sind an den Zufallskanten abzulesen; die Ergebniswerte stehen über den

Ergebnisknoten. Zur Vereinfachung wird hier auf eine Diskontierung verzichtet. Wenn man sich am Erwartungswert des Gewinns orientiert, ist bei starrer Planung in beiden Perioden die Alternative a_2 zu wählen (vgl. Abb.1.23).

Bei flexibler Planung sind zunächst die Folgeentscheidungen in den Knoten 2-5 zu treffen (vgl. Abb. 1.24):

Knoten 2: $E(G(a_1)) = 16$; $E(G(a_2)) = 17{,}5$;

Knoten 3: $E(G(a_1)) = 15$; $E(G(a_2)) = 7{,}5$;

Knoten 4: $E(G(a_1)) = 18$; $E(G(a_2)) = 35$;

Knoten 5: $E(G(a_1)) = 29$; $E(G(a_2)) = 19{,}5$.

Für die Knoten 2 und 4 (3 und 5) ist es optimal, die Aktion a_2 (a_1) auszuwählen. Nachdem die Folgeentscheidungen getroffen worden sind, kann nun die Entscheidung im Knoten 1 erfolgen:
Knoten 1: $E(G(a_1)) = 32{,}75$; $E(G(a_2)) = 45{,}6$; d.h. a_2 ist optimal.

Insgesamt ist es beim flexiblen Planungsansatz optimal, in der 1. Periode die Alternative a_2 auszuwählen. Abhängig vom tatsächlich eintretenden Zustand in der ersten Periode, sollte in der zweiten Periode dann a_1 oder a_2 gewählt werden.

Bei einer **vergleichenden Beurteilung** der Risikoanalyse sowie der Ansätze der starren und flexiblen Planung in Risikosituationen ist auf folgende Punkte hinzuweisen:

- Die Risikoanalyse wird nur in Ausnahmefällen zu eindeutigen Entscheidungen hinsichtlich der Vorteilhaftigkeit der zu vergleichenden Alternativen führen (dies ist dann der Fall, wenn sich in Abb. 1.19 z.B. die Verteilungsfunktionen verschiedener Alternativen nicht schneiden).
- Planungsansätze der starren und flexiblen Planung weisen denselben Informationsbedarf auf; in Abhängigkeit der Anzahl der berücksichtigten Teilperioden und zugehöriger Aktionen kann aber – im Fall der starren Planung – die Anzahl der zu bewertenden Kombinationen und – im Fall der flexiblen Planung – die Anzahl der zustandsabhängigen Folgeentscheidungen "explodieren".

Abschließend ist festzustellen, dass die Grundlagen der betrieblichen Entscheidungsfindung nach den Kriterien "Informationssituation", "Anzahl und Inhalt der Zielgrößen" sowie "Periodenbezug" dargestellt worden sind. Es ist darauf hinzuweisen, dass die Ausführungen dahingehend erweitert werden können, dass die Grundlagen der Spieltheorie (vgl. z.B. Bamberg/Coenenberg 2006) sowie die Abstimmungsregeln für den Fall der Entscheidungsfindung in Gremien (vgl. z.B. Berndt 1988) dargestellt werden.

D. Vertiefende Literatur Teil 1

Bamberg, G., Coenenberg, A. G. (2006), Betriebswirtschaftslehre Entscheidungslehre, 13. Aufl., München 2006

Berndt, R. (1988), Marketing für öffentliche Aufträge, München 1988

Berndt, R. (1995), Marketing 3, Marketing-Management, 2. Aufl., Berlin u. a. 1995

Berndt, R. (1996), Marketing 1, Käuferverhalten, Marktforschung und Marketing-Prognosen, 3. Aufl., Berlin u. a. 1996

Berndt, R. (2005), Marketingstrategie und Marketingpolitik, 4. Aufl., Berlin u. a. 2005

Cansier, D. (1996), Umweltökonomie, 2. Aufl., Stuttgart 1996

Eisenführ, F., Weber, M. (2003), Rationales Entscheiden, 4. Aufl., Berlin u.a. 2003

Homburg, C. (2000), Quantitative Betriebswirtschaftslehre, 3. Aufl., Wiesbaden 2000

Kieser, A., Walgenbach, P.. (2003), Organisation, 4. Aufl., Stuttgart 2003

Nitzsch, R. von (1998), Planung, Entscheidung und Kontrolle, in: Berndt, R. et al. (Hrsg.), Springers Handbuch der BWL, Berlin u. a. 1998, S. 129 ff.

Pfohl, H. C., Stölzle, W. (1997), Planung und Kontrolle, 2. Aufl., München 1997

Schweitzer, M. (2001), Planung und Steuerung, in: Bea, F. X., Dichtl, E., Schweitzer, M. (Hrsg.), Allgemeine BWL, Bd. 2: Führung, Stuttgart 2001, S. 16ff

Schweitzer, M. (2000), Gegenstand und Methoden der BWL, in: Bea, F. X., Dichtl, E., Schweitzer, M. (Hrsg.), Allgemeine BWL, Bd. 1: Grundfragen, Stuttgart 2000, S. 23ff.

Trommsdorff, V. (1975), Die Messung von Produktimages für das Marketing, Köln u. a. 1975

E. Übungsaufgaben Teil 1

1. Betrachtet wird ein Unternehmen, das in einer Sicherheitssituation mehrere Ziele gleichzeitig verfolgt. Gegeben ist folgende Entscheidungsmatrix:

Ziele / Alternativen	k_1	k_2	k_3	k_4
a_1	22	32	36	42
a_2	28	24	40	40
a_3	16	24	36	36
a_4	40	20	30	36
a_5	20	34	30	36
a_6	32	28	24	20

1.1. Welche Alternativen sind ineffizient?

1.2. Welche Alternative ist nach der Zielgewichtung optimal, wenn folgende Dringlichkeitsordnung der Ziele gegeben ist: $k_1 : k_2 : k_3 : k_4 = 1:3:4:2$.

2. Gegeben ist folgende Situation: Zur Bewertung neuer Produktideen sind insgesamt sieben Kriterien zu berücksichtigen, für die bestimmte Kriteriengewichte ermittelt worden sind. Eine Produktidee kann bezüglich eines jeden Kriteriums eine Punktzahl zwischen 1 und 5 erreichen. Zur Diskussion stehen zwei Produktideen A und B. Die durch die Produktidee A erreichbaren Punktzahlen bezüglich der einzelnen Kriterien werden durch das Symbol x markiert; die durch die Produktidee B erreichbaren Punktzahlen werden durch das Symbol o angegeben.

2.1. Ermitteln Sie die durch die beiden Produktideen jeweils erzielbaren gewichteten Gesamtpunktzahlen!

Kriterien-gewichte	Kriterien	Mögliche Punktwerte 1	2	3	4	5
0,1	1		x	o		
0,2	2		o	x		
0,1	3	x	o			
0,3	4			o	x	
0,1	5			o	x	
0,1	6			x	o	
0,1	7		o	x		

2.2. Nennen Sie zwei Möglichkeiten, in welcher Weise darüber entschieden werden kann, welche Produktidee weiterverfolgt werden soll!

3. Gegeben ist folgende Entscheidungsmatrix für eine Ungewissheitssituation:

Umweltzustände / Alternativen	z_1	z_2	z_3	z_4	z_5
a_1	7	13	19	21	29
a_2	8	12	6	20	30
a_3	6	10	9	19	29

a_4	10	10	10	10	10
a_5	8	11	6	19	19

3.1. Welche Alternativen sind als dominante Aktionen zu kennzeichnen?

3.2. Ein Entscheidungsträger will die optimale Alternative nach der Hurwicz-Regel bestimmen und hat "aus dem Bauch heraus" seinen Optimismusparameter mit 0,7 festgesetzt. Welche Alternative ist zu bevorzugen?

4. Die Entscheidungssituation einer Unternehmung ist durch folgende Gewinnmatrix gekennzeichnet:

	D_1	D_2	D_3
a_1	20	10	30
a_2	60	0	10
a_3	-20	50	20

Den Handlungsalternativen a_1, a_2 und a_3 stehen die Datenkonstellationen D_1, D_2 und D_3 gegenüber. Welche Handlungsalternative wählt die Unternehmung nach der

4.1. Laplace-Regel

4.1. Mini-Max-Regel

4.2. Maxi-Max-Regel

4.4. Hurwicz-Regel mit einem Optimismusparameter λ von 0,8

4.5. Savage-Niehans-Regel.

5. Ein monopolistisches Einproduktunternehmen will für die Planperiode den optimalen Preis für das Produkt bestimmen. Zu den alternativen Preisen sind die erzielbaren Absatzmengen bekannt:

Preis	**Absatzmenge**
$p_1 = 80$	300
$p_2 = 90$	275
$p_3 = 100$	250
$p_4 = 110$	225
$p_5 = 120$	200

Zur Herstellung des Produktes fallen fixe Kosten in Höhe von 500 € und variable Stückkosten in Höhe von 20 € an.

Der Entscheidungsträger verfolgt gleichzeitig folgende Ziele: Gewinnmaximierung; Erlösmaximierung; Maximierung der Absatzmenge unter der Nebenbedingung, dass ein Mindestgewinn von 18.000 € erreicht wird. Das Unternehmen bringt seine Artenpräferenz dergestalt zum Ausdruck, dass folgende Angaben gemacht werden: Das Ziel der Gewinnmaximierung ist ihm doppelt so wichtig wie die anderen beiden Ziele, zwischen denen er indifferent ist.

Die alternativen Ergebnishöhen eines jeden Zieles führen nun zu unterschiedlichen Nutzenwerten für das Unternehmen. Im Einzelnen gelten folgende Nutzenfunktionen:

$U(x) = 2x$, x: Absatzmenge

$U(E) = 4 \cdot \sqrt{E}$, E: Erlös

$U(G) = 0{,}05 \cdot G - 300$ G: Gewinn

Welche Preisalternative ist optimal, wenn das Unternehmen seine Entscheidung nach dem Verfahren der Zielgewichtung treffen will?

6. Ein risikoneutraler Entscheidungsträger hat die Vorteilhaftigkeit eines einzigen Investitionsprojektes zu beurteilen. Die Anschaffungsausgabe im Zeitpunkt 0 beläuft sich auf 3.000 €. Die Lebensdauer beträgt nur eine Periode; die möglichen Rückflüsse zum Ende der Periode und die zughörigen Eintrittswahrscheinlichkeiten ergeben sich als:

Mögliche Rückflüsse	Wahrscheinlichkeiten
2.000	0,3
3.000	0,4
4.000	0,3

6.1. Zeichnen Sie den Entscheidungsbaum!

6.2. Ist die Investition nach dem Kapitalerwartungswert-Kriterium vorteilhaft, wenn der Kalkulationszins 10% beträgt?

7. Es ist ein Investitionsprojekt zu beurteilen, dessen Anschaffungsauszahlung sich auf 50.000 € beläuft und das eine Lebensdauer von zwei Perioden hat. Die unbedingten und bedingten Rückflüsse für die beiden Perioden sowie die zugehörigen Wahrscheinlichkeiten werden wie folgt geschätzt:

1. Jahr		2. Jahr	
mögliche Rückflüsse	Wahrscheinlichkeiten	mögliche Rückflüsse	Wahrscheinlichkeiten
25.000	0,3	15.000	0,2
		20.000	0,5
		35.000	0,3
30.000	0,4	20.000	0,25
		25.000	0,5
		30.000	0,25
35.000	0,3	30.000	0,3
		40.000	0,4
		50.000	0,3

7.1. Zeichnen Sie den zugehörigen Entscheidungsbaum!

7.2. Ist die Investition nach dem Kapitalerwartungswert-Kriterium vorteilhaft, wenn der Kalkulationszins 10% beträgt?

8. Ein Unternehmer steht vor der Aufgabe, im Rahmen der Markteinführung eines neuen Produkts die Preisstrategie für dieses Produkt festzulegen. Der Planungshorizont beträgt zwei Perioden. Die variablen Stückkosten betragen $k_v = 5$ €. Fixkosten fallen nicht an. Als Preisalternativen kommen für den Unternehmer die Preise $p_1 = 20$ € und $p_2 = 10$ € in Betracht. In jeder der beiden Perioden kann entweder eine günstige oder eine ungünstige Gesamtmarktentwicklung auftreten. Je nach Gesamtmarktentwicklung resultiert dabei andere Absatzmengen. Für die erste Periode gilt: Ein Preis von 20 € ist bei günstiger Entwicklung mit einer Absatzmenge von 1.000 Stück, bei ungünstiger Entwicklung mit einer Absatzmenge von 800 Stück verbunden. Bei günstiger (ungünstiger) Marktentwicklung kann bei einem Preis von 10 € eine Absatzmenge von 1.500 Stück (1.000 Stück) erzielt werden. Eine günstige Entwicklung in der ersten Periode wird mit einer Wahrscheinlichkeit von 0,8 eintreten.

In der zweiten Periode kann der Preis des Produkts mit einem Kostenaufwand von 5.000 € auf p_1 angehoben bzw. auf p_2 gesenkt werden. Wird der Preis nicht geändert, fallen keine Kosten an. In der zweiten Periode wird bei günstiger Entwicklung in der ersten Periode mit einer Wahrscheinlichkeit für eine weitere günstige Entwicklung gerechnet, die 1,5-mal so hoch ist wie für eine ungünstige Entwicklung. Herrschte in der ersten Periode eine ungünstige Entwicklung vor, so wird mit einem gleich wahrscheinlichen auftreten von günstiger und ungünstiger Entwicklung in der zweiten Periode gerechnet. Wurde in der ersten Periode ein Preis von $p_1 = 20$ € gewählt, so können in der zweiten Periode bei günstiger Entwicklung zu diesem Preis 4.000 Stück und beim Preis $p_2 = 10$ € 7.000 Stück abgesetzt werden. Bei ungünstiger Entwicklung in der zweiten Periode können bei p_1 nur 3.000 Stück und bei p_2 nur 4.000 Stück abgesetzt werden.

Bei einem Preis von $p_2 = 10$ € in der ersten Periode können in der zweiten Periode bei günstiger Marktsituation zum Preis p_1 6.000 Stück und zum Preis p_2 18.000 Stück abgesetzt werden, bei ungünstiger Entwicklung können nur 5.500 Stück bzw. 14.300 Stück verkauft werden. Ziel des Unternehmers ist die Maximierung des Gewinnerwartungswertes.

8.1. Welche Preisstrategie ist zu wählen, wenn der Unternehmer nach dem flexiblen Planungsansatz vorgeht?

8.2. Wie sieht die optimale Preisstrategie aus, wenn ein starrer Planungsansatz zugrunde gelegt wird?

9. Das Telekommunikationsunternehmen *OnLine* produziert und verkauft ein innovatives Produkt. Dazu wird ein Vorprodukt benötigt, welches von zwei alternativen Anbietern bezogen werden kann. Das Vorprodukt der zwei Anbieter unterscheidet sich nur im Preis: Beide Anbieter verlangen einen Preis, welcher nach Absatzhöhe gestaffelt ist. Qualitative Unterschiede gibt es nicht.

Beim einen Anbieter, *Wählekom (W)*, reduziert sich mit zunehmender Menge der Preis für die Gesamtmenge („durchgehende Staffelung"):

$1 \leq x \leq 1.000$: Der Stückpreis des Produktes ist 2€, für alle x.
$1.000 < x \leq 2.000$: Der Stückpreis sinkt auf 1,95€, für alle x.
$2.000 < x \leq 3.000$: Der Stückpreis sinkt auf 1,90€, für alle x.
$3.000 < x$: Der Stückpreis beträgt nur noch 1,85€, für alle x.

Beim anderen Anbieter, *Manneskann (M)*, handelt es sich um einen gestaffelten Preis, welcher sich auf die zusätzlichen Mengeneinheiten bezieht („angestoßene Staffelung"):

$1 \leq x \leq 1.500$: Der Grundpreis einer Mengeneinheit beträgt 2,10€.
$1.500 < x \leq 3.000$: Der Preis für die ersten 1.500 Stück bleibt konstant 2,10€. Der Preis für jede zusätzliche Mengeneinheit reduziert sich auf 1,50€.
$3.000 < x$: Der Stückpreis für die ersten 1.500 Mengeneinheiten beträgt weiterhin 2,10€ und der Stückpreis für die Mengeneinheiten zwischen 1.501 und 3.000 weiterhin 1,50€. Beim Kauf von mindestens 3.001 Stück kostet jede zusätzliche Mengeneinheit 1€.

OnLine kann die notwendige Einkaufsmenge nicht mit Sicherheit prognostizieren, da diese abhängig von der nachgefragten Absatzzahl des Endproduktes ist. Das Unternehmen geht von drei Umweltzuständen aus:

z_1 (geringe Nachfrage): $x = 1.750$.
z_2 (mittlere Nachfrage): $x = 2.500$
z_3 (hohe Nachfrage): $x = 3.250$

OnLine kann keine Wahrscheinlichkeiten bezüglich des Eintretens der Umweltzustände angeben. Pro herzustellendes Produkt geht ein Vorprodukt ein. Außerdem will *OnLine* genau die Anzahl des Endproduktes produzieren, die nachgefragt wird (Lagerhaltung wird ausgeschlossen). *OnLine* hat die Entscheidung bezüglich des Anbieters des Vorproduktes zu treffen, wobei das Ziel der Minimierung der Durchschnittskosten verfolgt wird.

9.1. Wie hoch sind die Gesamtkosten und die Durchschnittskosten bei den jeweiligen Umweltzuständen bei den jeweiligen Anbietern?

9.2. Welche Entscheidung wird *OnLine* beim Ziel der Minimierung der Durchschnittskosten treffen, wenn

- die Maximax-Regel
- die Minimax-Regel
- die Laplace-Regel

angewendet wird?

9.3. Aufgrund von Marktforschungsaktivitäten kann *OnLine* nun doch Wahrscheinlichkeiten $P(z_j)$ bezüglich des Eintretens der Umweltzustände j prognostizieren:
$P(z_1)=0{,}1$; $P(z_2)=0{,}5$; $P(z_3)=0{,}4$.
Welche Entscheidung wird *OnLine* treffen, wenn nun gemäß dem Erwartungswert-Kriterium entschieden wird?

10. Ein Unternehmen möchte ein neues Produkt auf den Markt bringen. Zur Verfügung stehen drei verschiedene Varianten. Mit Hilfe eines probabilistischen Scoring-Modells sollen die Produktideen A, B, und C bewertet werden. Dazu wurde ein Kriterienkatalog mit zugehörigen Gewichtungsfaktoren g_z und zu vergebenden Punkten aufgestellt:

z	Kriterien	g_z	Punkte		
			1	2	3
1	Gewinn	0,3	< 11.000	11.000 – 22.000	>22.000
2	Marktanteil	0,2	<25%	25% - 35%	>35%
3	Interdependenzen zu anderen Produkten	0,15	substitutional	unabhängig	komplementär
4	Wachstum der Produktkategorie	0, 1	negativ	gleich bleibend	positiv
5	Dauer des Produktlebenszyklusses	0,25	<10 Jahre	11-14 Jahre	> 14 Jahre

Für die Produktideen kann von folgender Risikosituation ausgegangen werden:

	Kriterien	Produktidee					
		A		B		C	
		$P_1= 0{,}4$	$P_2= 0{,}6$	$P_1= 0{,}4$	$P_2= 0{,}6$	$P_1= 0{,}4$	$P_2= 0{,}6$
1	Absatzmenge	x =150	x = 250	x = 160	x = 250	x = 260	x = 100
	PAF	p(x)= 250 – 0,4x		p(x)= 190 – 0,2x		p(x)= 260 – 0,3x	
	Kostenfunktion	K(x)= 60x+150		K(x)= 90x+200		K(x)= 50x+300	
2	Marktanteil	26%	20%	30%	37%	24%	36%
3	Interdependenzen zu anderen Produkten	komplementär	unabhängig	substitutional	substitutional	unabhängig	komplementär
4	Wachstum der Produktkategorie	gleich bleibend	positiv	positiv	negativ	gleich bleibend	negativ
5	Dauer des Produktlebenszyklusses	13 Jahre	8 Jahre	17 Jahre	13 Jahre	12 Jahre	15 Jahre

10.1. Welche Produktideen kommen für eine Innovation in Frage, wenn nach dem Kriterium $E(GGPZ_i) \geq 2$ vorgegangen wird?

10.2. Ein neues Produkt soll am Markt eingeführt werden und nun sind Entscheidungen über die Preise in den ersten beiden Perioden zu treffen. Bezüglich des Einführungspreises kann sich der Hersteller zwischen einem Preis von 5€, 7€ und 10€ entscheiden. Nach Ablauf einer Periode kann er sich erneut zwischen diesen drei Beträgen entscheiden, egal welchen Preis er in der ersten Periode gewählt hat. Die variablen Kosten betragen 2€ pro Stück, die fixen Kosten belaufen sich in jeder der beiden Perioden auf 7500€! Die Absatzmengenentwicklungen abhängig vom Preis sind für die zwei Perioden in folgender Tabelle aufgeführt:

Periode 1		**Periode 2**	
Preis	Absatzmenge	Preis	Absatzmenge
5€	7.000 Stück	5€	7.000 Stück
		7€	6.000 Stück
		10€	4.000 Stück
7€	5.000 Stück	5€	4.000 Stück
		7€	6.000 Stück
		10€	4.500 Stück
10€	3.500 Stück	5€	2.000 Stück
		7€	5.000 Stück
		10€	4.000 Stück

10.2.1. Berechnen Sie die Gewinne für jeden Preis in jeder Periode!

10.2.2. Stellen Sie Ihre Ergebnisse mit einem Entscheidungsbaum dar! Welche Preise sollte der Hersteller in den Perioden 1 und 2 setzen, wenn er seinen gesamten Gewinn maximieren will?

11. Ein Marktforschungsunternehmen möchte mittels einer Befragung eine Imageanalyse für die zwei Designer-Unternehmen *SOAP!* und *FUCCI* vornehmen.

Für die Imageanalyse werden 4 Probanden aufgefordert, Beurteilungen anhand einer 5-stufigen Ratingskala abzugeben, mit „1: trifft voll zu" bis „5: trifft überhaupt nicht zu". Folgende Fragen werden ihnen vorgelegt:

1. Als wie exklusiv stufen Sie Kleidung der Marke *SOAP!* bzw. *FUCC* ein?
2. Als wie modern stufen Sie Kleidung der Marke *SOAP!* bzw. *FUCCI* ein?
3. Wie stufen Sie die Qualität der Kleidung der Marke *SOAP!* bzw. *FUCCI* ein?

Die Antworten lauten für *SOAP!*:

	Proband 1	Proband 2	Proband 3	Proband 4
Frage 1	2	1	2	2
Frage 2	3	4	2	3
Frage 3	1	1	2	1

Die Antworten lauten für *FUCCI*:

	Proband 1	Proband 2	Proband 3	Proband 4
Frage 1	2	3	2	2
Frage 2	2	1	1	1
Frage 3	3	4	3	4

Nun werden die Probanden zusätzlich danach gefragt, wie sie das Ideal im Bereich Designerkleidung einstufen. Die Antworten hierzu sind der Tabelle zu entnehmen:

	Proband 1	Proband 2	Proband 3	Proband 4
Frage 1	1	1	1	1
Frage 2	3	2	2	2
Frage 3	2	3	2	2

Berechnen Sie die Einstellungen der Probanden bezüglich der beiden Designer-Unternehmen, indem Sie die vorhandenen Informationen einbeziehen!

12. Der Hersteller *Fitter Sport* stellt Sportgetränke für die anstehende Fußballweltmeisterschaft her. Hierbei findet die Preisfindung bei Risiko statt. Dem Entscheidungsträger *Nikolai* sind folgende Eintrittswahrscheinlichkeiten der Zustände z_j sowie Ergebniswerte e_{ij} für alternative Preise p_j bekannt.

Wahrscheinlichkeit Zustand Preis	0,3 z_1	0,1 z_2	0,15 z_3	0,2 z_4	0,25 z_5
p_1	30	10	-30	5	-15
p_2	-20	20	25	15	20
p_3	30	-15	-10	40	0

12.1. Der Entscheidungsträger *Nikolai* ist extrem risikoavers. Zur Entscheidungsfindung zieht *Nikolai* das Bernoulli-Prinzip heran. Welche der im Folgenden angegebenen Bernoulli-Nutzenfunktionen repräsentiert ihn? Begründen Sie kurz!

$$u_1(e_{ij}) = \begin{cases} \sqrt{e_{ij}} & \text{für } e_{ij} > 0 \\ \dfrac{-e_{ij}^2}{1000} & \text{für } e_{ij} < 0 \end{cases}$$

$$u_2(e_{ij}) = \begin{cases} \dfrac{+e_{ij}^2}{1000} & \text{für } e_{ij} > 0 \\ -\sqrt{(-e_{ij})} & \text{für } e_{ij} < 0 \end{cases}$$

$$u_3(e_{ij}) = 5 \cdot e_{ij}$$

12.2 Welches stellt unter Zugrundelegung des maximalen Nutzenerwartungswertes die optimale Preisforderung für *Nikolai* dar?

13. Die „*Lichterloh AG*", ein bekannter Hersteller von Feuerlöschern, befüllt ihre Geräte mit einem speziellen Löschpulver. Das Löschpulver sollte immer in ausreichenden Mengen auf Lager sein, um die gesamte Nachfrage nach Feuerlöschern bedienen zu können.

Bei *Lichterloh* denkt man darüber nach, welches Lagerbewirtschaftungssystem am besten geeignet ist, um Gewinneinbußen durch Fehlmengen zu vermeiden. Dabei möchte man sich zwischen einem zyklischen und einem zyklisch kontrollierten Bestellsystem entscheiden. *Lichterloh* hält den Eintritt der sechs Umweltzustände z_1 bis z_6 für denkbar. Für die einzelnen Umweltzustände erscheinen der *Lichterloh AG* folgende Gewinneinbußen in Mio.€ in Abhängigkeit vom jeweiligen Bestellsystem in der Planungsperiode als möglich:

Umweltzustand / **Bestellsystem**	z_1	z_2	z_3	z_4	z_5	z_6
zyklisch	-0,5	-0,9	-1,5	-0,3	0	-0,6
zyklisch kontrolliert	-0,2	-1,0	-0,9	-1,2	-0,1	0

Lesebeispiel: Für das zyklische Bestellsystem würde bei Eintritt des Umweltzustandes z_1 der Gewinn der Planungsperiode in Folge der Fehlmengen um 0,5 Mio.€ geringer ausfallen als geplant.

13.1. Die Entscheidung für das Bestellsystem soll auf Basis der Savage-Niehans-Regel gefällt werden. Für welches Bestellsystem sollte sich demnach die *Lichterloh AG* entscheiden?

13.2. Da man bei der *Lichterloh AG* davon ausgeht, keine ausreichende Erfahrung mit der Werbebudgetierung zu haben, wird ein Marktforschungsinstitut beauftragt, für alternative Werbebudgets zugehörige Absatzmengen zu ermitteln. Es wird von einem zweiperiodigen Planungszeitraum ausgegangen. In jeder Periode kann sich die *Lichterloh AG* zwischen zwei Werbebudgets entscheiden, welche zu verschiedenen Absatzmengen führen können. Die Werbebudgets und die sich ergebenden Absatzmengen mit den zugehörigen Wahrscheinlichkeiten finden Sie in folgender Tabelle.

			Periode 2		
Werbe-budget	**Wahr-schein-lichkeit**	**sich ergebende Absatz-menge**	**Werbe-budget**	**Wahr-schein-lichkeit**	**sich ergeben-de Ab-satz-menge**
3,5Mio	0,35	500.000	3.5Mio	0,45	700.000
				0,55	650.000
			4,5Mio	0,7	800.000
				0,3	400.000
	0,65	700.000	3,5Mio	0,6	450.000
				0,4	600.000
			4,5Mio	0,6	550.000
				0,4	700.000
4,5Mio	0,6	600.000	3.5Mio	0,5	450.000
				0,5	600.000
			4,5Mio	0,8	850.000
				0,2	350.000
	0,4	800.000	3,5Mio	0,7	450.000
				0,3	550.000
			4,5Mio	0,4	300.000
				0,6	700.000

Der Preis für einen Feuerlöscher bleibt weiterhin bei 45€, die variablen Kosten bei 33€. Außerdem fallen pro Periode weiterhin fixe Kosten in Höhe von 500.000€ an. Die Entscheidung über die Werbebudgetplanung soll mittels flexiblen Planungsansatzes erfolgen. Für welches Vorgehen sollte sich die *Lichterloh AG* in den beiden Perioden entscheiden?

14. Der PC-Hersteller *Ma Ke Ting* hat vier neue Produkte entwickelt, von denen jedoch nur eines am Markt eingeführt werden kann. Der Leiter der Entwicklungsabteilung *Kobias Troll*, soll entscheiden, welche der entwickelten Produktinnovationen auf dem Markt eingeführt werden sollte.

14.1. *Kobias Troll* geht davon aus, dass sich im ersten Jahr 6 verschiedene Umweltzustände ergeben können. Diese treten jeweils mit bestimmten Wahrscheinlichkeiten ein:

Umweltzustand	**Eintrittswahrscheinlichkeit**
z_1	0,15
z_2	0,2
z_3	0,35
z_4	0,15
z_5	0,05
z_6	0,1

Kobias Troll kann die Gewinne, bzw. Verluste, die sich für jede Produktinnovation beim Eintritt der Umweltzustände ergeben, angeben (Werte jeweils in Mrd. Euro):

Umweltzustand / **Produktinnovation**	z_1	z_2	z_3	z_4	z_5	z_6
a_1	0,3	-0,4	0,2	0	-0,4	0,5
a_2	1,0	0	-0,3	-0,4	0	0,7
a_3	-0,3	-0,1	0	0,4	0,55	0,6
a_4	-0,1	0,4	0,5	0,8	-0,5	-0,05

Kobias Troll möchte diejenige Produktinnovation für eine Markteinführung vorschlagen, die die geringste Verlustwahrscheinlichkeit aufweist. Welches Produkt sollte er für eine Markteinführung vorschlagen?

14.2. Bezüglich zweier Produktinnovationen zieht *Kobias Troll* nun doch noch eine umfassendere Beurteilung vor. Dazu sollen die zwei PC-Modelle anhand von 5 Kriterien beurteilt werden, deren Ausprägungen mit folgenden Punkten bewertet werden:

	Kriterien	g_z	Punkte		
			3	2	1
1	Gewinn im ersten Jahr	0,25	1Mrd€ und mehr	von 600 Mio€ bis unter 1 Mrd€	unter 600Mio€
2	Anzahl ähnlicher Produkte auf dem Markt	0,10	unter 3	4 bis 8	mehr als 8
3	Erfahrung von *Ma Ke Ting* bei der Herstellung	0,20	groß	mittel	gering
4	Akzeptanz beim Handel	0,10	hoch	mittel	gering
5	Dauer des Lebenszyklus	0,20	4 Jahre und mehr	2 oder 3 Jahre	1 Jahr
6	Möglichkeit der Weiterentwicklung	0,15	groß	mittel	gering

Folgende Daten und Eintrittswahrscheinlichkeiten für zwei möglich Umweltzustände stehen *Kobias Troll* bezüglich der Produktinnovationen zur Verfügung (Preise und Kosten sind jeweils in Tausend (TSD) Euro angegeben):

z	Modelle / Kriterien	g_z	BeWeEl Two		Ka VauVau 05-06	
			P= 0,4	P=0,6	P= 0,4	P=0,6
1	Gewinn im ersten Jahr	0,25	p= 1 x = 700.000	p= 1,5 x = 900.000	p= 2 x = 550.000	p= 1,5 x = 800.000
			$k_v = 0,2$ $K^{Fix} = 100$		$k_v = 0,5$ $K^{Fix} = 200$	
2	Anzahl ähnlicher Produkte auf dem Markt	0,10	2	4	5	8
3	Erfahrung von *Ma Ke Ting* bei der Herstellung	0,20	mittel	mittel	gering	gering
4	Akzeptanz beim Handel	0,10	hoch	mittel	mittel	mittel
5	Dauer des Lebenszyklus	0,20	1	2	3	4
6	Möglichkeit der Weiterentwicklung	0,15	gering	groß	groß	mittel

Damit eine Produkteinführung sinnvoll erscheint sollte die gewichtete Gesamtpunktzahl (GGPZ) der entsprechenden Produktinnovation mindestens 1,8 betragen. Welche Empfehlung bezüglich der Produkteinführung sollte *Kobias Troll* aufgrund dieser Daten geben?

15. Der Fahrradhersteller *Tschaint* rüsted unter anderem auch das *M-Tobile Team* mit *Ull Janrich* aus. *Ull Janrich* steht vor der Tour de France wegen Verdachts auf Doping im Zentrum der Aufmerksamkeit. Bei *Tschaint* fragt man sich, welche Folgen dies für die eigene Position haben kann.

15.1. *Ull Janrich* fährt hauptsächlich mit dem *Tschaint*-Rad *RTC Ad Vance*. Im Vorfeld der Tour de France wurde dieses Rad in Erwartung eines Sieges von *Ull Janrich* und der sich daraus ergebenden großen Nachfrage nach seinem Rad in großer Stückzahl produziert. *Tschaint* hat nun 4 verschiedene Möglichkeiten das Rad auszustatten. Sollte *Ull Janrich* tatsächlich gedopt sein, sieht sich *Tschaint* aufgrund der sinkenden Nachfrage nach *RTC Ad Vance* in jedem Fall Verlusten gegenüber. Man hält dann den Eintritt von sechs Umweltzuständen z_1 bis z_6 für denkbar. Für den Eintritt der Umweltzustände können jedoch keine Wahrscheinlichkeiten angegeben werden. Für die einzelnen Umweltzustände erscheinen *Tschaint* folgende Gewinneinbußen in Mio.€ in Abhängigkeit von der jeweiligen Ausstattung der Räder für möglich:

Umweltzustand / Ausstattung	z_1	z_2	z_3	z_4	z_5	z_6
minimal	-0,45	-1,26	-0,38	-0,82	-0,52	-0,59
einfach	-0,90	-0,87	-0,91	-1,23	-0,35	-0,63
aufwendig	-1,12	-0,68	-0,39	-1,03	-0,83	-0,56
maximal	-1,34	-0,56	-0,82	-0,39	-1,37	-0,99

Lesebeispiel: Für die einfache Ausstattung würde bei Eintritt des Umweltzustandes z_1 ein Verlust in Höhe von 0,90 Mio. € anfallen.

Die Entscheidung für die zu wählende Ausstattung soll auf Basis der Mini-Max-Regel gefällt werden. Für welche Ausstattung sollte sich demgemäß *Tschaint* entscheiden?

15.2. Bei *Tschaint* ist man im Vorfeld der Tour de France damit beschäftigt, die Preise für *RTC Ad Vance* zu planen. Die Planung soll für zwei Perioden angesetzt werden. In der ersten Periode zieht man bei *Tschaint* 2 Preise in Erwägung. Man kann entweder 900 € oder 1.000 € für das Rad verlangen. Die Absatzentwicklung hängt in der ersten Periode davon ab, ob *Ull Janrich* tatsächlich gedopt hat oder nicht. Diese Auswirkung ist stärker, je höher der Preis für das Rad gesetzt wird. Bei einem Preis von 900€ ist mit einer Wahrscheinlichkeit von 60%, auch wenn er ge-

dopt hat, eine positive Entwicklung zu erwarten. Mit einer Wahrscheinlichkeit von 40% ist in diesem Fall jedoch eine negative Entwicklung zu erwarten. Bei einem Preis von 1.000 € ist mit einer Wahrscheinlichkeit von 35% trotz Doping eine positive Entwicklung zu erwarten, mit einer Wahrscheinlichkeit von 65% ist jedoch eine negative Entwicklung zu erwarten. Bei einer positiven Entwicklung ist in der ersten Periode folgender Absatz in Abhängigkeit vom Preis zu erwarten:
$x_1^p(p) = 10.000 - 5p$.

Bei einer schlechten Entwicklung sinkt in der ersten Periode die Absatzmenge $x_1^n(p)$ um 20% gegenüber x_1^p (p). In der zweiten Periode wird der Preis für *RTC Ad Vance* erneut festgesetzt. Man plant den Preis jeweils entweder um 5% zu erhöhen oder ihn um 5% zu senken. Der Absatz kann sich in der 2. Periode entweder positiv oder negativ entwickeln. Bei einer positiven Absatzentwicklung ist wiederum folgender Absatz in Abhängigkeit vom Preis zu erwarten:
$x_2^p(p) = 10.000 - 5p$.

Bei einer schlechten Absatzentwicklung sinkt in der zweiten Periode die Absatzmenge $x_2^n(p)$ um 15% gegenüber $x_2^p(p)$.

Die variablen Kosten für ein Fahrrad betragen 300€. Es fallen Fixkosten in Höhe von 100.000€ an. Die Wahrscheinlichkeiten einer positiven und negativen Absatzentwicklung in der zweiten Periode entnehmen Sie folgender Tabelle:

Periode 1			**Periode 2**			
Preis	**Imageentwicklung *Ull Janrich***	**Absatzmenge**	**Preis**	**Wahrscheinlichkeit**		**Absatzmenge**
900	positiv		erhöhen: p =	positiv	0,45	
				negativ	0,55	
			senken: p =	positiv	0,7	
				negativ	0,3	
	negativ		erhöhen: p =	positiv	0,35	
				negativ	0,65	
			senken: p =	positiv	0,8	
				negativ	0,2	
1000	nositiv		erhöhen: p =	positiv	0,45	
				negativ	0,55	
			senken: p =	positiv	0,6	
				negativ	0,4	
	Negativ		erhöhen: p =	positiv	0,25	
				negativ	0,75	
			senken:	positiv	0,55	

			p =	negativ	0,45	

Vervollständigen Sie die Tabelle! Für welches Vorgehen sollte sich *Tschaint* entscheiden, wenn die Entscheidung basierend auf einem flexiblen Planungsansatzes getroffen werden soll?

16. Der Unternehmer *Bernadini* ist Geschäftsführer der *Lauknecht GmbH*. Ihm liegen drei alternative Produktideen a_i (i=1,2,3) zur Überprüfung vor. Bei der Produktidee 1 handelt es sich um einen automatisierten Wäschesortierer, bei der Produktidee 2 um ein automatisiertes Fensterreinigungsgerät und bei der Produktidee 3 um ein automatisiertes Tischabwischgerät. *Bernadini* erstellt folgenden einperiodigen Entscheidungsbaum, aus welchem für alle drei Produktideen die Eintrittswahrscheinlichkeiten $P(z_{ij})$ der Umweltzustände z_j (j=1,2,3,4) sowie die Ergebniswerte e_{ij} hervorgehen:

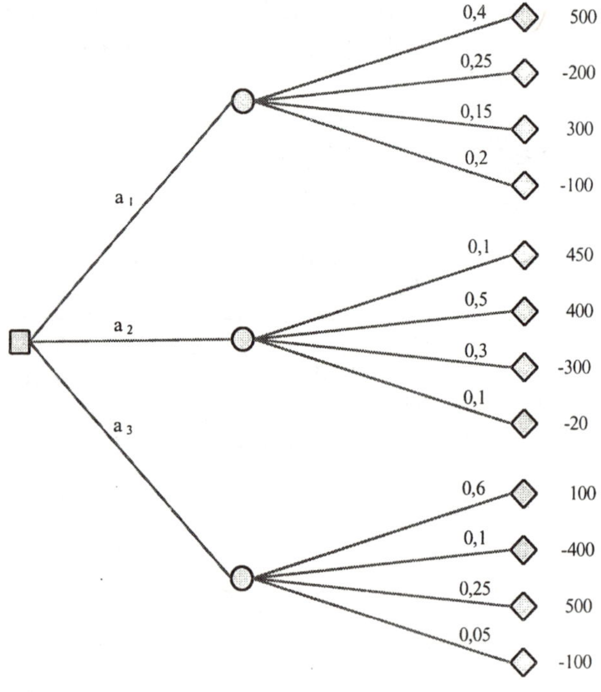

16.1. Welche Produktidee ist gemäß dem Erwartungswert-Kriterium optimal?

16.2. Welche Alternative ist optimal, wenn *Bernadini* eine Verlustwahrscheinlichkeit in Höhe von $\leq 0{,}2$ nicht überschreiten möchte?

16.3. *Bernadini* gibt vor, dass die Verlustwahrscheinlichkeit einen Wert von $\leq 0{,}4$ nicht überschreiten soll. Welche Alternative ist optimal, wenn *Bernadini* unter dieser Vorgabe den Erwartungswert maximieren möchte?

16.4. Welche Alternative ist maximal, wenn *Bernadini* einem Erwartungswert von ≥ 150 realisieren und die Verlustwahrscheinlichkeit so gering wie möglich halten möchte?

16.5. Die Produktmanagerin *Loretta* überprüft für die *posch GmbH* die Einführung einer neuartigen Schlagbohrmaschine. Dabei kommen zwei Alternativen i=1,2 in Betracht. Bei Alternative 1 handelt es sich um eine Zweigang-Schlagbohrmaschine mit integrierter Staubabsaugung. Bei Alternative 2 handelt es sich um eine Viergang-Schlagbohrmaschine mit ergonomischer Softgripauflage.

Für die Alternative 1 liegen *Loretta* folgende Daten vor:

t	**1**	**2**	**3**	**4**
p_t	150€	175€	175€	200€
k_t^v	70€	65€	65€	65€
K_t^F	77.500€	77.500€	77.500€	77.500€
x_t	2.000	1.750	1.800	1.900

Für die Alternative 2 liegen *Loretta* folgende Daten vor:

t	**1**	**2**	**3**	**4**
p_t	160€	160€	170€	170€
k_t^v	80€	70€	65€	65€
K_t^F	80.000€	80.000€	80.000€	80.000€
x_t	1900	2.000	2.300	1.600

mit

p_t: Preis in der Periode t
k_t^v: variable Kosten in der Periode t
x_t: Absatzmenge in der Periode t
K_t^F: Fixkosten in der Periode t

Für die Alternative 1 fallen in t=0 Kosten K_0^F in Höhe von 300.000€ an. Für die 250.000€ an. Der Kalkulationszinsfuß i beträgt für beide Alternativen Alternative 2 fallen in t=0 Kosten K_0^F in Höhe von jeweils 10%.

16.5.1. Für welche Alternative entscheidet sich *Loretta*, wenn sie als Entscheidungskriterium die Kapitalwertmethode heranzieht?

16.5.2. *Loretta* überlegt sich nunmehr als Zielkriterium die Amortisationsdauer einzusetzen. Berechnen Sie für beide Alternativen jeweils die Amortisationsdauer! Für welche Alternative entscheidet sich Loretta, wenn sie dieses Zielkriterium für die Entscheidungsfindung heranzieht?

Teil 2: Produktions- und Kostentheorie

A. Grundlagen

I. Aufgaben der Produktionstheorie

Unter **Produktion** versteht man die Erstellung von Leistungen durch Kombination verschiedener Einsatzfaktoren, die als Produktionsfaktoren bezeichnet werden. Produktionsfaktoren sind materielle Güter oder Dienstleistungen, die durch bestimmte physikalische, chemische oder geistige Vorgänge in andere Güter transformiert werden. Das Ergebnis der Produktion ist ein Produkt. Produkte können materielle Güter oder Dienstleistungen sein (vgl. Kistner 1993, S. 1). Aus betriebswirtschaftlicher Sicht ist die Produktion ein Wertschöpfungsprozess (vgl. Abb. 2.1). Rahmenbedingungen, die die Wertschöpfung beeinflussen, sind (vgl. Günther 1998, S. 328):

- die Zeit; je schneller die zeitliche Wegstrecke für die industrielle Erzeugung eines Produktes (Beschaffung, Produktion, Montage, Distribution) überwunden wird, desto höher ist die Wertschöpfung, die mit den verfügbaren Produktionsressourcen (-faktoren) erzielt werden kann;
- die Qualität, die gerade bei technisch anspruchsvollen Produkten ein wesentlicher Wettbewerbsfaktor ist; sie äußert sich in geringen Ausschussraten, Funktionalität, Zuverlässigkeit, Umweltfreundlichkeit und Langlebigkeit und
- die Flexibilität, d.h. die Fähigkeit eines Systems sich neuen Umweltbedingungen anzupassen.

Die Produktionsfaktoren stellen den Input und die Produkte den Output einer Unternehmung dar. Gegenstand der Produktionstheorie ist es, Aussagen über **Input-Output-Beziehungen** in Unternehmen zu formulieren. Genauer ist der mengenmäßige Zusammenhang zwischen der Menge der erstellten Leistungen und dem Einsatz an Produktionsfaktoren zu erklären. Des Weiteren gilt es, Einflussgrößen des Faktorverbrauches aufzuzeigen. Eine Beschreibung des Produktionsprozesses durch die Menge der eingesetzten Produktionsfaktoren und die Ausbringungsmengen bedingt, dass diese Gütermengen messbar sind. Es muss also eine Messvorschrift existieren, die jedem Produktionsfaktor eine Zahl zuordnet, die angibt, in welchem Umfang durch seine Herstellung neue Verwendungsmöglichkeiten (Absatz und Weiterverarbeitung) resultieren. Während Ausbringungs- und Einsatzmengen von Werkstoffen meist unproblematisch durch physikalische Größen wie der Stückzahl, dem Gewicht oder der Fläche gemessen werden können, birgt die Messung des Einsatzes von Betriebsmitteln und menschlicher Arbeitskraft größere Probleme (vgl. Kistner 1993, S. 2).

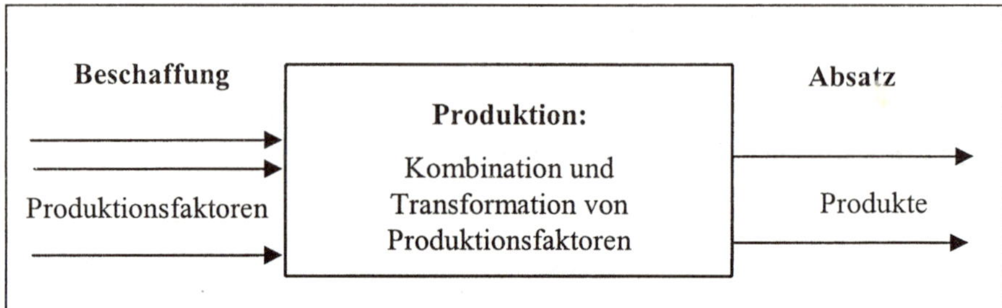

Quelle: In Anlehnung an Pohmer/Bea 1994, S. 29.
Abb. 2.1: Eingliederung der Produktion in den betrieblichen Wertschöpfungsprozess

Durch den Einsatz von Produktionsfaktoren entstehen Kosten. Wesentliche Grundlage für kostentheoretische Aussagen ist die **Produktionstheorie** (vgl. Schweizer/Küpper 1997, S. 16): So ermöglicht die reine Produktivitätsbetrachtung der Produktionstheorie eine Wirtschaftlichkeitsbetrachtung im Rahmen der Kostentheorie. Durch die in der Produktionstheorie erforschten Mengenbewegungen kann im Rahmen der Kostentheorie der zu Faktorpreisen bewertete Input mit dem mengenmäßigen Output gegenübergestellt werden (vgl. Schroer 1992, S. 11). Die Produktions- und Kostentheorie bilden gemeinsam eine Grundlage für die Produktions- und Absatzplanung. So kann beispielsweise die gewinnmaximale Produktion für eine oder mehrere Planungsperioden bestimmt werden. Alternativ dazu können die für diese Zeiträume vorgegebenen Endproduktmengen kostenminimal hergestellt werden (vgl. Fandel 1991, S. 16). Des Weiteren können Zusammenhänge zwischen der Strukturierung wirtschaftlicher Prozesse und den Ausprägungen der Real- und Nominalgüter sowie die Beziehungen zwischen den Aktionen der Unternehmung und den Reaktionen anderer Unternehmungen untersucht werden (vgl. Schweizer/Küpper 1999, S. 16 ff.).

II. Aufgaben der Kostentheorie

Die **Kostentheorie** beruht auf der Produktionstheorie. Sie stellt den zu Faktorpreisen bewerteten Input dem mengenmäßigen Output gegenüber. Als **Kosten** bezeichnet man dabei den leistungsbedingten und bewerteten Güterverzehr zur Erstellung von Leistungen. Die Kosten eines Produktes entsprechen demnach der bewerteten Einsatzmenge von Produktionsfaktoren, die zur Erstellung des Produktes notwendig sind. Es wird nur der sachzielbezogene Güterverbrauch berücksichtigt, d.h. der Güterverbrauch, der auf das Endprodukt real einwirkt und ohne den das Ergebnis nicht zustande kommt. Den mengenmäßigen Güterverbrauch kann man unterscheiden in (vgl. Schweizer/Küpper 1997, S. 212)

- willentlichen Güterverbrauch, d.h. dem vom Unternehmen bewussten Einsatz von Gütern,
- erzwungenen Güterverbrauch, d.h. dem natürlichen Verbrauch von Sachgütern, Gütervernichtung durch Katastrophen oder Abgaben an Institutionen und
- kontinuierlichem zeitlichen Vorrätigkeitsverbrauch, der Minderung der reinen Nutzungsmöglichkeit der Güter im Zeitablauf.

Bei der Bewertung des sachzielbezogenen Güterverbrauchs kann zwischen dem wertmäßigen und dem pagatorischen Kostenbegriff unterschieden werden (vgl. Schweitzer/Küpper 1997; S. 213). Der wertmäßige Kostenbegriff ordnet jedem sachzielbezogenen Güterverbrauch den Preis zu, durch den im Hinblick auf die gewählte Zielvorstellung ein optimaler Gütereinsatz erreicht wird. Der Kostenwert gewichtet den Güterverbrauch und erfüllt damit eine Lenkungsfunktion. Beim pagatorischen Kostenbegriff wird der sachzielbezogene Güterverbrauch mit Marktpreisen bewertet. Dieser Wert entspricht dem Preis, der auf dem Markt für diese Güter bezahlt wurde beziehungsweise bei einer geplanten zukünftigen Beschaffung gezahlt wird. Während die Höhe der wertmäßigen Kosten von der jeweiligen Entscheidungssituation und dem gewählten Entscheidungsmodell abhängig ist (vgl. Adam 1970, S. 44 ff.), ergeben sich die pagatorischen Kosten aus den tatsächlich gezahlten Preisen und können exakt und eindeutig ermittelt werden (vgl. Schweitzer/Küpper 1997, S. 214). Im Folgenden wird vom wertmäßigen Kostenbegriff ausgegangen.

Aufgabe der Kostentheorie ist es,

- die Kosteneinflussgrößen zu identifizieren und deren Wirkung auf die Kosten zu untersuchen;
- Kostenfunktionen zu formulieren, d.h. die Abhängigkeit der Höhe der Kosten von den Kosteneinflussgrößen aufzuzeigen und
- Kosteneinflussgrößen optimal festzulegen.

Bei **Kosteneinflussgrößen** können mittelbare und unmittelbare Faktoren unterschieden werden. Die Ausprägung mittelbarer (unmittelbarer) Kosteneinflussgrößen kann (kann nicht) durch Entscheidungen der Unternehmung festgelegt werden. Zu den mittelbaren Faktoren gehören die Intensität und die Einsatzzeiten von Maschinen sowie technische Einflussgrößen. Unmittelbare Faktoren sind die Faktormengen und Faktorpreise. Die Kosteneinflussgrößen beeinflussen die Kostenhöhe entweder unabhängig, gleichzeitig oder in wechselseitiger Abhängigkeit (vgl. Schroer 1992, S. 14). **Kostenfunktionen** geben den genauen Zusammenhang an und ermöglichen Kosten optimal (z.B. kostenminimal oder gewinnmaximal) festzulegen.

III. Produktionsfaktoren

Produktionsfaktoren sind Güter, die entgeltlich erworben werden müssen, um sie in der Produktion einzusetzen (vgl. Kistner 1993, S. 238). Heinen unterscheidet bei Produktionsfaktoren zwischen **Repetier- und Potentialfaktoren** (vgl. Heinen 1983, S. 214 ff.). Repetierfaktoren werden im Produktionsprozess verbraucht. Sie gehen bei einmaligem Einsatz in das zu erstellende Produkt unter. Repetierfaktoren sind beispielsweise Werkstoffe und Materialien, die unmittelbar in das Produkt eingehen beziehungsweise dem Produkt direkt zugerechnet werden können. Potentialfaktoren gehen nicht bei einmaligem Einsatz in das zu erstellende Produkt unter. Sie stellen quasi ein Nutzungsbündel dar. Potentialfaktoren sind beispielsweise Maschinen und andere Betriebsmittel. Sie werden in der Produktion genutzt, wobei deren Verwendung dem Produkt nur mittelbar zugerechnet werden kann. Die menschliche Arbeitskraft steuert entweder den Produktionsprozess (Potentialfaktor) oder wird als objektbezogene Arbeit unmittelbar in der Produktion eingesetzt (Repetierfaktor).

Zwischen den Produktionsfaktoren und der Ausbringungsmenge lassen sich zwei Typen von Beziehungen unterscheiden: Limitationalität und Substitutionalität. Limitationalität liegt vor, wenn die Einsatzmengen der Produktionsfaktoren in einem technisch bedingten bestimmten Einsatzverhältnis zur Ausbringung stehen. Im Gegensatz dazu besteht bei Substitutionalität keine feste Relation zwischen der Ausbringungsmenge und den Faktoreinsatzmengen. Die Produktionsfaktoren können untereinander ausgetauscht werden, ohne dass sich die Ausbringungsmenge verändert. Die Produktionsfaktoren können dann entweder total, d.h. in beliebigem Maße oder nur peripher, d.h. nur in bestimmten Grenzen ausgetauscht werden.

Der Faktorverbrauch reagiert in unterschiedlicher Weise auf Veränderungen der geplanten Ausbringungsmenge. Hier gilt es, ein Augenmerk auf die **Verfügbarkeit** der Produktionsfaktoren zu richten (vgl. Kistner/Steven 1999, S. 89): Werkstoffe können in der Regel in den benötigten Mengen beschafft werden, in Einzelfällen sind sie nur begrenzt verfügbar, so dass Obergrenzen für ihren Einsatz in der Produktion berücksichtigt werden müssen. Bei leicht verderblichen Materialien, Abfall- oder Schadstoffen, über die anderweitig nicht disponiert werden kann, sind vorgegebene Mengen einzuhalten. Die menschliche Arbeitskraft wird oft als frei verfügbar angenommen. Aufgrund arbeitsrechtlicher Regelungen – so ist beispielsweise eine Politik kurzfristiger Einstellungen und Entlassungen in europäischen Ländern nicht zulässig – ist der verfügbare Bestand an Arbeitskräften jedoch kurzfristig konstant. Eine Anpassung an den betrieblichen Bedarf kann lediglich durch innerbetriebliche Umsetzungen, Überstunden, Kurzarbeit oder durch Verschwendung von Arbeitskraft erreicht werden. Auch der Bestand von Betriebsmitteln, insbesondere der Bestand von Maschinen, kann kurzfristig nicht verändert werden. Es besteht jedoch die Möglichkeit, deren Nutzung an den betrieblichen Bedarf anzupassen, indem die Zahl der eingesetzten Maschinen (quantitative Anpassung), die Einsatzdauer (zeitliche Anpassung) oder die Produktionsgeschwindigkeit (intensitätsmäßige Anpassung) variiert wird.

IV. Produktionsfunktionen

Eine **Produktionsfunktion** bildet den mengenmäßigen Zusammenhang zwischen den in den Produktionsprozess einzusetzenden Faktormengen (Input) und der Ausbringungsmenge (Output) ab. Eine Produktionsfunktion zeigt, wie sich der Output ändert, wenn die Faktoreinsatzmengen variiert werden. Dabei werden grundsätzlich nur **effiziente Faktorkombinationen** berücksichtigt. Ineffiziente Kombinationen mit einem über die erforderlichen Einsatzmengen hinausgehenden Verbrauch stellen aus technischer Sicht eine nicht vertretbare Mittelvergeudung dar und sind zu vermeiden. Auf Basis dieser Effizienzbedingungen lassen sich eindeutige **Faktor-Output-Beziehungen** formulieren (vgl. Steffen 1997, S. 25). Allgemein kann man eine Produktionsfunktion für ein Einproduktunternehmen bei n Einsatzfaktoren wie folgt darstellen:

$$x = x(r_1,..,r_n) \text{ mit} \tag{2.1}$$

x : Ausbringungsmenge,
r_i : Einsatzmenge von Produktionsfaktor i für $i = 1,..,n$.

Der Output eines Mehrproduktunternehmen ist bei n Einsatzfaktoren und m Produkten allgemein definiert als:

$$\left(x_1,..,x_m\right) = f(r_1,..,r_n) \text{ mit} \tag{2.2}$$

x_j : Ausbringungsmenge des Produktes j für $j = 1,..,m$,
r_i : Einsatzmenge des Produktionsfaktors i für $i = 1,..,n$.

Die weitere Analyse beschränkt sich auf den einfacheren Fall eines Einproduktunternehmens (vgl. Produktionsfunktion (2.1)).

Bei einstufiger Einproduktfertigung ohne Zwischenproduktfertigung interessieren den Entscheidungsträger im Produktionsbereich vor allem zwei Aspekte (vgl. Fandel 1991, S. 57 ff):

- Die Veränderung der Ausbringungsmenge x, wenn die Einsatzmenge nur eines Produktionsfaktors verändert wird und alle anderen Einsatzmengen der Produktionsfaktoren konstant bleiben (Partialanalyse).
- Die Veränderung der Produktionsmenge x, wenn alle Produktionsfaktoren variiert werden (Totalanalyse).

Wesentliche Größen der **Partialanalyse** sind

- der Durchschnittsertrag (Durchschnittsproduktivität),
- der Produktionskoeffizient,
- der Grenzertrag (Grenzproduktivität) und
- das partielle Grenzprodukt.

Der **Durchschnittsertrag** gibt den Output pro (bisher) eingesetzter Faktormengeneinheit an. Das entspricht der bisherigen durchschnittlichen Wirkung einer Mengeneinheit eines Produktionsfaktors. Ausgehend von der allgemeinen Definition (2.1) ermittelt sich der Durchschnittsertrag des Produktionsfaktors i als:

$$e(r_i) = \frac{x(r_i)}{r_i} \quad \text{(für alle i).} \tag{2.3}$$

Der Durchschnittsertrag (2.3) gibt an, wie viele Erzeugniseinheiten im Durchschnitt durch eine Mengeneinheit des Faktors i hervorgebracht werden. Der Kehrwert des Durchschnittsertrages wird als **Produktionskoeffizient** bezeichnet. Er gibt an, wie viele Mengeneinheiten des Faktors i erforderlich sind, um eine Einheit des Produktes zu erstellen:

$$c(r_i) = \frac{r_i}{x(r_i)}. \quad \text{(für alle i).} \tag{2.4}$$

Die **Grenzertragsfunktion** berechnet sich als erste partielle Ableitung der Produktionsfunktion nach der Faktormenge r_i. Sie zeigt an, wie sich eine isolierte Veränderung der Einsatzmenge von Produktionsfaktor r_i auf die Ausbringungsmenge auswirkt:

$$\frac{\partial x(r_1,..,r_i,..,r_n)}{\partial r_i} \quad \text{(für alle i).} \tag{2.5}$$

Die Grenzproduktivität (2.5) gibt bei einer bestimmten Einsatzmenge des Faktors i die Veränderung der Ausbringungsmenge aufgrund einer infinitesimal kleinen Änderung dieser Einsatzmenge bei Konstanz der Einsatzmengen aller anderen Faktoren an. Sie ist ein Maßstab für die Wirksamkeit der jeweils zuletzt eingesetzten Einheit des Faktors i. Bei $\frac{\partial x(r_1,..,r_i,..,r_n)}{\partial r_i} > 0$ ist eine Erhöhung (Senkung) der Einsatzmenge mit einer größeren (kleineren) Ausbringungsmenge verbunden. $\frac{\partial x(r_1,..,r_i,..,r_n)}{\partial r_i} < 0$ impliziert bei Erhöhung (Senkung) der Einsatzmenge eine kleinere (größere) Ausbringungsmenge. Für $\frac{\partial x(r_1,..,r_i,..,r_n)}{\partial r_i} = 0$ ist die Ausbringungsmenge unabhängig von der Höhe der Einsatzmenge des Produktionsfaktors r_i. Graphisch kann die Grenzproduktivität als Steigung der Produktionsfunktion bei der Inputmenge r_i interpretiert werden.

Produktionsfaktoren:	r_1, r_2
Produktionsfunktion:	$x = x(r_1, r_2)$
Durchschnittsertrag:	$e(r_1) = \frac{x}{r_1}$
Grenzertrag:	$\frac{\partial x}{\partial r_1} = \frac{\partial x(r_1, r_2)}{\partial r_1}$

Maximum der Durchschnittsertragskurve:

$$\frac{\frac{\partial x}{\partial r_1} \cdot r_1 - x}{r_1^2} \overset{!}{=} 0 \quad \text{(notwendige Bedingung)}$$

$$\Rightarrow \frac{\partial x}{\partial r_1} \overset{!}{=} \frac{x}{r_1}$$

Abb. 2.2: Schnittpunkt von Durchschnittsertrags- und Grenzertragsfunktion

Für zweimal stetig differenzierbare Produktionsfunktionen stimmt im Maximum der Durchschnittsertragkurve der Durchschnittsertrag mit dem Grenzertrag überein. Auf analytischem Wege lässt sich dies allgemein zeigen. Dazu wird in Abb. 2.2. von dem Fall zweier Produktionsfaktoren ausgegangen. Der Zusammenhang wird für Produktionsfaktor r_1 dargestellt: Als notwendige Bedingung für ein Maximum des Durchschnittsertrages muss die erste Ableitung der Durchschnittsertragskurve bezüglich Faktor r_1 mit Null gleichgesetzt werden. Eine Umformung dieser notwendigen Bedingung liefert sofort, dass im Maximum der Durchschnittsertragskurve der Durchschnittsertrag mit dem Grenzertrag übereinstimmt, d.h. die beiden Kurven schneiden sich im Maximum der Durchschnittsertragskurve. Der Vollständigkeit halber sei erwähnt, dass durch Überprüfung der hinreichenden Bedingung sichergestellt werden muss, dass es sich bei diesem Schnittpunkt tatsächlich um ein Maximum und nicht etwa um ein Minimum handelt. Darauf soll hier verzichtet werden.

Das **partielle Grenzprodukt** zwischen Produktionsfaktor i und Output ergibt sich als Produkt des Grenzertrages von Faktor i mit einer infinitesimal kleinen Änderung der Einsatzmenge dieses Faktors dr_i :

$$\frac{\partial x}{\partial r_i} \cdot dr_i \quad \text{(für alle i).} \tag{2.6}$$

(2.6) zeigt für hinreichend kleine Mengenänderungen des Einsatzfaktors i an, wie sich die Produktmenge verändert.

Wesentliche Größe der **Totalanalyse** ist das **totale Grenzprodukt**. Dieses ergibt sich als Summe der partiellen Grenzprodukte aller Produktionsfaktoren. Es stellt dar, wie sich die Ausbringungsmenge bei gleichzeitiger infinitesiminale Änderung aller Faktoreinsatzmengen verändert:

$$dx = \sum_{i=1}^{n} \frac{\partial x}{\partial r_i} \cdot dr_i \ . \tag{2.7}$$

Bei zwei substitutionalen Produktionsfaktoren kann aus deren totalem Grenzprodukt das Substitutionsverhältnis ermittelt werden. Diese **Grenzrate der Substitution** ergibt sich in Bezug auf eine infinitesiminale Änderung der Produktionsfaktormengen bei gleich bleibendem Output ($dx = 0$) aus (2.7) bei $n = 2$ zu:

$$\frac{dr_2}{dr_1} \stackrel{!}{=} -\frac{\frac{\partial x}{\partial r_1}}{\frac{\partial x}{\partial r_2}} . \tag{2.8}$$

Die Grenzrate der Substitution entspricht dem negativen reziproken Verhältnis der Grenzproduktivitäten beider Produktionsfaktoren. Genauer erklärt sie die Veränderung des Einsatzmengenverhältnis der Produktionsfaktoren r_2 und r_1 bei infinitesiminal kleiner Veränderung der Einsatzmenge r_1 und gleich bleibender Ausbringungsmenge.

Alle Kombinationen von Faktoreinsatzmengen, die eine vorgegebene Ausbringungsmenge erzeugen, erhält man durch Auflösen von (2.1) nach einem Faktor – bei konstanter Festsetzung der Ausbringungsmenge. Dieser geometrische Ort der effizienten Aktivitäten zur Erzeugung einer gegebenen Ausbringungsmenge wird **Isoquante** genannt. Das totale Grenzprodukt entlang einer Isoquante ist null.

Wenn die Faktoreinsatzmengen mit demselben Faktor proportional variiert werden, bleiben die Einsatzverhältnisse der Faktoren zueinander konstant. Bei einer solchen Niveauvariation verändert sich die Ausbringungsmenge von

$$x = f(r_1, .., r_n) \text{ zu}$$

$x = f(\lambda r_1,..,\lambda r_n)$, wobei

λ: positiver Proportionalitätsfaktor, mit dem alle Faktormengen verändert werden.

Falls eine Zahl $t \geq 0$ existiert, so dass für jeden Proportionalitätsfaktor $\lambda > 0$ gilt:

$$\lambda^t x = f(\lambda r_1,..,\lambda r_n),$$

nennt man die Produktionsfunktion **homogen vom Grade t**. Genauer bezeichnet man eine Produktionsfunktion mit einem Produktionsgrad

$t = 1$: homogen vom Grad Eins oder linearhomogen,

$t > 1$: überlinearhomogen und für

$t < 1$: unterlinearhomogen.

Homogene Produktionsfunktionen enthalten kein Absolutglied, verlaufen also immer durch den Ursprung des Koordinatensystems.

Jede Produktionsfunktion gilt bei konstanter Qualität der Einsatz- und Ausbringungsgüter und für ein bestimmtes Produktionsverfahren. Bei einem Wechsel der Güterqualität oder des Produktionsverfahrens wird eine andere Produktionsfunktion notwendig. So ist für eine Unternehmung meist ein ganzes System von Produktionsfunktionen erforderlich, das alternative Güterqualitäten und Produktionsverfahren berücksichtigt.

Der Verlauf von Produktionsfunktionen ist abhängig von den Gesetzmäßigkeiten, nach welchen sich die Ausbringungsmenge verändert, wenn die Faktoreinsätze variiert werden. Als **Grundtypen** (vgl. Abb. 2.3) lassen sich zunächst Produktionsfunktionen nennen, die eine **stetige Teilbarkeit** und **Substituierbarkeit** aller Produktionsfaktoren annehmen. Substituierbarkeit besagt dabei, dass die Produktionsfaktoren untereinander ausgetauscht werden können, ohne dass sich der mengenmäßige Ertrag verändert. Des Weiteren ist es möglich die Ausbringungsmenge durch Veränderung der Einsatzmenge eines Faktors und Konstanz der übrigen Faktoren zu beeinflussen. Zu dieser Kategorie von Produktionsfunktionen gehört zum einen die Produktionsfunktion vom Typ A. Diese hat im anfänglichen Bereich zunehmende Ertragszuwächse (klassische Produktionsfunktion). Zum anderen ist hier die Cobb-Douglas-Produktionsfunktion hervorzuheben. Diese hat von Anfang an abnehmenden Ertragszuwachs (neoklassische Produktionsfunktion).

Bei Produktionsfunktionen mit **nicht beliebiger Teilbarkeit** oder **Substituierbarkeit** lassen sich die Einsatzmengen der Produktionsfaktoren nicht frei variieren. Sie stehen in einer technisch eindeutigen Beziehung zum Ertrag. Es existiert mindestens ein Produktionsfaktor, bei dem durch dessen einzigen Mehreinsatz der Output nicht beliebig erhöht werden kann. Bei Limitationalität aller Produktionsfaktoren kann eine Outputerhöhung sogar nur durch Erhöhung aller Faktoreinsatzmengen erreicht werden. Diese Kategorie von Produktionsfunktionen lässt sich weiter danach unterscheiden, ob eine direkte Beziehung zwischen Input und Output besteht oder nicht. Zu den erstgenannten gehört die Leontief-Produktionsfunktion. Hier stehen die limitationalen Produktionsfaktoren in ihrem Einsatz in einer bindenden Relation zur geplanten Produktionsmenge (solche Produktionsfaktoren sind z.B Werkstoffe, wenn durch Variation der Leistung keine Veränderung der Ausschussproduktion stattfindet). Eine hierüber hinausgehende Einsatzmenge wird vom Produktionsprozess nicht aufgenommen, bei einem zu geringen Einsatz eines limitationalen Faktors bleiben andere limitationale Faktoren ohne jede produktive Wirkung. Bei Produktionsfunktionen mit nur mittelbarer Faktor-Produktions-Beziehung stehen die Potentialfaktoren im Mittelpunkt der Betrachtungen, die aufgrund ihres Nutzungsvorrates über längere Zeiträume hinweg einsetzbar sind (z.B. Betriebsanlagen). Zu den Produktionsfunktionen ohne direkte Beziehung zwischen Input und Output gehört u.a. die Produktionsfunktion vom Typ B.

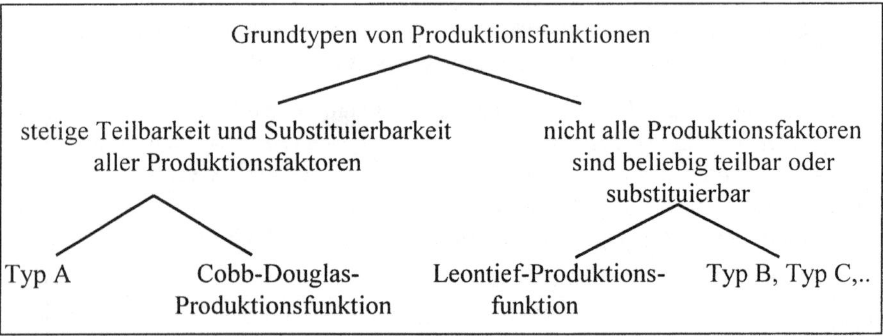

Abb. 2.3: Grundtypen von Produktionsfunktionen

V. Kostenfunktionen

Kosten sind der bewertete Verzehr von Gütern und Dienstleistungen zur Erstellung der betrieblichen Leistung einer Periode. Der Verzehr von Gütern und Dienstleistungen ist dabei identisch mit dem Einsatz von Produktionsfaktoren, wobei nur Faktoren für produktive Zwecke als Kosten verursachend angenommen werden. Um den Einsatz der Faktormengen vergleichen zu können, werden diese mit Preisen bewertet (vgl. Kistner/Steven 1999, S. 78). Die Kosten definieren sich als Summe der Kosten der Faktoreinsatzmengen zu:

$$K = \sum_{i=1}^{n} r_i \cdot q_i \text{, wobei} \tag{2.9}$$

r_i: Einsatzmengen der Faktoren $i = 1,..,n$ und

q_i: zugehörige Faktorpreise.

Aufgabe der **Kostentheorie** ist es, **Kosteneinflussgrößen** zu erkennen, zu systematisieren und deren Wirkung auf die Höhe der Kosten aufzuzeigen. Die Höhe der Kosten in Abhängigkeit der Kosteneinflussgrößen ist zu bestimmen. Schließlich gilt es zu untersuchen, wie die durch Entscheidungen beeinflussbaren Kosteneinflussgrößen optimal festzulegen sind. Es lassen sich mittelbare und unmittelbare Kosteneinflussgrößen unterscheiden. Zu den unmittelbaren, also den nicht durch das Unternehmen beeinflussbaren Kosteneinflussgrößen, gehören Faktormengen und Faktorpreise. Mittelbare, d.h. durch das Unternehmen beeinflussbare Kosteneinflussgrößen, sind beispielsweise die Intensität und Einsatzzeit von Aggregaten sowie technische Faktoren.

Mittels der Kosten (2.9) kann die so genannte **Minimalkostenkombination** berechnet werde. Diese gibt an, welche Kombination von Faktoreinsatzmengen es bei gegebener Produktionsfunktion ermöglicht, eine vorgegebene Ausbringungsmenge mit minimalen Kosten zu produzieren. Basierend auf den Kosten (2.9), der Minimalkostenkombination und einer gegebenen Produktionsfunktion ist die **Kostenfunktion** zu formulieren. Die Kostenfunktion formuliert den funktionalen Zusammenhang zwischen der Ausbringungsmenge x und den Kosten bei optimaler Produktionsplanung, d.h. bei Wahl der Minimalkostenkombination zur Erstellung einer jeden vorgegebenen Ausbringungsmenge:

$$K = K(x) = k_v(x) + K^F \text{ wobei} \tag{2.10}$$

K^F: fixe Kosten und
$k_v(x)$: gesamte variable Stückkosten, abhängig von der Ausbringungsmenge.

Die Kostenfunktion (2.10) ergibt sich durch Aggregation der fixen und der variablen Kosten (vgl. Bea/Pohmer 1994, S. 66 ff). **Fixe Kosten** werden definiert als Kosten, die bei einer Veränderung einer Kostenbestimmungsgröße – z.B. gemessen an der Ausbringungsmenge - und Konstanz der übrigen Einflussgrößen (zumindest bereichsweise) konstant bleiben. Man unterscheidet

- absolut fixe Kosten, diese fallen unabhängig von der Ausbringungsmenge in absolut gleicher Höhe an (vgl. K_a^{fix} in Abb. 2.4) und
- sprungfixe beziehungsweise intervallfixe Kosten, diese erhöhen sich in bestimmten Intervallen sprunghaft mit der Zunahme der Ausbringungsmenge (vgl. K_s^{fix} in Abb. 2.4).

Die **variablen Kosten** variieren mit der Kostenbestimmungsgröße – hier mir der Ausbringungsmenge. Die variablen Kosten können

- linear (vgl. k_v^l in Abb. 2.5),
- überlinear (progressiv) (vgl. k_v^p in Abb. 2.5) beziehungsweise

– unterlinear (degressiv) (vgl. k_v^d in Abb. 2.5) verlaufen.

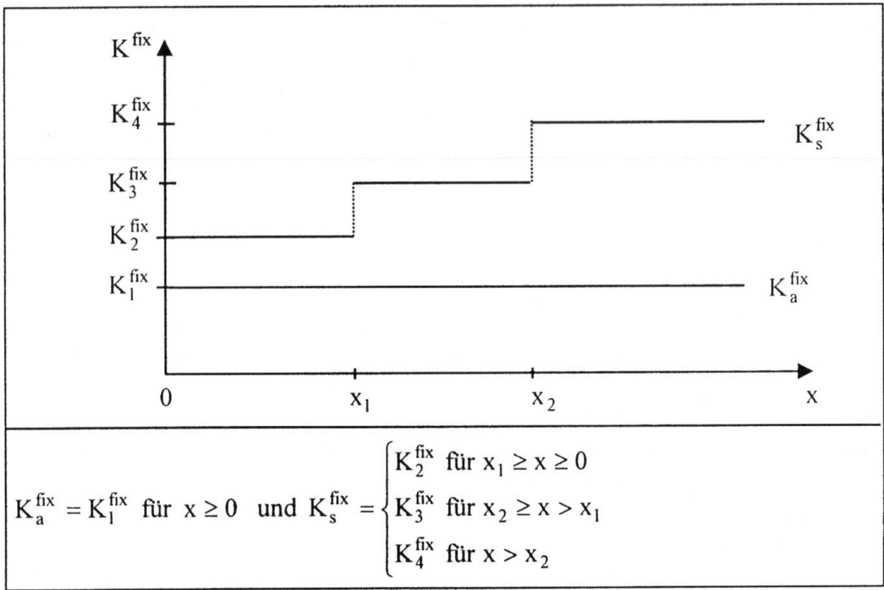

$$K_a^{fix} = K_1^{fix} \text{ für } x \geq 0 \text{ und } K_s^{fix} = \begin{cases} K_2^{fix} & \text{für } x_1 \geq x \geq 0 \\ K_3^{fix} & \text{für } x_2 \geq x > x_1 \\ K_4^{fix} & \text{für } x > x_2 \end{cases}$$

Abb. 2.4: Absolut fixe und sprungfixe Kostenfunktionen

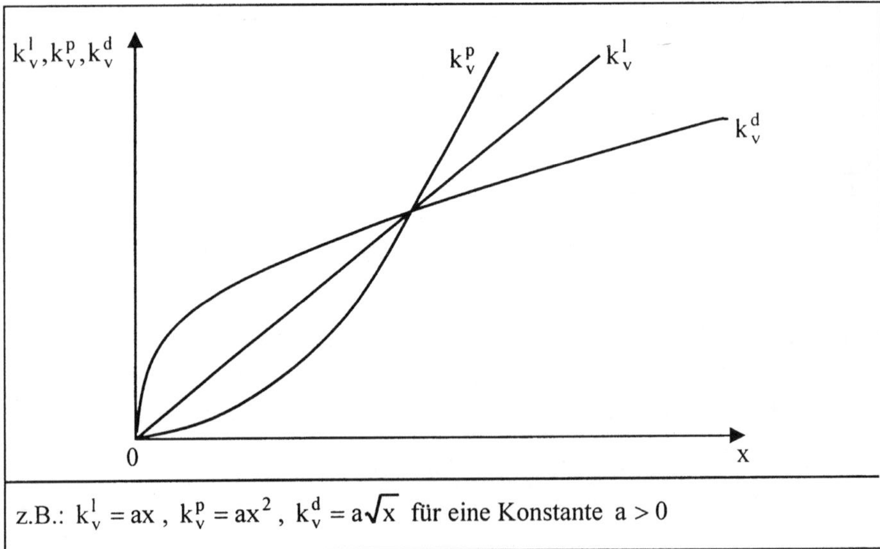

z.B.: $k_v^l = ax$, $k_v^p = ax^2$, $k_v^d = a\sqrt{x}$ für eine Konstante $a > 0$

Abb. 2.5: Lineare, progressive und degressiv variable Kosten

Bei Annahme absolut fixer Kosten K^{fix} ist die **Gesamtkostenfunktion** (2.10) in Abhängigkeit der variablen Kosten entweder

- linear,
- progressiv oder
- degressiv.

Ein Beispiel für lineare Kosten sind die Materialkosten, die bei der Herstellung eines Produktes aufgrund des Rohstoffverbrauchs oder des Einsatzes von Einzel- und Fertigteilen, wie z.B. Karosseriebleche, Räder und Sitze bei der Pkw-Fertigung, anfallen. Progressive Kosten lassen sich bei den Lohnkosten beobachten, wenn eine Vermehrung der Ausbringungsmenge nur durch Überstunden erfolgen kann, für die Überstundenzuschläge gezahlt werden müssen. Degressive Kosten treten beispielsweise auf, wenn steigende Produktionsstückzahlen mit einer wachsenden Arbeitsroutine der eingesetzten Arbeitskräfte verbunden sind und diese zeitabhängig entlohnt werden. Degressive Kosten fallen auch bei Hilfs- und Betriebsstoffe, wie beispielsweise Schmieröl, an.

Schließlich sei der bisher noch nicht angesprochene Fall regressiver Kosten genannt. Im Gegensatz zu den bisher dargestellten Kostenverläufen fallen bei einem regressiven Verlauf die Gesamtkosten mit der Ausbringungsmenge. In der betrieblichen Praxis ist dieser Kostentyp kaum vorzufinden. Als Beispiel lassen sich jedoch die Heizkosten in einem Kino nennen (vgl. Fandel 1991, S. 232).

Zur näheren Analyse der Kostenfunktion werden im Folgenden

- die Grenzkosten und
- die Durchschnittskosten

näher betrachtet.

Die erste Ableitung der Kostenfunktion (2.10) nach der Ausbringungsmenge bezeichnet man als **Grenzkosten**:

$$\frac{dK(x)}{dx} = \frac{dk_v(x)}{dx} \tag{2.11}$$

Die Grenzkosten entsprechen dem Anstieg der Kostenfunktion (2.10). Sie geben an, wie sich die Gesamtkosten ändern, wenn die Ausbringungsmenge x um eine infinitesimal kleine Einheit verändert wird. Da die fixen Kosten bei einer Änderung der Ausbringungsmenge – wenigstens bereichsweise - konstant bleiben, entsprechen die gesamten Grenzkosten den variablen Grenzkosten. Bei linearen (über- beziehungsweise unterlinearen) Verlauf der variablen Kosten sind die Grenzkosten mit zunehmender Ausbringungsmenge konstant (steigend beziehungsweise fallend). In Abb. 2.6 sind die Verläufe der Grenzkosten eingezeichnet, wenn von den variablen Kosten aus Abb. 2.5 ausgegangen wird.

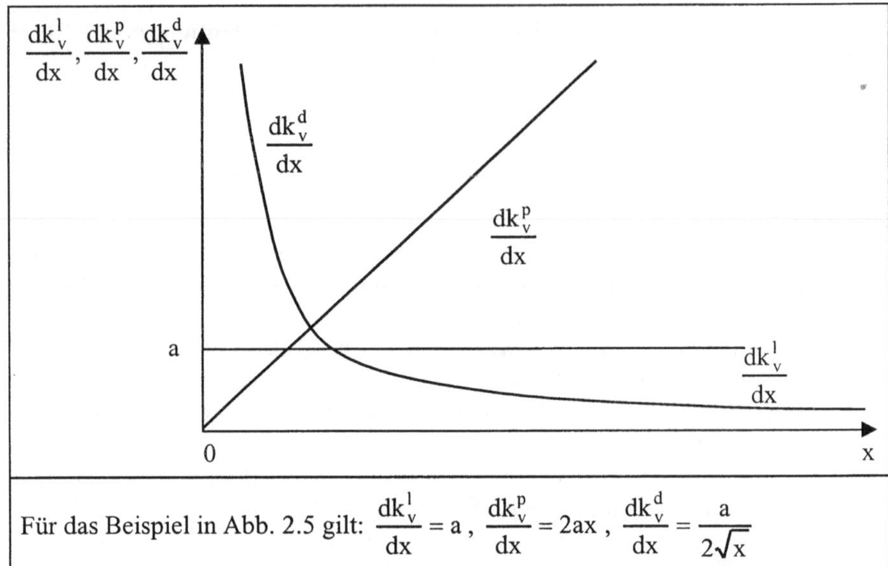

Abb. 2.6: Alternative Grenzkostenverläufe

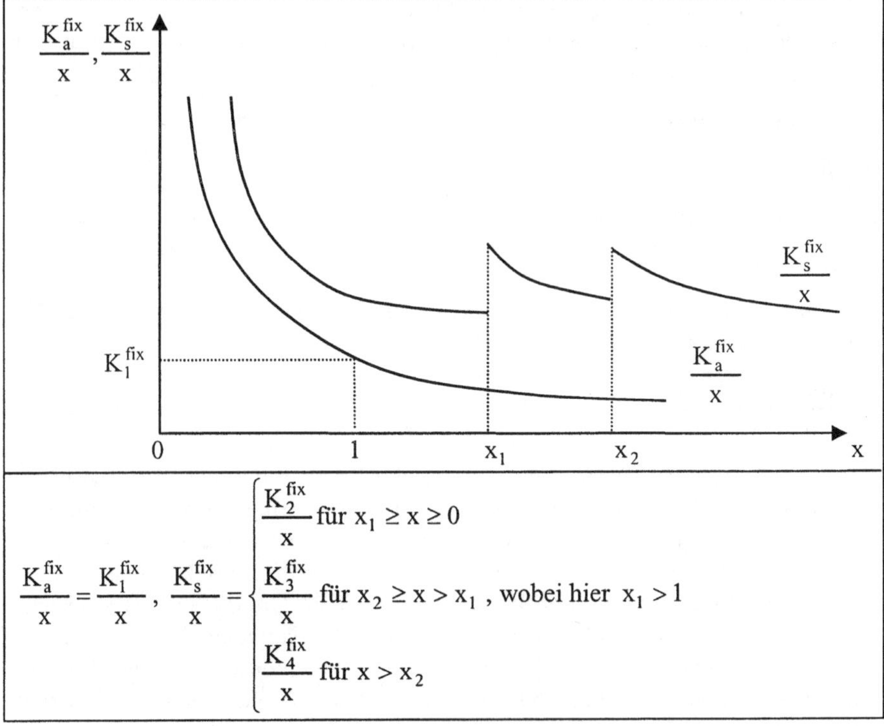

Abb. 2.7: Durchschnittliche fixe Kosten

Die **gesamten Durchschnittskosten** teilen die Gesamtkosten auf die produzierten Stücke auf. Sie definieren die gesamten Kosten pro Stück. Sie setzten sich als Summe der durchschnittlichen variablen Kosten und der durchschnittlichen fixen Kosten zusammen:

$$k(x) = \frac{K(x)}{x} = \frac{k_v(x)}{x} + \frac{K^{fix}}{x} \tag{2.12}$$

In Abb. 2.7 (Abb. 2.8) werden die durchschnittlichen fixen (variablen) Kosten für die in Abb. 2.4 (Abb. 2.5) dargestellten Kostenverläufe dargestellt. Ein Vergleich der Abb. 2.5 und der Abb. 2.8 liefert, dass bei linearem Verlauf die Grenzkosten mit den durchschnittlichen variablen Kosten übereinstimmen. Sie nehmen den konstanten Wert a an.

Bsp. aus Abb. 2.5: $\frac{k_v^l}{x} = a\,,\ \frac{k_v^p}{x} = ax\,,\ \frac{k_v^d}{x} = \frac{a}{\sqrt{x}}$

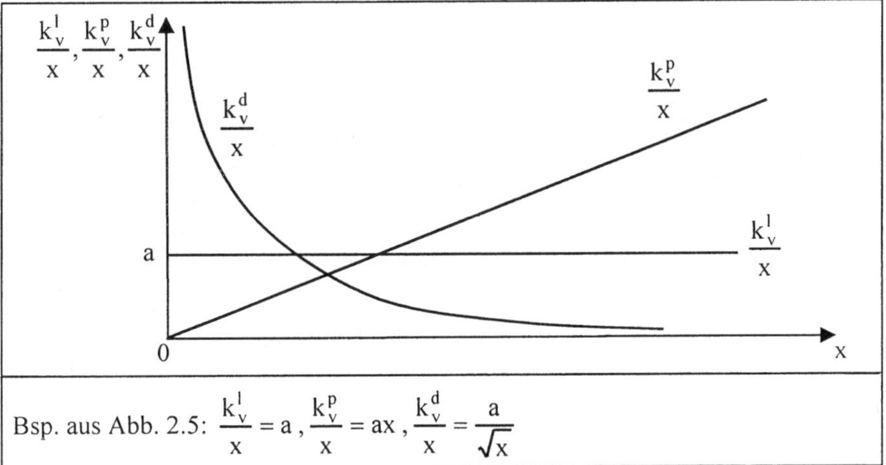

Abb. 2.8: Durchschnittliche variable Kosten

Gesamtkostenfunktion : $K(x) = k_v(x) + K^{fix}$

Durchschnittkostenfunktion: $k(x) = \frac{K}{x} = \frac{k_v(x)}{x} + \frac{K^{fix}}{x}$

Grenzkostenfunktion: $\frac{dK}{dx} = \frac{dk_v(x)}{dx}$

Minimum der gesamten Durchschnittkostenfunktion:

$$\frac{dk(x)}{dx} = \frac{\frac{dk_v(x)}{dx} \cdot x - k_v(x)}{x^2} - \frac{K^{fix}}{x^2} \overset{!}{=} 0 \qquad \text{(notwendige Bedingung)}$$

$$\Rightarrow \frac{dk_v(x)}{dx} \overset{!}{=} \frac{K^{fix} + k_v(x)}{x} = k(x)$$

Abb. 2.9: Schnittpunkt der durchschnittlichen Gesamtkosten und der Grenzkosten

Die Grenzkostenkurve schneidet die durchschnittliche Gesamtkostenkurve in deren Minimum (vgl. Abb. 2.9). Um das zu zeigen, muss von stetig differenzierbaren Funktionen ausgegangen werden. Als notwendige Bedingung für ein Minimum muss die erste Ableitung der gesamten Durchschnittskostenkurve mit Null gleichgesetzt werden. Eine Umformung dieser notwendigen Bedingung liefert sofort, dass im Minimum der gesamten Durchschnittskostenkurve die gesamten Durchschnittskosten mit den Grenzkosten übereinstimmen, d.h. die beiden Kurven schneiden sich im Minimum der gesamten Durchschnittskosten. Es sei darauf hingewiesen, dass durch Überprüfung der hinreichenden Bedingung sichergestellt werden muss, dass es sich bei dem Schnittpunkt tatsächlich um ein Minimum und nicht etwa um ein Maximum handelt. Darauf soll hier aber verzichtet werden. Genauso lässt sich zeigen, dass die Grenzkostenkurve die variable Durchschnittskostenkurve in deren Minimum schneidet (vgl. Abb. 2.10).

gesamte variablen Stückkosten:	$k_v(x)$
Durchschnittliche variable Kostenfunktion:	$\frac{k_v(x)}{x}$
Grenzkostenfunktion:	$\frac{dK}{dx} = \frac{dk_v(x)}{dx}$

Minimum der durchschnittlichen variablen Kosten:

$$\frac{\frac{dk_v(x)}{dx} \cdot x - k_v(x)}{x^2} \overset{!}{=} 0 \qquad \text{(notwendige Bedingung)}$$

$$\Rightarrow \frac{dk_v(x)}{dx} \overset{!}{=} \frac{k_v(x)}{x}$$

Abb. 2.10: Schnittpunkt der durchschnittlichen variablen Kosten und der Grenzkosten

B. Produktions- und Kostenfunktion vom Typ A

I. Produktionsfunktion vom Typ A (Ertragsgesetz)

1. Gesamtertrags-, Grenzertrags- und Durchschnittsertragsfunktion

Die Produktionsfunktion vom Typ A, auch ertragsgesetzliche Produktionsfunktion genannt, wurde von Turgot (vgl. Turgot 1844, S. 420 f.) als Gesetz der landwirtschaftlichen Erzeugung formuliert. Dieses basiert auf der Hypothese, dass, wenn eine Bodenfläche mit zunehmendem Arbeits- und Mitteleinsatz bearbeitet wird, sich ab einer gewissen Faktoreinsatzmenge zunächst eine über der Einsatzsteigerung liegende Zunahme des Ertrages und dann eine unter ihr liegende Ertragszunahme ergibt und schließlich sogar eine Abnahme des Ertrages möglich ist. Diese Aussage ist auf die industrielle Produktion übertragen worden. Das **Ertragsgesetz** bezieht sich auf ein Einproduktunternehmen und hier genauer auf den Gesamtbetrieb. Es wird vorausgesetzt, dass die Produktionsfaktoren substituierbar sind und in beliebig kleinen Mengen vermehrt eingesetzt werden können. Des Weiteren liegen die Produktionsfaktoren in gleich bleibender Qualität vor. Es wird von einer konstanten Produktionstechnik ausgegangen, und das erzeugte Produkt liegt immer in einer gleich bleibenden Qualität vor. Es besteht eine direkte Beziehung zwischen Input und Output. Das Konzept ist statisch.

Das Ertragsgesetz ermöglicht zwei Betrachtungsweisen:

- Zum einen kann die Abhängigkeit des Ertrages von der sukzessiven Vermehrung eines einzigen Produktionsfaktors bei konstanten Einsatzmengen der anderen Produktionsfaktoren aufgezeigt werden.
- Zum anderen kann die kostenminimale Kombination der Einsatzmengen der Produktionsfaktoren für eine bestimmte Ausbringungsmenge ermittelt werden.

Im Folgenden wird zunächst die **erste Betrachtungsweise** behandelt:

Ohne Beschränkung der Allgemeinheit kann in der Produktionsfunktion (2.1) der Produktionsfaktor r_1 als sukzessiv variabel angenommen und die Einsatzmengen der anderen Produktionsfaktoren als konstant angenommen werden. Der **Gesamtertrag** ergibt sich dann zu:

$$x = x(r_1, c) \text{ mit} \tag{2.13}$$

c: Konstante > 0.

Grafisch lässt sich die Ertragsfunktion (2.13) wie in Abb. 2.11 darstellen.

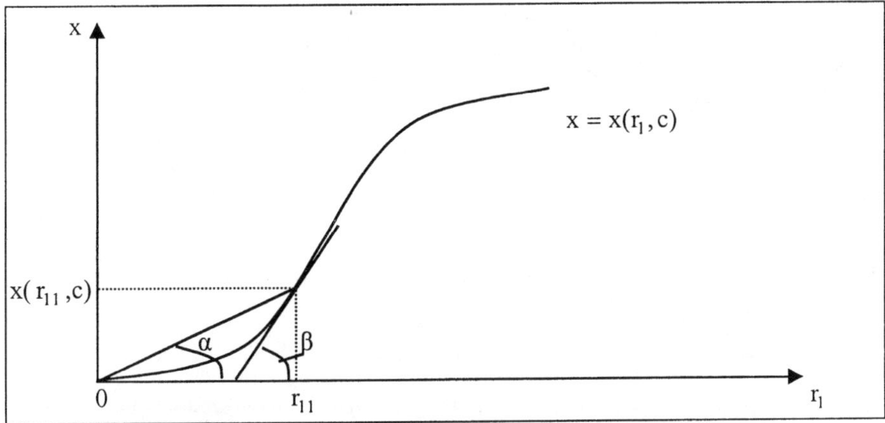

Abb. 2.11: Ertragsgesetz

Der **Durchschnittsertrag** gemäß (2.1) ergibt sich grafisch als Tangens des Winkels α, den ein vom Koordinatenursprung ausgehender Fahrstrahl an die Produktionsfunktion x mit der Faktoreinsatzachse r_1 bildet (vgl. Abb. 2.11):

$$e(r_{11}) = \frac{x(r_{11}, c)}{r_{11}} = \tan\alpha\,. \tag{2.14}$$

Die **Grenzertragsfunktion** berechnet sich als erste partielle Ableitung der Produktionsfunktion nach dem Produktionsfaktor r_1. Grafisch entspricht der Grenzertrag bei einer Faktormenge r_{11} dem Anstieg der Produktionsfunktion in diesem Punkt. Damit gilt (vgl. Abb. 2.11):

$$\frac{\partial x}{\partial r_1}(r_{11}, c) = \tan\beta\,. \tag{2.15}$$

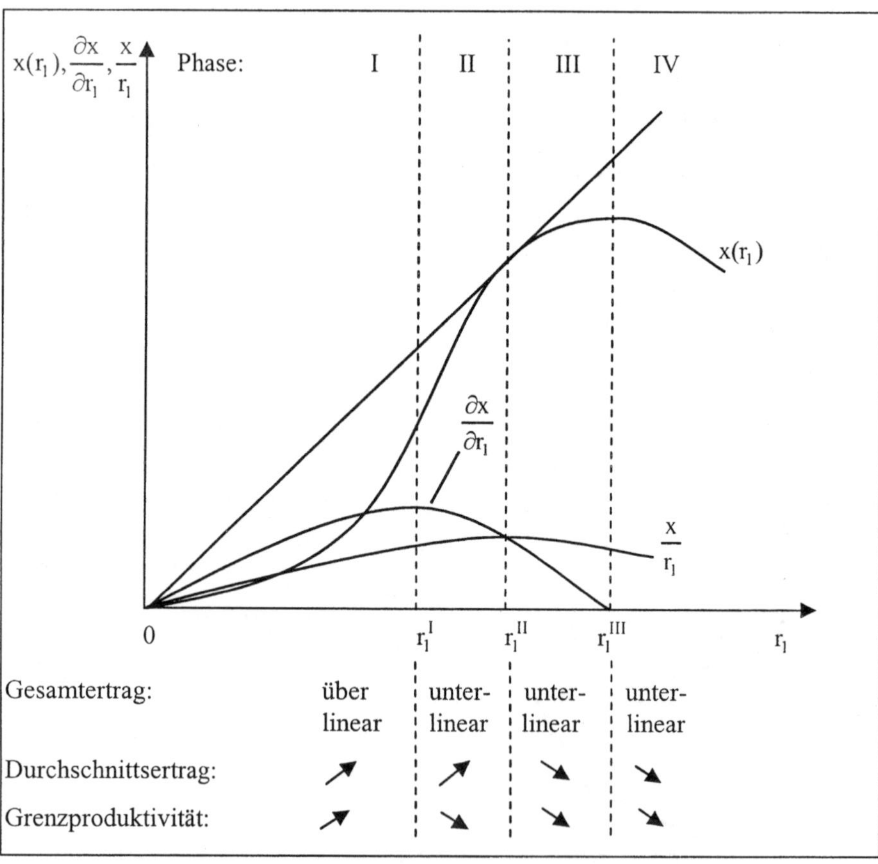

Abb. 2.12: Gleichzeitige Betrachtung von Ertrag, Grenzertrag und Durchschnittsertrag

Produktionsfunktion Typ A (Ertragsgesetz): $x = 4 \cdot \frac{r_1^2 \cdot r_2^2}{(r_1 + r_2)^2}$

Grenzerträge: $\frac{\partial x}{\partial r_1} = 8 \cdot \frac{r_1 \cdot r_2^3}{(r_1 + r_2)^3}, \quad \frac{\partial x}{\partial r_2} = 8 \cdot \frac{r_1^3 \cdot r_2}{(r_1 + r_2)^3}$

Durchschnittserträge: $\frac{x}{r_1} = 4 \cdot \frac{r_1 \cdot r_2^2}{(r_1 + r_2)^2}, \quad \frac{x}{r_2} = 4 \cdot \frac{r_1^2 \cdot r_2}{(r_1 + r_2)^2}$

Setze $r_2 = \bar{r}_2 \neq 0$:

Bestimmung des maximalen Grenzertrages (Ende Phase I):

$$8 \cdot \frac{r_1 \bar{r}_2^3 + \bar{r}_2^4 - 3 r_1 \bar{r}_2^3}{(r_1 + \bar{r}_2)^4} \overset{!}{=} 0 \quad \text{(notwendige Bedingung)}$$

$$\Rightarrow r_1^{I} = \frac{\bar{r}_2}{2}$$

Grenzertragsfunktion schneidet Durchschnittsertragsfunktion in deren Maximum (Ende Phase II):

$$\frac{4 \cdot \bar{r}_2^2 \cdot (r_1 + \bar{r}_2)^2 - 8 \cdot r_1 \cdot \bar{r}_2^2 \cdot (r_1 + \bar{r}_2)}{(r_1 + \bar{r}_2)^4} \overset{!}{=} 0 \quad \text{(notwendige Bedingung für Maximum)}$$

$\Rightarrow r_1^{II} = \bar{r}_2$, denn: $\frac{x}{r_1^{II}} = \frac{4 \cdot \bar{r}_2^3}{(2 \cdot \bar{r}_2)^2} = \bar{r}_2 = \frac{8 \cdot \bar{r}_2^4}{(2 \cdot \bar{r}_2)^3} = \frac{\partial x}{\partial r_1}\left(r_1^{II}\right)$

Abb. 2.13: Rechenbeispiel für eine ertragsgesetzliche Produktionsfunktion

Aus Abb. 2.11 und den dort angestellten Winkelüberlegungen lässt sich leicht erkennen, dass der Durchschnittsertrag dort maximal ist, wo der Fahrstrahl gerade noch die Produktionsfunktion tangiert. Diese graphischen Überlegungen liefern, dass im Maximum der Durchschnittsertragkurve der Durchschnittsertrag mit dem Grenzertrag übereinstimmt (vgl. Abb. 2.12). Die Beziehungen der Gesamt-, Grenz-, und Durchschnittsertragskurven bei Produktionsfunktionen vom Typ A lassen sich durch **vier Phasen** kennzeichnen: Die erste Phase zeichnet sich durch positiv, steigende Gesamt-, Grenz-, und Durchschnittserträge aus. Die Zunahmen der Grenz- und Durchschnittserträge sind dabei abnehmend. Phase I endet mit dem maximalen Grenzertrag und damit mit einer Steigung der Grenzertragskurve von Null. Dieser Endpunkt von Phase I und damit Startpunkt von Phase II ergibt sich demnach gerade als Wendepunkt der Gesamtertragskurve. Phase II endet mit dem maximalen Durchschnittsertrag. Die Grenzerträge sind positiv und abnehmend. Die Zunahme der Durchschnittserträge ist geringer als die Abnahme der Grenzerträge in dieser Phase. Im Endpunkt von Phase II schneidet die Grenzertragskurve die Durchschnittsertragskurve schließlich in deren Maximum. Phase III ist nun durch positive Gesamterträge mit abnehmender Zuwachsrate gekennzeichnet. Die Durchschnitts- und Grenzertragsfunktion sind fallend. Phase III endet mit maximalem Gesamtertrag und damit mit einem Grenzertrag von Null. In Phase IV nehmen nun die Gesamterträge ab; die Grenzertragskurve ist fallend und negativ. Die Durchschnittsertragskurve ist fallend. Die vier Phasen müssen nicht zwingend eintreten (vgl. das Rechenbeispiel in Abb. 2.13).

Im Rechenbeispiel in Abb. 2.13 wird von einem ertragsgesetzlichen Verlauf der Produktionsfunktion ausgegangen. Es liegen zwei Produktionsfaktoren in den Einsatzmengen r_1 bzw. r_2 vor. Die Einsatzmenge von r_2 wird als konstant in der Höhe $\bar{r}_2$ angenommen. Damit liegt die Produktionsfunktion in der Form (2.13) vor. r_1^I resultiert dann aus der notwendigen Bedingung für einen maximalen Grenzertrag. r_1^{II} folgt aus der notwendigen Bedingung für den maximalen Durchschnittsertrag, da an dieser Stelle der Durchschnittsertrag außerdem mit dem Grenzertrag an dieser Stelle übereinstimmt. Bei $r_2 = \bar{r}_2 \neq 0$ gilt für alle $r_1 > 0$, dass der Grenzertrag $\frac{\partial x}{\partial r_1} \neq 0$. Damit existiert in diesem Beispiel der Punkt r_1^{III} nicht. Phase III ist die letzte Phase. Phase IV setzt in diesem Beispiel nicht ein. Für $r_2 = \bar{r}_2 = 2$ resultieren als Werte $r_1^I = 1$ und $r_1^{II} = 2$. In Abb. 2.14 sind die Ergebnisse für $r_2 = \bar{r}_2 = 2$ grafisch dargestellt.

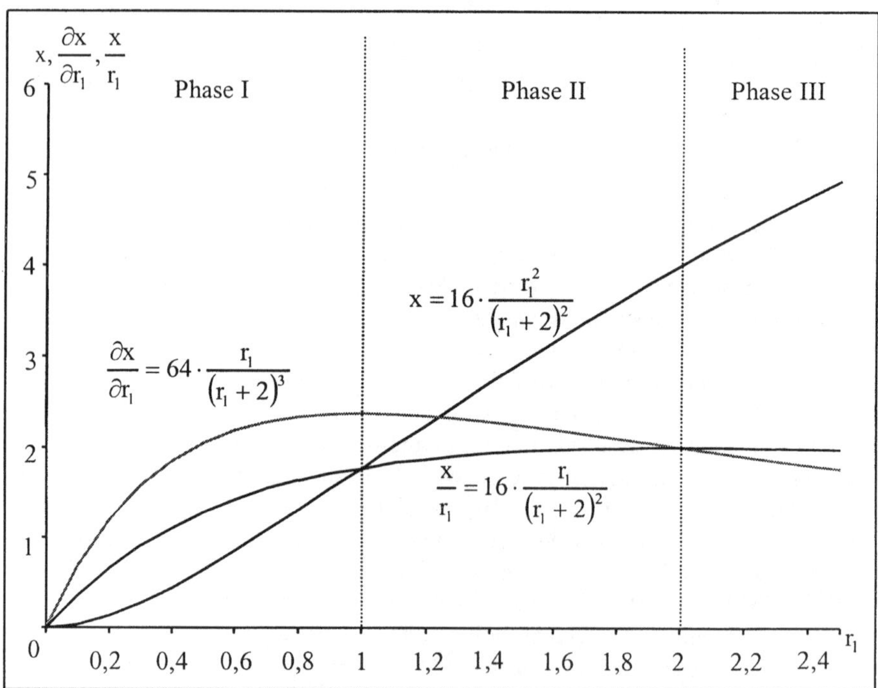

Abb. 2.14: Rechenbeispiel für $\bar{r}_2 = 2$

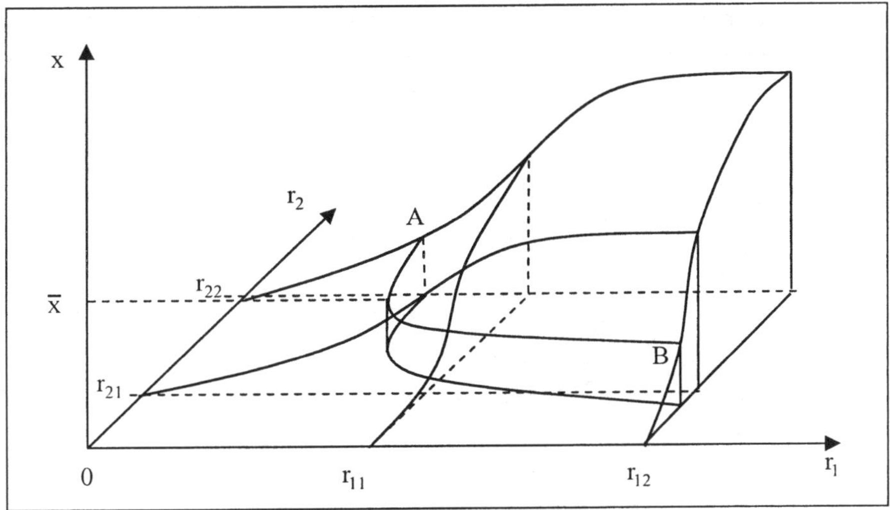

Abb. 2.15: Ertragsgesetz bei zwei Produktionsfaktoren

Nach (2.7) entspricht die **Grenzrate der Substitution** dem negativen reziproken Verhältnis der Grenzproduktivitäten beider Produktionsfaktoren. Genauer erklärt sie die Veränderung des Einsatzmengenverhältnis der Produktionsfaktoren r_2 und r_1 bei infinitesiminal kleiner Veränderung der Einsatzmengen von r_1 und r_2 und gleich bleibender Ausbringungsmenge. Grafisch lässt sich das wie folgt darstellen: In Abb. 2.15 liegen alle Kombinationen von Einsatzmengen von r_1 und r_2, durch die der gleiche Output $\bar{x}$ produziert werden kann, auf der Kurve zwischen A und B. Sie ergibt sich aus einem horizontalen Schnitt durch das Ertragsgebirge in Höhe der Ausbringungsmenge $\bar{x}$. Diese Kurve nennt man auch **Ertragsisoquante**, die in diesem Fall mit einem Ertrag in Höhe von $\bar{x}$ verbunden ist. Wenn die Einsatzmenge des einen Produktionsfaktors verringert (erhöht) wird, muss die Einsatzmenge des substitutiven Produktionsfaktors erhöht (verringert) werden, um denselben Ertrag zu erzielen. Die Grenzrate der Substitution gibt an, in welchem Verhältnis Produktionsfaktor 2 durch Produktionsfaktor 1 bei infinitesiminaler Änderung der Faktoreinsatzmengen ersetzt werden kann. Größere Änderungen der Faktoreinsatzmengen können ebenfalls angegeben werden. So muss beispielsweise in Abb. 2.16 bei einer Senkung der Einsatzmenge von Produktionsfaktor 2 von r_{20} auf r_{21} die Einsatzmenge des Produktionsfaktor 1 von r_{10} auf r_{11} erhöht werden, um weiterhin den Ertrag $\bar{x}$ zu produzieren. Das **Substitutionsverhältnis** von Produktionsfaktor 2 durch Produktionsfaktor 1 berechnet sich dann zu: $\frac{r_{20} - r_{21}}{r_{11} - r_{10}}$.

Wenn neben der Ertragsisoquante für den Ertrag $x = \bar{x}$ weitere Ertragsisoquanten einer Produktionsfunktion vom Typ A betrachtet werden, liegen diese mit zunehmender Ertragshöhe ($\bar{x} < \bar{\bar{x}} < \bar{\bar{\bar{x}}}$) rechts von der Ertragsisoquante $x = \bar{x}$. Sie überschneiden sich nicht, da eine Einsatzmengenkombination der Produktionsfaktoren mit genau einer Ertragshöhe verbunden ist (vgl. Abb. 2.16).

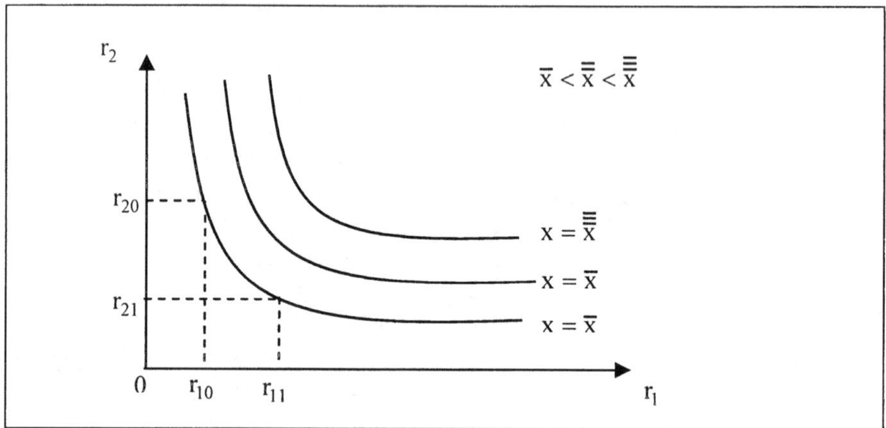

Abb.2.16: Beispielhafte Verläufe von Ertragsisoquanten

Im Rahmen der **zweiten Betrachtungsweise**, der kostenminimalen Kombination der Einsatzmengen der Produktionsfaktoren für eine bestimmte Ausbringungsmenge, besteht die Zielsetzung darin, auf einer Ertragsisoquanten die Kombination der Einsatzmengen der Produktionsfaktoren zu finden, die mit den geringsten Kosten verbunden ist. Das ist die so genannte Minimalkostenkombination (vgl. auch Kapitel B. II. 2.).

2. Minimalkostenkombination

Die Kombination der Faktoreinsatzmengen, mit der eine vorgegebene Ausbringungsmenge mit minimalen Kosten produziert wird, nennt man **Minimalkostenkombination**. Es gibt zwei Möglichkeiten, die Minimalkostenkombination zu bestimmen. Entweder mit Hilfe von Ertrags- und Kostenisoquanten oder mittels eines Lagrange-Ansatzes.

Zunächst wird die Ermittlung der Minimalkostenkombination mittels **Ertrags- und Kostenisoquanten** näher betrachtet. Dieses Vorgehen ist bei Abhängigkeit des Ertrags von zwei Produktionsfaktoren möglich (vgl. z.B. Abb. 2.15 und Abb. 2.16). Es wird von einer zweimal differenzierbaren neoklassischen Produktionsfunktion ausgegangen. Genauer wird eine spezielle Ertragsisoquante $x = \bar{x}$ betrachtet (vgl. Abb. 2.17). Diese Isoquante bildet die Kombinationen der möglichen Einsatzmengen der Faktoren r_1 und r_2 ab, durch die die vorgegebene Ausbringungsmenge $\bar{x}$ hergestellt werden kann. Die mit den Faktoreinsatzmengen r_1 und r_2 verbundenen **Kosten** sind gegeben durch:

$$K = r_1 \cdot q_1 + r_2 \cdot q_2 \text{ mit} \tag{2.16}$$

q_i : Faktorpreis für Produktionsfaktor i ($i = 1,2$).

Die Kombination der Faktoreinsatzmengen, die es ermöglicht, die vorgegebene Ausbringungsmenge $\overline{x}$ mit minimalen Kosten zu produzieren, kann nun grafisch durch folgende Schritte ermittelt werden. ((2.16) kann natürlich auch nach r_1 aufgelöst werden. Die nachfolgenden Schritte müssen dann nur entsprechend angepasst werden):

Einsetzten eines beliebigen – aber festen Kostenwertes $K=\overline{K}$ in (2.16) und Auflösen von (2.16) nach r_2 liefert:

$$r_2 = \frac{\overline{K}}{q_2} - \frac{q_1}{q_2} \cdot r_1 \tag{2.17}$$

Nach (2.17) werden die mit den gegebenen Kosten $\overline{K}$ verbundenen Aktivitäten durch eine Gerade mit dem Anstieg $-\frac{q_1}{q_2}$ dargestellt. Eine derartige Gerade wird **Isokostenkurve** beziehungsweise **Isotime** genannt. Sie ist in Abb. 2.17 eingezeichnet. Sie hat in diesem Beispiel keinen Punkt mit der Isoquante $x = \overline{x}$ gemeinsam. Damit gibt es keine Aktivität, die mit Kosten in Höhe von $\overline{K}$ eine Ausbringungsmenge von $\overline{x}$ ermöglicht. Dafür ist vielmehr eine Erhöhung der Kosten über das Niveau $\overline{K}$ erforderlich: Es ist eine Parallelverschiebung der Isokostenkurve nach rechts oben notwendig, um eine Annährung an eine Outputmenge in Höhe von $\overline{x}$ zu erzielen. Je mehr die Isokostenkurve nach rechts oben verschoben wird, desto höher fallen die mit ihr verbundenen Kosten aus. Die Kosten werden nun so lange erhöht, bis die Isokostenkurve die Isoquante tangiert. Die entsprechende Isokostengerade ist für Kosten in einer Höhe von $\overline{\overline{K}}$ ebenfalls in der Abb. 2.17 eingezeichnet. Der Tangentialpunkt $\left(r_1^*, r_2^*\right)$ repräsentiert die Minimalkostenkombination. Alle anderen Punkte der Ertragsisoquanten $x = \overline{x}$ können nur mit noch höheren Kosten als $\overline{\overline{K}}$ erreicht werden.

Der Tangentialpunkt von zwei Kurven ist dadurch charakterisiert, dass beide Kurven in diesem Punkt den gleichen Anstieg haben. Die Steigung der Ertragsisoquanten entspricht der Grenzrate der Substitution. Da der Anstieg der Isokostenkurve gleich $-\frac{q_1}{q_2}$ ist, gilt für die Minimalkostenkombination, dass die Grenzrate der Substitution zwischen den Faktoren 1 und 2 gleich dem umgekehrten Verhältnis der Faktorpreise ist:

$$\frac{dr_2}{dr_1} = -\frac{q_1}{q_2}. \tag{2.18}$$

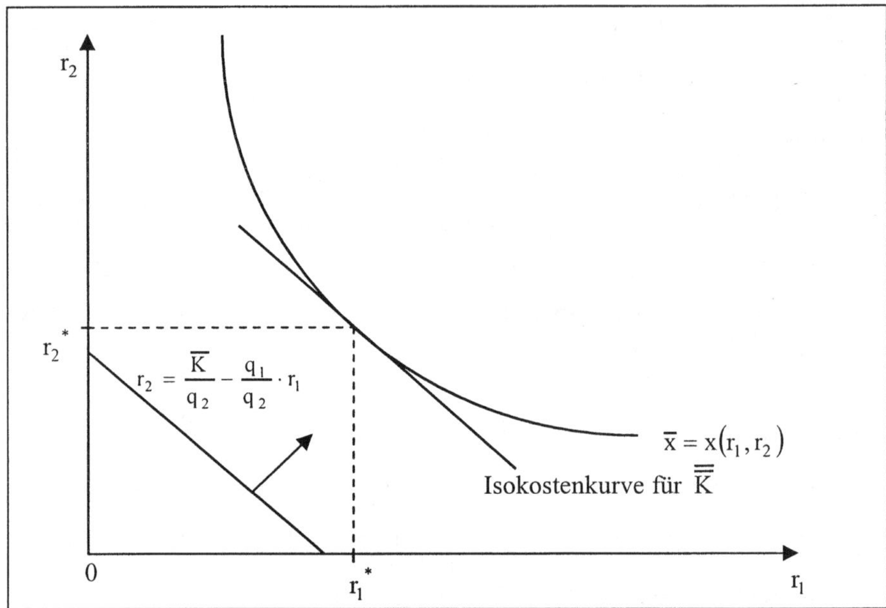

Abb. 2.17: Grafische Ermittlung der Minimalkostenkombination

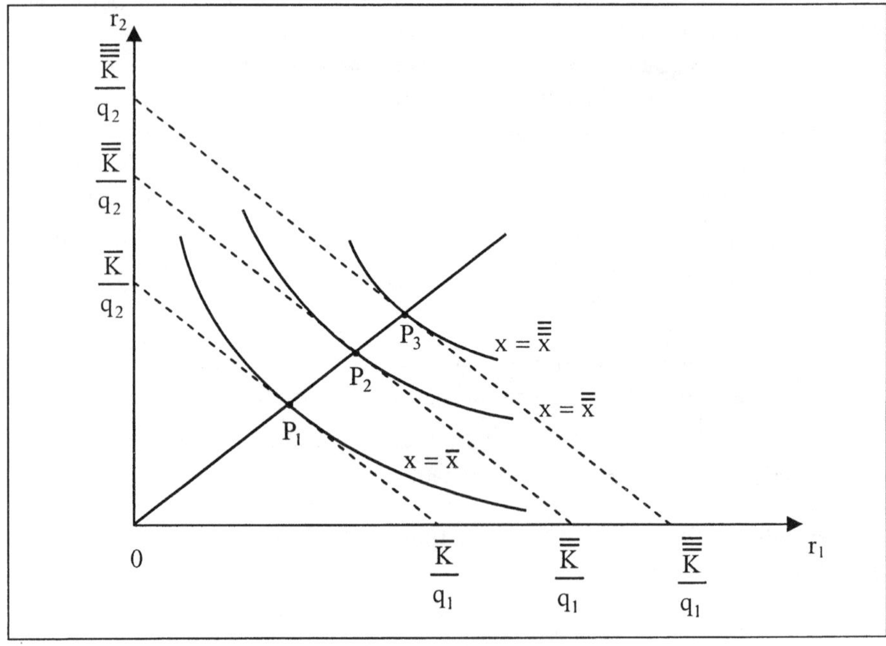

Abb. 2.18: Grafische Ermittlung der Kostenfunktion aus den Minimalkostenkombinationen

Wenn nun die Minimalkostenkombination für alle Ausbringungsmengen ermittelt wird, kann die **Kostenfunktion** in Abhängigkeit der Ausbringungsmenge dargestellt werden, die resultiert, wenn immer die Minimalkostenkombination eingehalten wird. In Abb. 2.18 ist diese vereinfacht durch die Verbindung der Tangentialpunkte P_1, P_2 und P_3 dargestellt, die die Minimalkostenkombinationen für drei alternative Absatzmengen $\bar{x}, \bar{\bar{x}}$ und $\bar{\bar{\bar{x}}}$ kennzeichnen. Diese Verbindungslinie wird auch **Expansionslinie** genannt. Der Verlauf ist nicht zwingend linear, bei äquidistanten Abständen der Ertragsisoquanten ergeben sich andere Verläufe.

Mittels **Lagrange-Ansatz** lässt sich die Minimalkostenkombination auf analytischem Wege herleiten. Die Vorgehensweise eignet sich bei beliebig vielen Produktionsfaktoren. Im Folgenden wird von n Produktionsfaktoren ausgegangen. Die Produktionsfunktion ergibt sich dann allgemein zu $x = x(r_1,..,r_n)$. Um die Minimalkostenkombination für eine bestimmte Ausbringungsmenge $\bar{x}$ zu ermitteln, sind die Kosten $K = \sum_{i=1}^{n} r_i \cdot q_i$ unter der Nebenbedingung zu minimieren, dass die Produktionsfunktion für die vorgegebene Ausbringungsmenge $\bar{x}$ eingehalten wird:

$$K = \sum_{i=1}^{n} r_i \cdot q_i \rightarrow \text{Min!} \tag{2.19}$$

unter der Nebenbedingung

$$\bar{x} = x(r_1,..,r_n)\,. \tag{2.20}$$

Das Optimierungsproblem (2.19)-(2.20) wird nun nach Lagrange durch Minimierung der nachfolgenden Funktion gelöst:

$$L(r_1,..,r_n,\lambda) = \sum_{i=1}^{n} r_i \cdot q_i + \lambda \cdot \left(x(r_1,..,r_n) - \bar{x}\right) \rightarrow \text{Min!} \tag{2.21}$$

λ bezeichnet dabei den **Lagrange-Multiplikator**. Er gewährleistet in (2.21), dass die Nebenbedingung – hier also die Höhe der Ausbringungsmenge – eingehalten wird. Als notwendige Bedingung für die Lösung des Minimierungsproblems (2.21) müssen die partiellen Ableitungen erster Ordnung gleich Null gesetzt werden (auf die hinreichenden Bedingungen soll hier verzichtet werden):

$$\frac{\partial L}{\partial r_i} = q_i + \lambda \cdot \frac{\partial x}{\partial r_i} \stackrel{!}{=} 0 \quad \text{für } i = 1,..,n \text{ und} \tag{2.22}$$

$$\frac{\partial L}{\partial \lambda} = x(r_1,..,r_n) - \bar{x} \stackrel{!}{=} 0\,. \tag{2.23}$$

Ausgangssituation:

Faktorpreise: $q_1 = 2\text{ GE},\ q_2 = 4\text{ GE}$

Produktionsfunktion: $x(r_1, r_2) = \dfrac{4r_1^2 r_2^2}{(r_1 + r_2)^2}$

Ansatz:

$$K = 2r_1 + 4r_2 \rightarrow \text{Min!}$$

unter der Nebenbedingung $x(r_1, r_2) \overset{!}{=} 8$

Lösung (Lagrange-Ansatz):

$$L(r_1, r_2, \lambda) = 2r_1 + 4r_2 + \lambda \cdot \left(\frac{4r_1^2 r_2^2}{(r_1 + r_2)^2} - 8 \right) \rightarrow \text{Min!}$$

$$\frac{\partial L}{\partial r_1} = 2 + \lambda \cdot 8 \cdot \frac{r_1 r_2^3}{(r_1 + r_2)^3} \overset{!}{=} 0 \qquad (1)$$

$$\frac{\partial L}{\partial r_2} = 4 + \lambda \cdot 8 \cdot \frac{r_1^3 r_2}{(r_1 + r_2)^3} \overset{!}{=} 0 \qquad (2)$$

$$\frac{\partial L}{\partial \lambda} = \frac{4 \cdot r_1^2 \cdot r_2^2}{(r_1 + r_2)^2} - 8 \overset{!}{=} 0 \qquad (3)$$

Aus (1): $\lambda = -\dfrac{1}{4} \cdot \dfrac{(r_1 + r_2)^3}{r_1 r_2^3}$ (1‘)

Aus (2): $\lambda = -\dfrac{1}{2} \cdot \dfrac{(r_1 + r_2)^3}{r_1^3 r_2}$ (2‘)

(1') = (2') : $\dfrac{1}{r_1 r_2^3} = \dfrac{2}{r_1^3 r_2}$

$\Rightarrow$ $r_1 = \pm\sqrt{2} \cdot r_2$ (4)

(4) in (3): $r_2 = \sqrt{2} + 1$

Ergebnis:

$r_1^* = 3{,}41\text{ ME}$

$r_2^* = 2{,}41\text{ ME}$

$K = 16{,}49\text{ GE}$

Abb. 2.19: Rechenbeispiel zur analytischen Ermittlung der Minimalkostenkombination

Die notwendigen Bedingungen (2.22)-(2.23) liefern ein Gleichungssystem mit $n+1$ Gleichungen und $n+1$ Unbekannten, das ohne Probleme gelöst werden kann. Der Abb. 2.19 ist ein Rechenbeispiel zur Ermittlung der Minimalkostenkombination bei einer angestrebten Ausbringungsmenge von 8 Stück und bei einem Input von zwei Produktionsfaktoren mit den Faktorpreisen $q_1 = 2$ GE und $q_2 = 4$ GE zu entnehmen. Durch das Gleichsetzen der nach λ aufgelösten Bedingungen (1') und (2') resultiert das Ergebnis. Die Rechnung liefert als Ergebnis positive und negative Werte für r_1 und r_2 (vgl. (4)). Da jedoch nur positive Faktoreinsatzmengen realisierbar und sinnvoll sind, lautet das optimale Ergebnis $r_1^* = 3{,}41$ ME und $r_2^* = 2{,}41$ ME. D.h. bei einem Einsatz von 3,41 ME von Produktionsfaktor 1 und 2,41 ME von Produktionsfaktor 2 können 8 Stück des Produktes zu den minimalen Kosten in einer Höhe von 16,49 GE hergestellt werden, wenn von Faktorpreisen in Höhe von 2 GE bzw. 4 GE ausgegangen wird.

Ausgangssituation:

Produktionsfunktion: $x = \dfrac{4r_1^2 r_2^2}{(r_1 + r_2)^2}$ (1)

Minimalkostenkombinationen: $r_1 = \sqrt{2} \cdot r_2$ (2)
(notwendige Bedingung)

Kosten: $K = 2r_1 + 4r_2$ (3)

Bestimmung der Kostenfunktion:

(1) nach r_1 auflösen: $r_1 = \dfrac{-r_2 \cdot \sqrt{x}}{\sqrt{x} - 2r_2}$ (1')

(1') in (2): $r_2 = \dfrac{(\sqrt{2}+1) \cdot \sqrt{x}}{2\sqrt{2}}$ (4)

(1) nach r_2 auflösen: $r_2 = \dfrac{-r_1 \cdot \sqrt{x}}{\sqrt{x} - 2r_1}$ (1'')

(1'') in (2): $r_1 = \dfrac{(1+\sqrt{2}) \cdot \sqrt{x}}{2}$ (5)

Ergebnis:

(4) und (5) in (3): $K = (3 + 2\sqrt{2}) \cdot \sqrt{x}$ (6)

$K = 5{,}83 \cdot \sqrt{x}$

Abb. 2.20: Analytische Ermittlung der Kostenfunktion aus den Minimalkostenkombinationen

Auf analytischem Wege erhält man aus den Minimalkostenkombinationen die Kostenfunktion, also die Funktion, die die Kosten in Abhängigkeit der Ausbringungsmenge angibt, wie folgt (vgl. auch das Rechenbeispiel in Abb. 2.20). Aus den notwendigen Bedingungen (2.22) lässt sich unabhängig von der in der Nebenbedingung (2.20) angestrebten Ausbringungsmenge eine für die Minimalkostenkombination notwendige Beziehung der Faktoreinsatzmengen ableiten (vgl. Gleichung (2) in Abb. 2.20). Durch das Einsetzten der nach r_1 (r_2) aufgelösten Produktionsfunktion in diese Bedingung, resultiert die Faktoreinsatzmenge r_2 (r_1) allein in Abhängigkeit von der Ausbringungsmenge (vgl. (4) ((5)) in Abb. 2.20). Die Kostenfunktion resultiert dann aus den Kosten (3), wenn die Faktoreinsatzmengen in Abhängigkeit der Absatzmengen dargestellt werden (vgl. (6) in Abb. 2.20).

II. Die zugehörigen Kostenfunktionen

1. Gesamtkostenfunktion

Nun wird der Verlauf der Kostenfunktion analysiert, wenn von einer ertragsgesetzlichen Produktionsfunktion ausgegangen wird. Dazu wird von n Produktionsfaktoren ausgegangen, wobei mindestens ein Produktionsfaktor mit variablen Mengen in den Produktionsprozess eingeht. Genauer werden die Einsatzmengen der Produktionsfaktoren $i = 1,..,b$ mit $1 \leq b \leq n$ als variabel angenommen, während die Einsatzmengen der Produktionsfaktoren $i = b+1,..,n$ konstant gehalten werden (letzteres gilt nur falls $b < n$). Die allgemeine Definition der Produktionsfunktion (vgl. 2.1) kann also wie folgt geschrieben werden (die konstanten Faktoreinsatzmengen werden für $i = b+1,..,n$ mit $\bar{r}_i$ bezeichnet):

$$x = x(r_1,..,r_b,\bar{r}_{b+1}..,\bar{r}_n) = x(r_1,..,r_b). \qquad (2.24)$$

Der Verlauf von (2.24) ist für $b = 1$ ($b = 2$) gemäß Abb. 2.11 (Abb. 2.15). Die Produkionsfunktion (2.24) wird nun in die so genannte **monetäre Produktionsfunktion** (2.25) umgewandelt:

$$x\left(\sum_{i=1}^{b} q_i r_i\right). \qquad (2.25)$$

Bei der monetären Produktionsfunktion ist die Ausbringungsmenge nicht wie in (2.24) von den Einsatzmengen der variablen Produktionsfaktoren abhängig, sondern von der Summe der monetär bewerteten Faktoreinsatzmengen. Diese Bewertung erfolgt mit den bekannten Faktorpreisen. (2.25) ist nicht zwingend eine Funktion, da laut Kapitel B.I.2. eine bestimmte Höhe der Outputmenge unter Umständen durch mehrere (teilweise ineffiziente) Kombinationen der Faktoreinsatzmengen hergestellt werden kann. Deshalb wird weiter angenommen, dass stets die Minimalkostenkombination realisiert wird (vgl. Kapitel B.I.2.). Die Summe der mit den Faktorpreisen bewerteten Einsatzmengen – bei Realisation der Minimalkostenkombination - sind dann als variable Kosten interpretierbar. Die Summe der mit den Faktorpreisen bewerteten konstanten Faktoreinsatzmengen ist dagegen unabhängig von der Höhe der Ausbringungsmenge und stellt deshalb die Fixkosten dar:

$$K = k_v + K^{fix} \text{ mit}$$

$$k_v = \sum_{i=1}^{b} q_i r_i \text{ und} \tag{2.26}$$

$$K^{fix} = \sum_{i=b+1}^{n} q_i \bar{r}_i \, . \tag{2.27}$$

Da nur die über die fixen Kosten hinaus eingesetzten Kostenbeträge produktionswirksam eingesetzt werden können, hat die monetäre Produktionsfunktion (vgl. (2.25) und (2.26)) den in Abb. 2.21 dargestellten Verlauf.

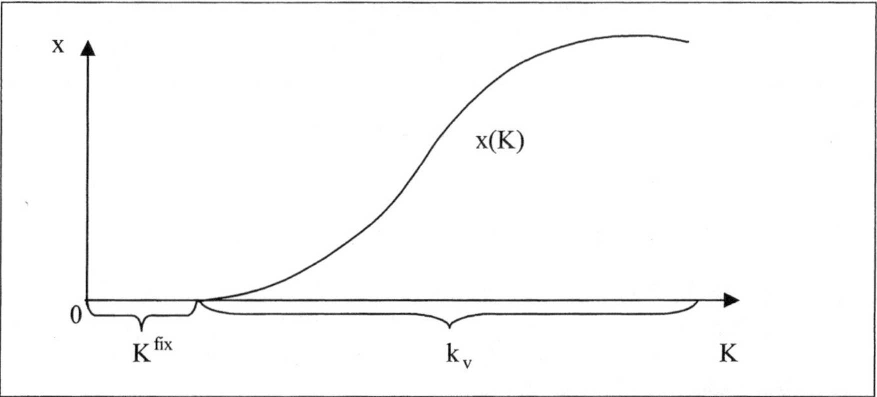

Abb. 2.21: Monetäre Produktionsfunktion

Gesucht ist die Abhängigkeit der Kosten von der Ausbringungsmenge. Die monetäre Produktionsfunktion beschreibt gerade den umgekehrten Zusammenhang. Mathematisch resultiert also die Kostenfunktion als **Umkehrfunktion** der monetären Produktionsfunktion. Grafisch (vgl. Abb. 2.22) erhält man diese Umkehrfunktion durch Spiegelung der monetären Produktionsfunktion an der Winkelhalbierenden im ersten Quadranten des Koordinatensystems (vgl. Bronstein/Semendjajew 1982, S. 249).

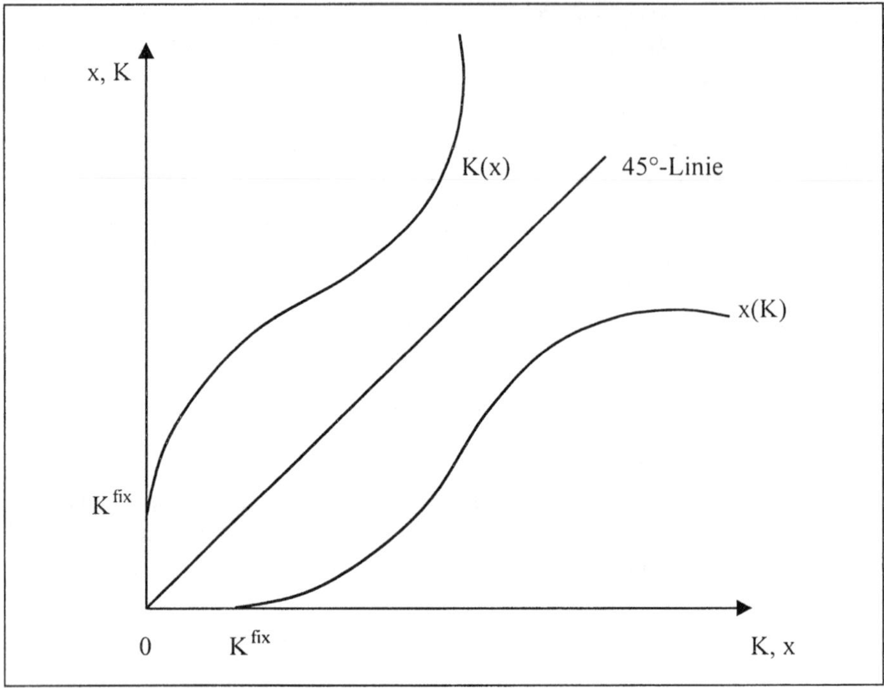

Abb. 2.22: Ermittlung der Kostenfunktion aus der monetären Produktionsfunktion

2. Grenzkosten- und Durchschnittskostenfunktionen

Die in Teil 2 Kapitel A.V. analytisch gezeigten Zusammenhänge von Gesamtkosten, durchschnittlichen Gesamtkosten, durchschnittlichen variablen Kosten und Grenzkosten werden nun auch grafisch für eine Gesamtkostenfunktion bei ertragsgesetzlicher Produktionsfunktion gezeigt.

Die **durchschnittlichen Gesamtkosten** gemäß (2.12) ergeben sich als Tangens des Winklels α, den ein vom Koordinatenursprung ausgehender Fahrstrahl an die Gesamtkostenfunktion K mit der x-Achse bildet (vgl. Abb. 2.23):

$$k(x) = \frac{K(x)}{x} = \tan \alpha \,.$$

Dementsprechend ergeben sich die **durchschnittlichen variablen Kosten** als Tangens des Winkels, den ein vom Koordinatenursprung ausgehender Fahrstrahl an die Kurve der variablen Kosten bildet. Die variablen Kosten ergeben sich aus der Gesamtkostenkurve abzüglich der Fixkosten. Der gesuchte Winkel entspricht damit genau dem Winkel β, den ein Fahrstrahl von einem vom Ursprung um

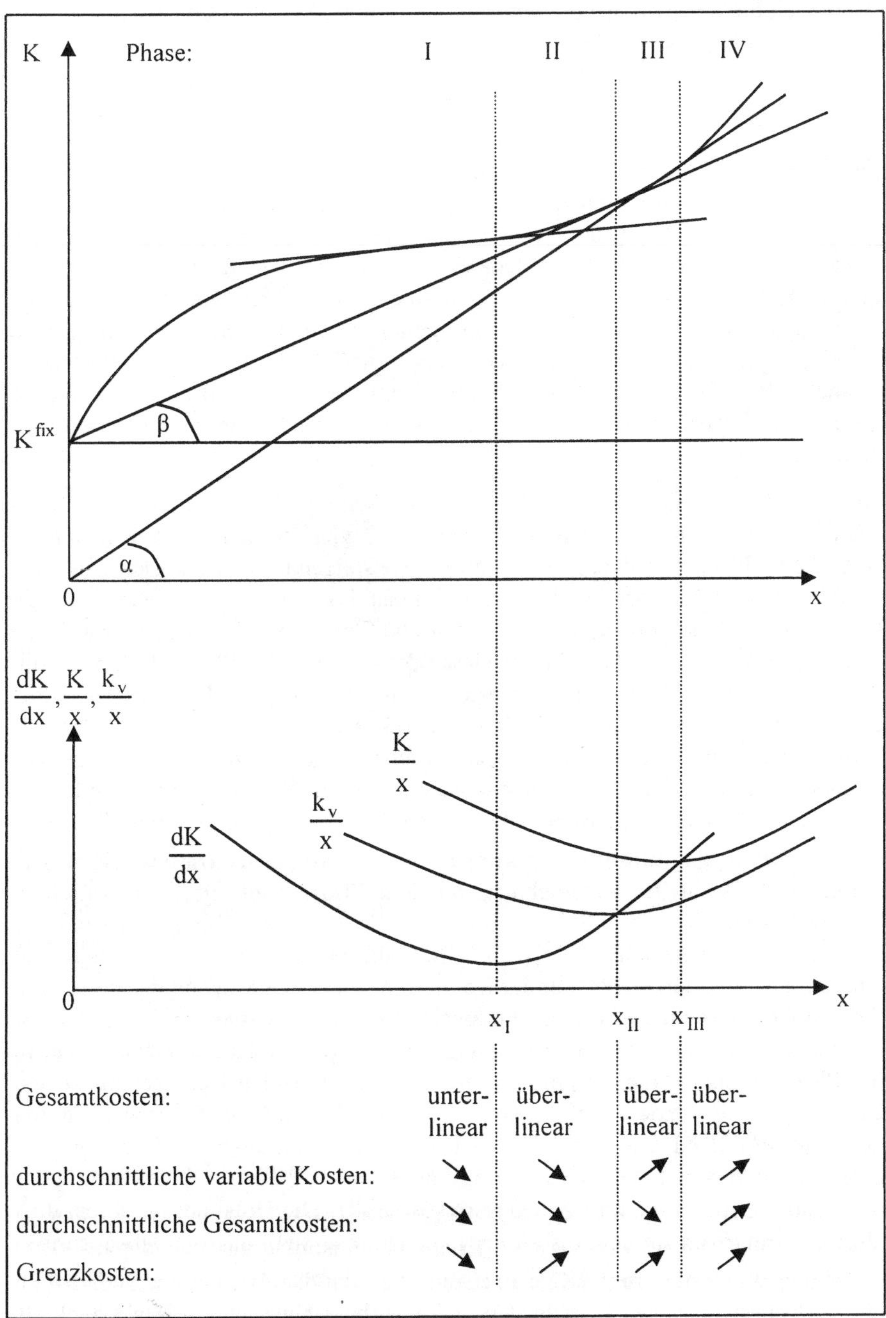

Abb. 2.23: Gleichzeitige Betrachtung von Gesamt-, Durchschnitts- und Grenzkosten

K^{fix} nach oben verschobenen Punkt mit der um K^{fix} nach oben verschobenen x-Achse bildet (vgl. Abb. 2.23):

$$\frac{k_v(x)}{x} = \tan\beta .$$

Die **Grenzkosten** (2.11) bei einer Ausbringungsmenge entsprechen der Steigung der Gesamtkostenfunktion in diesem Punkt. Aus Abb. 2.23 und den dort angestellten Winkelüberlegungen lässt sich leicht erkennen, dass die durchschnittlichen Gesamtkosten (variablen Kosten) gerade dort minimal sind, wo der Fahrstrahl unterhalb der Gesamtkostenfunktion (variablen Kosten) liegt und die Gesamtkostenfunktion (variablen Kostenfunktion) gerade noch tangiert. Diese grafischen Überlegungen liefern – was analytisch schon in Abb. 2.9 und Abb. 2.10 gezeigt wurde -, dass die Grenzkosten die durchschnittliche Gesamtkostenkurve und die durchschnittlichen variablen Kosten gerade in deren Minimum schneidet (vgl. Abb. 2.23).

Die Beziehungen der Gesamt-, Grenz-, durchschnittlichen Gesamt- und durchschnittlichen variablen Kosten lassen sich durch **vier Phasen** kennzeichnen (vgl. Abb. 2.23): Phase I zeichnet sich durch positiv steigende Gesamtkosten und positiv fallende Durchschnitts- und Grenzkosten aus. Phase I endet mit den minimalen Grenzkosten. Dieser Endpunkt von Phase I und Startpunkt von Phase II ergibt sich demnach aus dem Wendepunkt der Gesamtkostenkurve. In Phase II sind sowohl die Gesamtkosten als auch die Grenzkosten positiv steigend. Die durchschnittlichen variablen und durchschnittlichen Gesamtkosten sind positiv fallend. Phase II endet mit den minimalen variablen Durchschnittskosten. Die Grenzkostenkurve schneidet die variablen Durchschnittskosten in diesem Endpunkt der Phase II. Die Höhe der variablen Durchschnittskosten an der Ausbringungsmenge x_{II} wird auch als **Betriebsminimum** oder **kurzfristige Preisuntergrenze** bezeichnet. Bei diesem Preis kann der Unternehmer mit dem Erlös gerade noch die variablen Kosten decken. Es entsteht ihm ein Verlust in Höhe der fixen Kosten. Diesen Preis kann der Unternehmer nur kurzfristig halten, um beispielsweise kurzfristig einen Absatzmengenvorteil gegenüber der Konkurrenz zu erzielen. Wenn der Preis noch tiefer sinkt, decken die Erlöse nicht einmal die variablen Kosten. In diesem Fall ist es auch kurzfristig für die Unternehmung sinnvoll, die Produktion einzustellen. In der Phase III haben die Gesamt-, Grenz- und die variablen Durchschnittskosten einen positiv steigenden Verlauf. Die durchschnittlichen Gesamtkosten verlaufen noch positiv fallend. Die Phase III endet mit dem Schnittpunkt der durchschnittlichen Gesamtkosten und der Grenzertragskurve. Dieser Punkt stellt gleichzeitig das Minimum der durchschnittlichen Gesamtkosten dar. Die Höhe der durchschnittlichen Gesamtkosten an der Ausbringungsmenge x_{III} stellt das **Betriebsoptimum** beziehungsweise die **langfristige Preisuntergrenze** dar. Bei diesem Preis haben die Verluste gerade die Höhe der Kosten. Man bezeichnet diesen Punkt auch als **Gewinnschwelle**. Diesen Preis kann man auch langfristig halten, um beispielsweise einen Mitbewerber aus dem Markt zu drängen. In der Phase IV verlaufen schließlich alle Funktionen positiv steigend. Die vier Phasen müssen nicht zwingend eintreten.

Charakteristisch für eine Gesamtkostenfunktion bei ertragsgesetzlicher Produktionsfunktion ist eine **Funktion dritten Grades**: $K = a + bx + cx^2 + dx^3$ mit den Konstanten a, b, c, d. In Abb. 2.24 befindet sich ein Rechenbeispiel, das auf solch eine Art von Kostenfunktion zugreift. Als Endpunkt der ersten Phase resultiert $x_I = 30$. Für den Endpunkt der zweiten Phase ergibt sich $x_{II} = 45$, und als Endpunkt der dritten Phase erhält man $x_{III} = 49{,}14$. x_I und x_{II} resultieren direkt aus den notwendigen Bedingungen. Zur Bestimmung von x_{III} ist demgegenüber ein mathematisches Nährungsverfahren wie z.B. das Iterationsverfahren „**Regula falsi**“ erforderlich (vgl. Bronstein/Semendjajew 1982, S. 745; Schroer, 1992, S. 80 f.). In Abb. 2.25 werden die Lösungen des Rechenbeispiels in Abb. 2.24 grafisch dargestellt.

Kostenfunktion: $K = 20 + 3{,}8x - 0{,}09x^2 + 0{,}001x^3$

Grenzkosten: $\frac{dK}{dx} = 3{,}8 - 0{,}18x + 0{,}003x^2$

Durchschnittliche Gesamtkosten: $\frac{K}{x} = \frac{20}{x} + 3{,}8 - 0{,}09x + 0{,}001x^2$

Durchschnittliche variable Kosten: $\frac{k_v(x)}{x} = 3{,}8 - 0{,}09x + 0{,}001x^2$

Bestimmung der minimalen Grenzkosten (Ende Phase I):

$-0{,}18 + 0{,}006x \overset{!}{=} 0 \Rightarrow x_I = 30$ (notwendige Bedingung)

Grenzkostenfunktion schneidet die durchschnittlichen variablen Kosten in deren Minimum (Ende Phase II):

$-0{,}09 + 0{,}002x \overset{!}{=} 0$ (notwendige Bedingung für Minimum)

$\Rightarrow x_{II} = 45$, denn: $\frac{k_V(45)}{45} = 1{,}775 = \frac{dK}{dx}(45)$

Grenzkostenfunktion schneidet die durchschnittlichen Gesamtkosten in deren Minimum (Ende Phase III):

$\frac{20}{x^2} - 0{,}09 + 0{,}002x \overset{!}{=} 0$ (notwendige Bedingung für Minimum)

$\Rightarrow x_{III} = 49{,}14$, denn $\frac{K(49{,}14)}{49{,}14} = 2{,}199 = \frac{dK}{dx}(49{,}14)$

Quelle: Schroer, 1992, S. 67 ff.

Abb. 2.24: Rechenbeispiel zum ertragsgesetzlichen Kostenverlauf

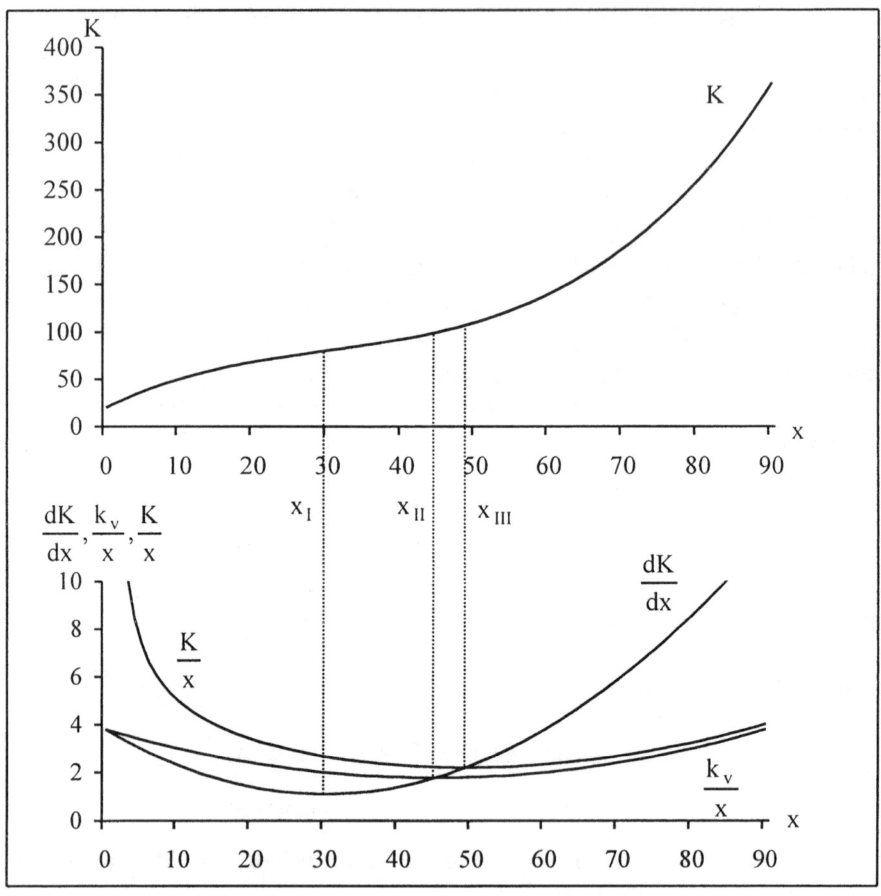

Abb. 2.25: Grafische Darstellung der Lösung aus Abb. 2.24

C. Cobb-Douglas-Produktionsfunktion und zugehörige Kostenfunktionen

I. Cobb-Douglas-Produktionsfunktion

Die Cobb-Douglas-Produktionsfunktion (vgl. Cobb/Douglas 1928, S. 139 ff.) ist eine **neoklassische** Produktionsfunktion mit stetiger Teilbarkeit und Substituierbarkeit aller Produktionsfaktoren. Sie unterscheidet sich vom Typ A durch von

Anfang an abnehmende Ertragszuwächse. Formal ergibt sie sich als Produkt der potenzierten Faktoreinsatzmengen:

$$x(r_1,..r_n) = a_0 \prod_{i=1}^{n} r_i^{a_i} \text{ mit} \tag{2.28}$$

a_0: Konstante, $a_0 > 0$,

a_i: Konstante, $0 \le a_i < 1$ für $i = 1,..,n$,

r_i: Einsatzmenge von Produktionsfaktor i für $i = 1,..,n$.

Im Folgenden wird die **Partialanalyse** näher betrachtet. Dazu werden in (2.28) die Einsatzmengen aller Produktionsfaktoren mit Ausnahme der Einsatzmenge des Faktors 1 als konstant angenommen. (2.28) vereinfacht sich dann zu:

$$x(r_1) = c r_1^{a_1} \text{ wobei} \tag{2.29}$$

$c = a_0 \prod_{i=2}^{n} \bar{r}_i^{a_i}$ ist eine positive Konstante, da $\bar{r}_i$ eine konstante Einsatzmenge von Faktor i für $i = 2,..,n$ definiert.

Da $0 \le a_i < 1$, verläuft die Ertragsfunktion bei vermehrtem Faktoreinsatz r_1 unterproportional. Die **Durchschnittsertragsfunktion** berechnet sich dann zu:

$$\bar{x}(r_1) = \frac{c}{r_1^{1-a_1}}. \tag{2.30}$$

Da $0 < 1 - a_1 \le 1$, geht der Durchschnittsertrag bei erhöhtem (gegen Null gehenden) Faktoreinsatz gegen Null (unendlich). Die **Grenzproduktivität** des Faktors 1 ergibt sich zu:

$$\frac{\partial x}{\partial r_1} = \frac{a_1 c}{r_1^{1-a_1}} = a_1 \frac{x}{r_1}. \tag{2.31}$$

Gemäß (2.31) ist der Grenzertrag also proportional zu seinem Durchschnittsertrag. Da $1 > a_i \ge 0$ liegt der Grenzertrag stets unter dem Durchschnittsertrag. Aus (2.31) lässt sich weiter die so genannte **Produktionselastizität** des Faktors 1 ableiten. Die Produktionselastizität gibt an, wie sich der Output ändert, wenn die Einsatzmenge r_1 um eine infinitesimale Einheit erhöht wird:

$$\varepsilon_1 = \frac{\partial x}{\partial r_1}\frac{r_1}{x} = a_1. \tag{2.32}$$

Gemäß (2.32) zeichnet sich eine Cobb-Douglas-Produktionsfunktion durch eine konstante, nichtnegative Produktionselastizität aus, die kleiner eins ist. In Abb.

2.26 ist der Verlauf der Cobb-Douglas-Produktionsfunktion sowie der zugehörigen Grenz- und Durchschnittsertragskurve skizziert.

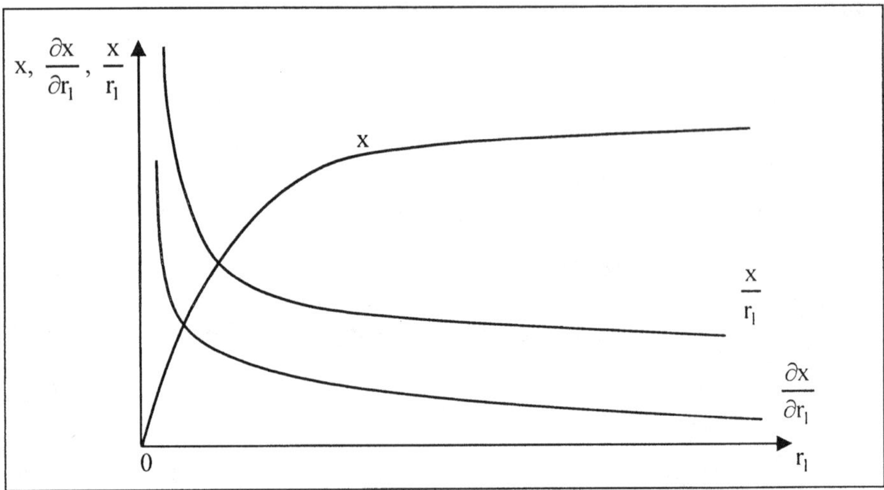

Abb. 2.26: Cobb-Douglas-Produktions-, Grenzertrags- und Durchschnittsertragsfunktion

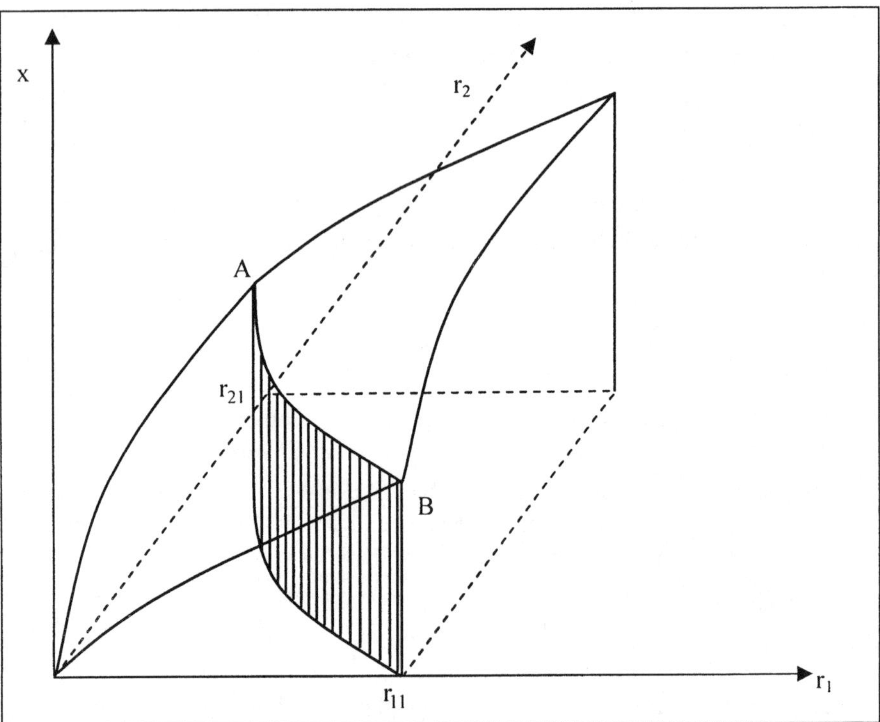

Abb. 2.27: Cobb-Douglas-Produktionsfunktion

Nun erfolgt eine nähere Betrachtung der **Totalanalyse**. Der Verlauf der Cobb-Douglas-Produktionsfunktion (2.28) bei zwei Produktionsfaktoren ist der Abb. 2.27 zu entnehmen. Die aus dem horizontalen Schnitt durch das Ertragsgebirge resultierenden Ertragsisoquanten ergeben sich gemäß der Kurve zwischen A und B (vgl. Abb. 2.27).

Die Cobb-Douglas-Produktionsfunktion ist homogen vom Grade $\sum_{i=1}^{n} a_i$, da gilt:

$$f(\lambda r_1,..,\lambda r_n) = a_0 \prod_{i=1}^{n} (\lambda r_i)^{a_i} = \lambda^{\sum_{i=1}^{n} a_i} \cdot f(r_1,..,r_n). \tag{2.33}$$

Genauer ist (vgl. Teil 2, Kapitel A. IV.) eine Cobb-Douglas–Produktionsfunktion für $\sum_{i=1}^{n} a_i = 1$ ($\sum_{i=1}^{n} a_i < 1$ beziehungsweise $\sum_{i=1}^{n} a_i > 1$) linearhomogen (unter- beziehungsweise überlinearhomogen). Damit sind die Abstände der Isoquanten bei je um eine Einheit zunehmender Ausbringungsmenge gleich (größer beziehungsweise kleiner) (vgl. Fandel 1991, S. 80 f.). In der Abb. 2.28 ist ein Rechenbeispiel dargestellt, das vom Sonderfall einer linearhomogenen Cobb-Douglas-Produktionsfunktion ausgeht.

Cobb-Douglas-Produktionsfunktion: $x = r_1^{\frac{1}{3}} r_2^{\frac{2}{3}}$

Durchschnittserträge: $\dfrac{x}{r_1} = r_1^{\frac{-2}{3}} r_2^{\frac{2}{3}}, \quad \dfrac{x}{r_2} = r_1^{\frac{1}{3}} r_2^{\frac{-1}{3}}$

Grenzerträge: $\dfrac{\partial x}{\partial r_1} = \dfrac{1}{3} r_1^{\frac{-2}{3}} r_2^{\frac{2}{3}}, \quad \dfrac{\partial x}{\partial r_2} = \dfrac{2}{3} r_1^{\frac{1}{3}} r_2^{\frac{-1}{3}}$

Produktionselastizitäten. $\varepsilon_1 = \dfrac{1}{3}, \quad \varepsilon_2 = \dfrac{2}{3}$

Homogenitätsgrad: $\dfrac{1}{3} + \dfrac{2}{3} = 1 \rightarrow$ linearhomogen

Ertragsisoquante: $r_2 = \bar{x}^{\frac{3}{2}} r_1^{\frac{-1}{2}}$

Abb. 2.28: Rechenbeispiel zur Cobb-Douglas-Produktionsfunktion

II. Die zugehörigen Kostenfunktionen

Entsprechend dem Vorgehen in Teil 2 Kapitel B 2. kann auf grafischem oder analytischem Wege basierend auf einer Cobb-Douglas-Produktionsfunktion aus der Minimalkostenkombination die Kostenfunktion bestimmt werden. An dieser Stelle werden auf **analytische Weise** die denkbaren resultierenden Kostenverläufe bei den unterschiedlichen Verläufen einer Cobb-Douglas-Produktionsfunktion ermittelt (vgl. auch Fandel 1991, S. 267 ff.). Ausgangspunkt sei die allgemein formulierte Cobb-Douglas-Produktionsfunktion (2.28). Nach den zur Bestimmung der Minimalkostenkombination resultierenden Optimalitätsbedingungen muss bei gegebenen Faktorpreisen q_i (für $i = 1,..,n$) generell gelten:

$$\frac{\frac{\partial x}{\partial r_1}}{\frac{\partial x}{\partial r_i}} = \frac{q_1}{q_i} \quad \text{für } i = 2,..,n\,. \tag{2.34}$$

Da

$$\frac{\partial x}{\partial r_k} = a_k a_0 r_k^{a_k - 1} \prod_{i=2}^{n} r_i^{a_i} = a_k \frac{x}{r_k} \quad \text{für } k = 1,..,n \tag{2.35}$$

folgt aus (2.34):

$$\frac{\frac{\partial x}{\partial r_1}}{\frac{\partial x}{\partial r_i}} = \frac{a_1 r_i}{a_i r_1} = \frac{q_1}{q_i} \quad \text{für } i = 2,..,n\,. \tag{2.36}$$

Umformungen von (2.36) liefern nun:

$$r_i = \frac{q_1 a_i}{q_i a_1} r_1 \quad \text{für } i = 2,..,n\,. \tag{2.37}$$

Aus der Cobb-Douglas-Produktionfunktion (2.28) folgt nun mit (2.37):

$$x = a_0 r_1^{a_1} \prod_{i=2}^{n} r_i^{a_i} = a_0 r_1^{a_1} \prod_{i=2}^{n} \left(\frac{q_1 a_i}{q_i a_1} r_1 \right)^{a_i} = a_0 \prod_{i=2}^{n} \left(\frac{q_1 a_i}{q_i a_1} \right)^{a_i} r_1^{\sum_{i=1}^{n} a_i}\,. \tag{2.38}$$

Das Auflösen von (2.38) nach r_1 liefert:

$$r_1 = \left(\left(a_0 \prod_{i=2}^{n} \left(\frac{q_1 a_i}{q_i a_1} \right)^{a_i} \right)^{-1} \cdot x \right)^{\frac{1}{\sum_{i=1}^{n} a_i}} \text{ und} \tag{2.39}$$

$$r_i = \frac{q_1 a_i}{q_i a_1} \left(\left(a_0 \prod_{i=2}^{n} \left(\frac{q_1 a_i}{q_i a_1} \right)^{a_i} \right)^{-1} \cdot x \right)^{\frac{1}{\sum_{i=1}^{n} a_i}} \text{ für } i = 2,..,n. \tag{2.40}$$

Einsetzen von (2.39)-(2.40) in die Kosten $K = \sum_{i=1}^{n} r_i q_i$ führt zu der allgemeinen Kostenfunktion (vor Fixkosten), wenn stets die Minimalkostenkombination realisiert wird und von einer Cobb-Douglas-Produktionsfunktion ausgegangen wird:

$$K = \left(\left(a_0 \prod_{i=2}^{n} \left(\frac{q_1 a_i}{q_i a_1} \right)^{a_i} \right)^{-1} \cdot x \right)^{\frac{1}{\sum_{i=1}^{n} a_i}} q_1 + \sum_{i=2}^{n} \frac{q_1 a_i}{q_i a_1} \left(\left(a_0 \prod_{i=2}^{n} \left(\frac{q_1 a_i}{q_i a_1} \right)^{a_i} \right)^{-1} \cdot x \right)^{\frac{1}{\sum_{i=1}^{n} a_i}} q_i . \tag{2.41}$$

Da a_0, a_i, q_i für $i = 1,..,n$ konstante Größen sind, lassen sich in Abhängigkeit des Verlaufes der Cobb-Douglas-Produktionsfunktion folgende Kostenverläufe unterscheiden:

- Für eine linearhomogene Cobb-Douglas-Produktionsfunktion gilt $\sum_{i=1}^{n} a_i = 1$.

  Die Kostenfunktion (2.41) hat dann einen linearen Verlauf:

$$K = \underbrace{\left(\left(a_0 \prod_{i=2}^{n} \left(\frac{q_1 a_i}{q_i a_1} \right)^{a_i} \right)^{-1} q_1 + \sum_{i=2}^{n} \frac{q_1 a_i}{q_i a_1} \left(a_0 \prod_{i=2}^{n} \left(\frac{q_1 a_i}{q_i a_1} \right)^{a_i} \right)^{-1} \cdot q_i \right)}_{\text{konstant}} x . \tag{2.42}$$

- Für eine unterlinearhomogene Cobb-Douglas-Produktionsfunktion gilt $\sum_{i=1}^{n} a_i < 1$. Der Kostenverlauf in (2.41) ist progressiv.
- Für eine überlinearhomogene Cobb-Douglas-Produktionsfunktion gilt $\sum_{i=1}^{n} a_i > 1$. Der Kostenverlauf in (2.41) ist degressiv.

Das Rechenbeispiel in Abb. 2.29 veranschaulicht die Verläufe der Kostenfunktion in Abhängigkeit des Verlaufs der Produktionsfunktion.

Ausgangssituation:

Cobb-Douglas-Produktionsfunktion: $x = r_1^{a_1} r_2^{a_2}$ mit $a_1, a_2 > 0$

Faktorpreise: $q_1 = 2,\ q_2 = 4$

Lineare Produktionsfunktion: $a_1 = \frac{1}{3},\ a_2 = \frac{2}{3}$, dann $a_1 + a_2 = \frac{1}{3} + \frac{2}{3} = 1$

$K = 6x$ (linearer Kostenverlauf)

Unterlineare Produktionsfunktion: $a_1 = \frac{1}{3},\ a_2 = \frac{1}{3}$, dann $a_1 + a_2 = \frac{2}{3} < 1$

$K = 2^{\frac{7}{2}} x^{\frac{3}{2}}$ (progressiver Kostenverlauf)

Überlineare Produktionsfunktion: $a_1 = \frac{2}{3},\ a_2 = \frac{2}{3}$, dann $a_1 + a_2 = \frac{4}{3} > 1$

$K = 2^{\frac{5}{2}} x^{\frac{3}{4}}$ (degressiver Kostenverlauf)

Abb. 2.29: Beispiel zur Abhängigkeit des Kostenverlaufs vom Verlauf der Produktionsfunktion

D. Leontief-Produktionsfunktion und zugehörige Kostenfunktionen

I. Leontief-Produktionsfunktion

Die Leontief-Produktionsfunktion ist eine **linear-limitationale** Produktionsfunktion (vgl. Leontief 1953, 1966). Es besteht eine lineare Beziehung zwischen Input und Output. Alle Einsatzgüter und das Produkt haben eine konstante Qualität. Die Produktionsfaktoren sind nicht beliebig substituierbar, vielmehr sind sie nur in einem bestimmten (konstanten/limitationalen) Mengenverhältnis wirkungsvoll einsetzbar. Formal lässt sie sich durch das folgende **System von Faktorfunktionen** beschreiben:

$$r_i = a_i \cdot x \text{ für } i = 1,..,n \text{ wobei} \qquad (2.43)$$

r_i: Faktoreinsatzmengen, für $i = 1,..,n$,

a_i: Produktionskoeffizienten, konstant > 0 für $i = 1,..,n$,

x: Ertrag.

Die zugehörige Produktionsfunktion lautet:

$$x = \frac{r_i}{a_i} \text{ mit } \frac{r_i}{a_i} = \frac{r_j}{a_j} \text{ für } i = 1,..,n\,; j = 1,..,n\,. \tag{2.44}$$

Für zwei Produktionsfaktoren ist das Ertragsgebirge der Abb. 2.30 zu entnehmen.

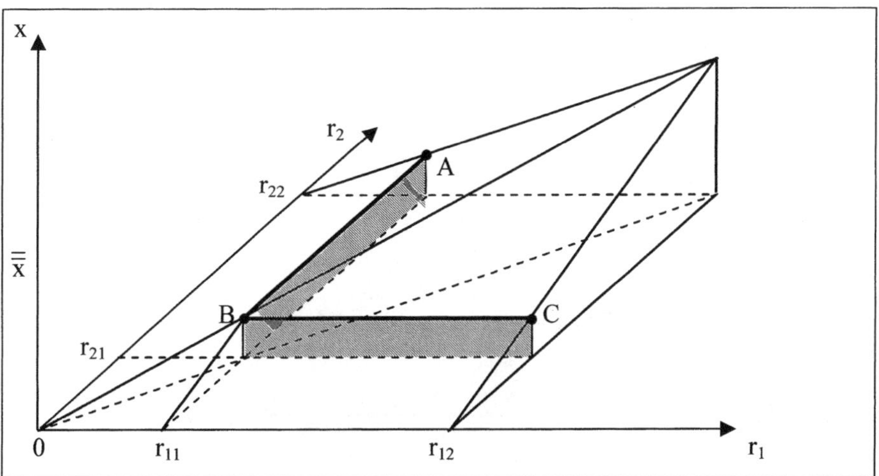

Abb. 2.30: Leontief-Produktionsfunktion

Lediglich auf der vom Ursprung ausgehenden Gebirgskante befinden sich effiziente Faktorkombinationen und Produktionsmengenzuordnungen. Aus dem horizontalen Schnitt durch das Ertragsgebirge der Leontief-Produktionsfunktion in Höhe der Ausbringungsmenge $\bar{\bar{x}}$ resultiert die Ertragsisoquante. Sie schrumpft aufgrund der Effizienzbedingung (vgl. Teil 2 A. IV.) auf einen (effizienten) Punkt B zusammen. Mehreinsätze einer Faktorart bei Konstanz der anderen Einsatzmengen führen nicht zu einer höheren Ausbringungsmenge. Auf ABC ist alleinig Punkt B eine effiziente Kombination, alle anderen Kombinationen sind ineffizient. In Abb. 2.31 sind weitere **effiziente Faktoreinsatzmengen** abgebildet. Bei niedrigeren (höheren) Ausbringungsmengen als $x = \bar{\bar{x}}$ liegen diese links (rechts) vom Punkt B. Erhöht man im Punkt (r_{11}, r_{21}) alleinig die Einsatzmenge von Faktor 1 (Faktor 2), so nimmt die Ausbringungsmenge nicht zu. Man bleibt vielmehr auf der Geraden BC im Bereich der ineffiziente Kombinationen (vgl. Abb. 2.31). Solche Produktionspunkte gehören definitionsgemäß nicht zur Produktionsfunktion.

Aus (2.43) resultiert das effiziente Mengenverhältnis der Produktionsfaktoren zu:

$$\frac{r_1}{r_2} = \frac{a_1\bar{x}}{a_2\bar{x}} = \frac{a_1}{a_2} \tag{2.45}$$

Gemäß (2.45), ist das effiziente Einsatzmengenverhältnis unabhängig von der Höhe der Ausbringungsmenge. Es ist vielmehr konstant mit der Ausbringungsmenge. Auflösen von (2.45) nach r_2 liefert als geometrischen Ort, auf dem alle effizienten Faktoreinsatzmengenkombinationen liegen, eine Gerade mit der Steigung $\frac{a_2}{a_1}$ (vgl. Abb. 2.31). Diese Gerade wird auch als **Prozessstrahl** bezeichnet:

$$r_2 = \frac{a_2}{a_1} r_1 . \tag{2.46}$$

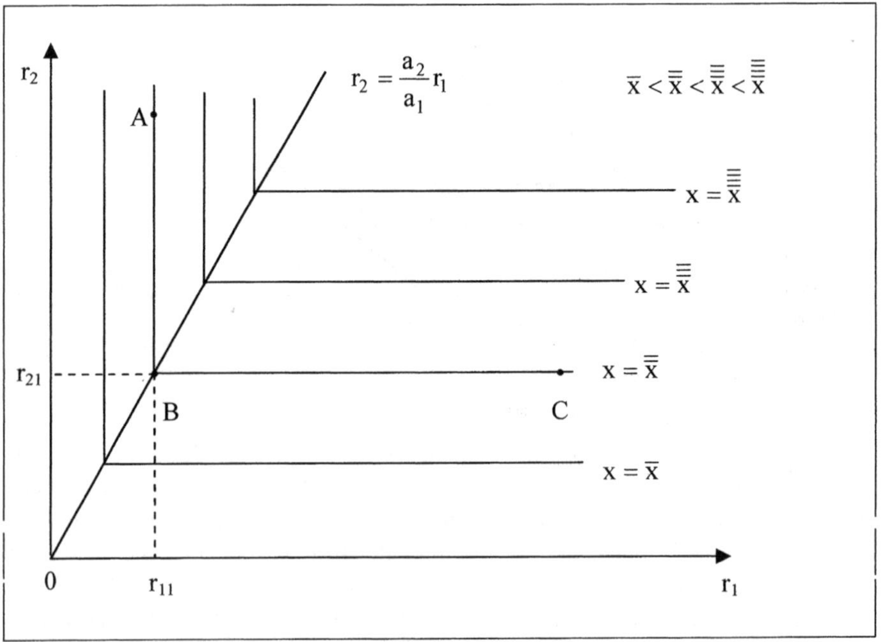

Abb. 2.31: Ertragsisoquanten (Indifferenzkurven) nach Leontief-Produktionsfunktion

Eine Darstellung der Leontief-Produktionsfunktion gemäß Gleichung (2.1) ist nicht möglich, da die Faktormengen bei effizienter Produktion nicht unabhängig voneinander sind. Der Begriff der Grenzproduktivität ist dementsprechend nicht definiert. Hier kann der Begriff des **Grenzaufwandes** verwendet werden (vgl. Fandel 1991, S. 93):

$$\frac{\partial r_i}{\partial x} = a_i \text{ für } i = 1,..,n . \tag{2.47}$$

Der Grenzaufwand eines Produktionsfaktors i (2.47) entspricht gerade dem jeweiligen Produktionskoeffizienten. Der Kehrwert $\frac{1}{a_i}$ kann als **Grenzproduktivität** des Faktors i interpretiert werden, falls i der alleinige Engpassfaktor in der gegebenen Situation ist. Sobald ein anderer Faktor zum Engpass wird, ist das Grenzprodukt des Faktors i gleich null.

In Abb. 2.32 befindet sich ein Rechenbeispiel zur Leontief-Produktionsfunktion. Ausgegangen wird von drei Produktionsfaktoren mit konstanten Produktionskoeffizienten. Die maximal zu erzielende Ausbringungsmenge richtet sich stets nach dem Faktor, der in Bezug auf die Input-Output-Verhältnisse relativ am wenigsten zur Verfügung steht. In diesem Beispiel stellt der Faktor 3 den Engpass dar. Er determiniert die maximale Ausbringungsmenge auf 10. Für den Engpassfaktor 3 berechnet sich in dieser Situation das Grenzprodukt zu 1, d.h. jede zusätzliche Faktoreinheit erlaubt die Fertigung eines weiteren Produktes, da Faktor 1 und 2 in ihren Höchstmengen in ausreichenden Mengen zur Herstellung von 10 vorliegen. Die Höchsteinsatzmengen stellen jedoch eine ineffiziente Faktorkombination dar. Die effiziente Kombination besteht aus 16 beziehungsweise 3 Mengeneinheiten für Faktor 1 beziehungsweise 2 und 10 Mengeneinheiten von Faktor 3. In dieser effizienten Einsatzmengenkombination beträgt das Grenzprodukt aller drei Faktoren Null.

Produktionskoeffizienten: $a_1 = 1{,}6$, $a_2 = 0{,}3$, $a_3 = 1$

Höchsteinsatzmengen der Faktoren: $r_1^{max} = 20$, $r_2^{max} = 15$, $r_3^{max} = 10$

Faktorfunktionen: $r_1 = 1{,}6x$, $r_2 = 0{,}3x$, $r_3 = x$

Produktionsfunktion: $x = \frac{r_i}{a_i}$, i=1,2,3 mit $\frac{r_1}{1{,}6} = \frac{r_2}{0{,}3} = \frac{r_3}{1}$

Maximale Produktionsmenge: $x^{max} = \min\left\{\frac{20}{1{,}6}, \frac{15}{0{,}3}, \frac{10}{1}\right\} = 10$

Grenzprodukt von Faktor 3: $\frac{dr_3}{dx} = \left(\frac{1}{a_3}\right)^{-1} = 1$

Effiziente Faktoreinsatzmengenkombination: $r_1^{eff} = 16$, $r_2^{eff} = 3$, $r_3^{eff} = 10$

Abb. 2.32: Rechenbeispiel zur Leontief-Produktionsfunktion

Es lassen sich Leontief-Produktionsfunktionen für Ein- und Mehrproduktunternehmen, ein- und mehrstufige sowie ein- und mehrteilige Fertigung formulieren (vgl. Schweizer/Küpper 1997, S. 72 f.). Leontief-Produktionsfunktionen haben einen breiten empirischen Geltungsbereich. Als Ergebnis einer Untersuchung (vgl. Schweizer 1990, S. 232 ff.) resultierte, dass in allen Unternehmungen limitationale

Prozesse auftreten. Leontief-Produktionsfunktionen lassen sich beispielsweise zur Materialbedarfsplanung, Vorkalkulation, Plankostenrechnung, Kapazitätsplanung, Produktionsplanung, Finanzplanung oder auch zur Arbeitsplanerstellung heranziehen.

II. Die zugehörigen Kostenfunktionen

Die Herleitung der Kostenfunktion bei einer Leontief-Produktionsfunktion erfolgt wieder in **zwei Schritten**: Zunächst werden basierend auf der allgemeinen Definition der Kosten Überlegungen zu Minimalkostenkombinationen bei der Leontief-Produktionsfunktion angestellt. Dann erfolgt die Formulierung der Kostenfunktion, wenn gerade immer diese Minimalkostenkombination realisiert wird.

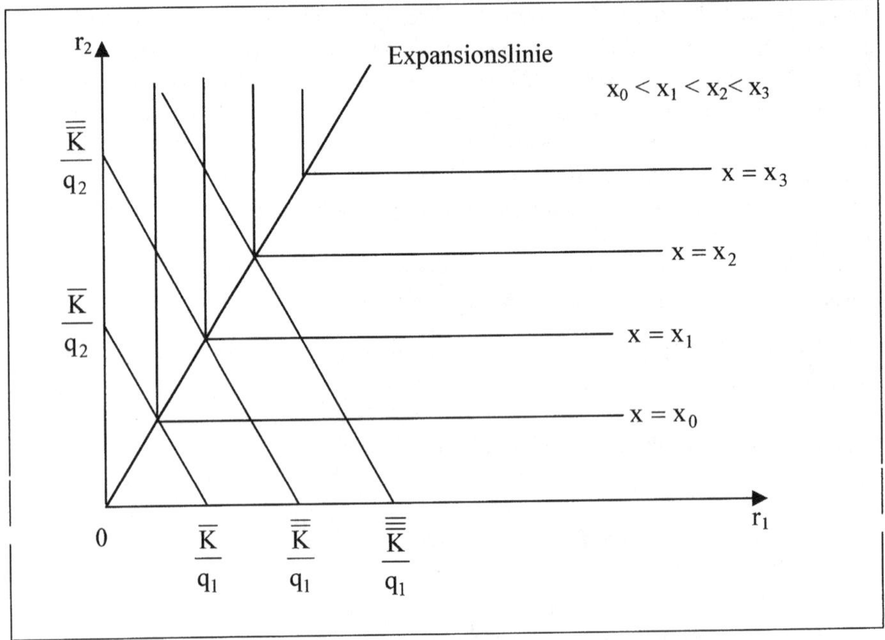

Abb. 2.33: Minimalkostenkombination bei einer Leontief-Produktionsfunktion

Die Ermittlung der Minimalkostenkombinationen erfolgt anhand grafischer Überlegungen. Es wird dabei von einem Produktionsprozess ausgegangen, der zwei Produktionsfaktoren benötigt. Dann können die **Isokostenlinien** zusätzlich zu den Ertragsisoquanten der Leontief-Produktionsfunktion in Abb. 2.31 eingezeichnet (vgl. Abb. 2.33) werden. Es ist sofort ersichtlich, dass die Minimalkostenkombinationen stets mit den effizienten Faktorkombinationen übereinstimmen. Die Verbindungslinie aller Minimalkostenkombinationen, die so genannte **Expansionslinie**, fällt also mit dem Prozessstrahl zusammen (vgl. (2.46)).

Die Funktion der variablen Kosten $k_v(x)$, die sich ergibt, wenn immer die Minimalkostenkombination realisiert wird, lässt sich ableiten, indem die Faktorfunktionen $r_i = a_i \cdot x$ (2.43) in die Kosten $K = \sum_{i=1}^{n} r_i q_i$ (2.9) eingesetzt werden:

$$k_v(x) = \sum_{i=1}^{n} a_i q_i x . \tag{2.48}$$

Die Produktionskoeffizienten sind bei der Leontief-Produktionsfunktion konstant. Da die Faktorpreise q_i ($i = 1,..,n$) ebenfalls gegeben und konstant sind, nehmen auch die variablen Stückkosten einen konstanten Wert an, genauer betragen diese $\sum_{i=1}^{n} a_i q_i$ (vgl. 2.48). Bei zusätzlicher Berücksichtigung der Fixkosten lässt sich die Gesamtkostenfunktion K(x) wie folgt formulieren:

$$K(x) = k_v(x) + K^{fix} = \sum_{i=1}^{n} a_i q_i x + K^{fix} . \tag{2.49}$$

Die Grenzkosten und die durchschnittlichen variablen Kosten verlaufen konstant auf dem Niveau der Höhe $\sum_{i=1}^{n} a_i q_i$ (vgl. Abb. 2.6 und Abb. 2.8). In Abb. 2.34 befindet sich ein Rechenbeispiel, mit derselben Ausgangssituation wie im Beispiel der Abb. 2.32.

Faktorpreise:	$q_1 = 2\,GE,\ q_2 = 3\,GE,\ q_3 = 5\,GE$
Faktorfunktionen:	$r_1 = 1{,}6x\ ,\ r_2 = 0{,}3x\ ,\ r_3 = x$
Kosten:	$K = 2\,GE \cdot r_1 + 3\,GE \cdot r_2 + 5\,GE \cdot r_3$
Variable Kostenfunktion:	$k_v(x) = 2\,GE \cdot 1{,}6x + 3\,GE \cdot 0{,}3x + 5\,GE \cdot x = 9{,}1\,GE \cdot x$

Abb. 2.34: Rechenbeispiel zur variablen Kostenfunktion bei einer Leontief-Produktionsfunktion

E. Produktions- und Kostenfunktion vom Typ B

I. Produktionsfunktion vom Typ B

Die Produktionsfunktion vom Typ B - auch **Gutenberg**-Produktionsfunktion genannt – modelliert industrielle Prozesse. Sie ist äußerst realitätsnah und versucht Kritikpunkte auszuschalten, die aus praktischer Sicht gegen die Leontief-Produktionsfunktion und gegen die Produktionsfunktion vom Typ A sprechen (vgl. Gutenberg 1983). Dabei geht die Produktionsfunktion vom Typ B wie die Leontief-Produktionsfunktion grundsätzlich von der Limitationalität der Produktionsfaktoren aus. Dennoch sind hier Substitutionsmöglichkeiten der Produktionsfaktoren in einem bestimmten Umfang möglich. Des Weiteren stehen die Einsatzmengen aller Produktionsfaktoren nicht unbedingt in einer unmittelbaren Beziehung zur Ausbringungsmenge. Im Mittelpunkt der Betrachtungen stehen Potentialfaktoren (z.B. Maschinen und Betriebsmittel), die aufgrund ihres Nutzungsvorrates über längere Perioden hinweg einsetzbar sind. Wie lange Leistungen von einem Potentialfaktor abgegeben werden können, hängt zum einen von der Inanspruchnahme des Potentialfaktors in zeitlicher und intensitätsmäßiger Hinsicht ab. Unter **Intensität** versteht man dabei die Ausbringungsmenge des Potentialfaktors pro Zeiteinheit. Zum anderen müssen in der Regel Repetierfaktoren eingesetzt werden, damit ein Potentialfaktor Leistung abgeben kann. Die Höhe der Einsatzmengen der Repetierfaktoren in einer bestimmten Periode hängt dabei von der zeitlichen und intensitätsmäßigen Inanspruchnahme des Potentialfaktors und von den technischen Eigenschaften des Potentialfaktors ab. Die Potentialfaktoren bilden für sich oder als Gruppe zusammengefasst ein so genanntes **Aggregat**. Aggregate stellen betriebliche Teilbereiche dar, an denen getrennt voneinander die Faktorverbräuche im Sinne von Faktorfunktionen erhoben werden. Produktionsbedingter Potentialgüterverzehr wird dabei genauso berücksichtigt wie der Verbrauch von Repetierfaktoren. Für jedes Aggregat wird eine Vielzahl einzelner **Verbrauchsfunktionen** formuliert. Die Produktionsfunktion vom Typ B ergibt sich als Gesamtheit aller Verbrauchsfunktionen. Durch den Einsatz von Verbrauchsfaktoren an den Aggregaten resultiert meist nur eine mittelbare Beziehung zwischen Verbrauch und der Ausbringungsmenge, da der Verbrauch von Verbrauchsfaktoren auch von den technischen Eigenschaften der Potentialfaktoren beeinflusst wird. Insbesondere Beobachtungen industrieller Fertigungsvorgänge werden berücksichtigt. Ein Beispiel für eine mittelbare Input-Outputbeziehung liefert der Energieverbrauch in der industriellen Produktion (vgl. auch den Verbrauch an Betriebsstoffen wie Benzin, Schmierfette und Schmieröle): Die Energiemengen werden in eine Leistung der betreffenden Aggregate transformiert, die in Arbeitseinheiten pro Zeiteinheiten ausgedrückt werden kann. Mittels der abgegebenen technischen Leistung stellt das Aggregat dann Produktionsmengen her, die der ökonomischen Leistung des Aggregats entsprechen. Der Energieverbrauch ist nur mittelbar von der Ausbringungsmenge abhängig. Häufig fällt der Produktionskoeffizient eines Verbrauchsfaktors zunächst bei steigender technischer Leistung und steigt dann wieder an. Im Vergleich zur Leontief-Produktionsfunktion liegen also keine konstanten Produktionskoeffizienten der Verbrauchsfaktoren vor.

Im Mittelpunkt der Betrachtungen steht nun ein Unternehmen, das ein einziges Produkt herstellt. Betrachtet wird im Folgenden die Input-Output-Beziehung an Potentialgütern. Zur genaueren Analyse eines Systems von Mengen- und Verbrauchsfunktionen, das insgesamt eine Produktionsfunktion vom Typ B bildet, werden drei Fälle unterschieden:

- die intensitätsmäßige Anpassung bei konstanter Einsatzzeit,
- die zeitliche Anpassung bei konstanter Intensität und
- die intensitätsmäßige und zeitliche Anpassung.

Im ersten Fall wird zur Steigerung der Ausbringungsmenge nur die Leistung eines Aggregates (gemessen in Produkteinheiten pro Zeiteinheit) erhöht, die Einsatzzeit bleibt konstant. Im zweiten Fall wird die Ausbringungsmenge allein durch eine zeitliche Anpassung erhöht, d.h. durch eine Veränderung der Nutzungszeit der Anlage in der zugrunde gelegten Periode. Im dritten Fall wird nun eine Erhöhung der Ausbringungsmenge sowohl durch zeitliche als auch durch intensitätsmäßige Anpassung angestrebt.

1. Intensitätsmäßige Anpassung

Die **Mengenverbrauchsfunktion** definiert den Faktorverbrauch i am Aggregat j in Abhängigkeit

– der technischen Eigenschaften $z_{j1}, z_{j2}, .., z_{jv}$ des Potentialgutes j, der so genannten z-Situation dieses Potentialgutes, und
– der Intensität d_j des Potentialfaktors j, d.h. dem Output von Potentialfaktor j pro Zeiteinheit.

Formal ergeben sich die Mengenverbrauchsfunktionen zu:

$$r_{ij} = f_{ij}(z_{j1}, .., z_{jv}, d_j) \text{ für } i = 1, .., n \,;\; j = 1, .., m\,, \tag{2.50}$$

beziehungsweise bei Annahme einer konstanten z-Situation vereinfachen sie sich zu:

$$r_{ij} = f_{ij}(d_j) \text{ für } i = 1, .., n \,;\; j = 1, .., m\,. \tag{2.51}$$

Bei konstanter Einsatzzeit von Aggregat j definiert sich die Intensität von Aggregat j allein in funktionaler Abhängigkeit von der Ausbringungsmenge x:

$$d_j = a_j(x) \text{ für } j = 1, .., m\,. \tag{2.52}$$

Eine Steigerung der Intensität ist in diesem Fall nur durch eine Erhöhung der Outputmenge x möglich. Die Berücksichtigung von (2.52) in (2.51) liefert die Mengenverbrauchsfunktion von Faktor i am Aggregat j:

$$r_{ij} = f_{ij}(a_j(x)) \text{ für } i = 1,..,n \; ; \; j = 1,..,m . \tag{2.53}$$

Durch Aufsummieren der Mengenverbrauchsfunktionen des Repetierfaktors i an allen Aggregaten j=1,..m erhält man die notwendige Faktoreinsatzmenge r_i, um bei konstanter Einsatzzeit aller Aggregate einen gegebenen Output x herzustellen:

$$r_i = \sum_{j=1}^{m} r_{ij} = \sum_{j=1}^{m} f_{ij}(a_j(x)) \text{ für } i = 1,..,n . \tag{2.54}$$

Der Abb. 2.35 ist ein beispielhafter Verlauf einer Mengenverbrauchsfunktion zu entnehmen. Dargestellt wird der bei einer Presse für Autokarosserieteile anfallende Stromverbrauch je Pressvorgang bzw. Pressteil in Abhängigkeit der Fertigungsintensität "Pressteile pro Minute". Die Intensität kann nur durch Steigerung der Ausbringungsmenge pro Minute erhöht werden. Eine weitere Interpretation der Mengenverbrauchsfunktion in Abb. 2.35 ist der Brennstoffverbrauch (r_1) eines Benzinmotors in Abhängigkeit von der Umdrehungszahl (d).

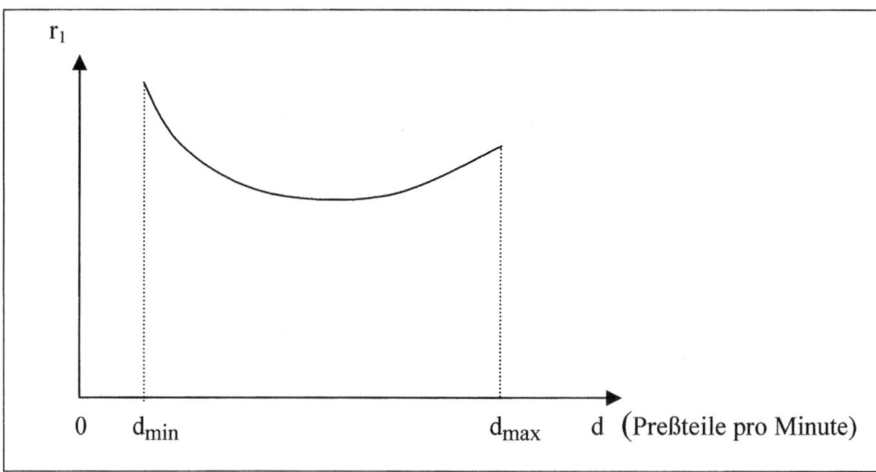

Abb. 2.35: Mengenverbrauchsfunktion bei konstanter Einsatzzeit

2. Zeitliche Anpassung

Es liegt die umgekehrte Situation der intensitätsmäßigen Anpassung unter 1. vor. Damit ist die Mengenverbrauchsfunktion nicht von der Intensität, sondern nur von der Einsatzzeit t_j abhängig. Ein Beispiel für die Variierung der Arbeitszeit stellen

Überstunden dar. Formal ergeben sich die Mengenverbrauchsfunktionen des Faktorverbrauchs i am Aggregat j zu (bei konstanter z-Situation):

$$r_{ij} = g_{ij}(t_j) \text{ für } i = 1,..,n \;;\; j = 1,..,m \,. \tag{2.55}$$

Bei konstanter Intensität definiert sich die Einsatzzeit von Aggregat j allein in funktionaler Abhängigkeit von der Ausbringungsmenge x:

$$t_j = b_j(x) \text{ für } j = 1,..,m \,. \tag{2.56}$$

Mit zunehmender Ausbringungsmenge nimmt die Einsatzzeit von Aggregat j zu. Berücksichtigung von (2.55) in (2.56) liefert als Mengenverbrauchsfunktion von Faktor i am Aggregat j:

$$r_{ij} = g_{ij}(b_j(x)) \text{ für } i = 1,..,n \;;\; j = 1,..,m \,. \tag{2.57}$$

Durch Aufsummieren der Mengen-Verbrauchsfunktionen des Repetierfaktors i an allen Aggregaten j=1,..,m erhält man die notwendige Faktoreinsatzmenge r_i, um bei konstanten Intensitäten aller Aggregate einen gegebenen Output x herzustellen:

$$r_i = \sum_{j=1}^{m} r_{ij} = \sum_{j=1}^{m} g_{ij}(b_j(x)) \text{ für } i = 1,..,n \,. \tag{2.58}$$

3. Intensitätsmäßige und zeitliche Anpassung

Der Mengenverbrauch von Faktor i zur Herstellung einer vorgegebenen Menge x ist nun sowohl von der **Intensität** des Aggregates j als auch von der **Einsatzzeit** des Aggregates j abhängig. Die Herstellung einer gegebenen Menge x wird von der Intensität und der Einsatzzeit bestimmt. Bei einem einzigen Aggregat j gilt:

$$x = d_j \cdot t_j \,. \tag{2.59}$$

Wenn zur Herstellung der Ausbringungsmenge x m Aggregate verwendet werden, berechnet sich die Ausbringungsmenge als Summe der Ausbringungsmengen aller Aggregate:

$$x = \sum_{j=1}^{m} d_j \cdot t_j \,. \tag{2.60}$$

Der Gleichung (2.60) ist zu entnehmen, dass es mehrere Kombinationen intensitätsmäßiger und zeitlicher Anpassungen der verschiedenen Aggregate gibt, um einen vorgegebenen Output herzustellen.

II. Die zugehörigen Kostenfunktionen

Aufgabe und Problem der Kostentheorie ist es, die **kombinierte Anpassung** der Aggregate $j=1,..,m$ bei im Zeitablauf schwankender Nachfrage zu ermitteln, die sich durch kostenminimale Intensitäten und Produktionszeiten auszeichnet. Es wird im Folgenden wieder von einem Einproduktunternehmen ausgegangen. Der Bestand an Maschinen und anderen Betriebsmitteln ist fest vorgegeben und soll in Zukunft nicht verändert werden. Es lassen sich drei Möglichkeiten der Anpassung an Beschäftigungsschwankungen unterscheiden (vgl. Abschnitt E. I):

- die intensitätsmäßige Anpassung, d.h. eine Erhöhung bzw. Verringerung der Intensität eines Aggregates bei konstanter Produktionszeit,
- die zeitliche Anpassung, d.h. die Erhöhung bzw. Verringerung der Produktionszeit bei konstanter Intensität,
- die quantitative Anpassung, d.h. die Stilllegung von Betriebsanlagen beziehungsweise zusätzliche Inanspruchnahme zuvor stillgelegter Betriebsanlagen.

Bevor auf die Ermittlung der kostenminimalen kombinierten Anpassung an Beschäftigungsschwankungen eingegangen wird, erfolgt eine separate Analyse der Kostenfunktionen bei allein intensitätsmäßiger Anpassung, allein zeitlicher Anpassung und allein quantitativer Anpassung.

1. Intensitätsmäßige Anpassung

Auf der Grundlage der Mengen-Verbrauchsfunktion des Repetierfaktors i am Aggregat j bei intensitätsmäßiger Anpassung (2.53) resultiert die Kostenverbrauchsfunktion des Faktors i am Aggregat j durch Multiplikation der Verbrauchsmengen r_{ij} mit den zugehörigen (konstanten) Faktorpreisen q_i :

$$k_{ij}^{v} = r_{ij} \cdot q_i = f_{ij}(d_j) \cdot q_i = f_{ij}(a_j(x)) \cdot q_i \text{ für } i=1,..,n \text{ ; } j=1,..,m. \tag{2.61}$$

Die Kosten (2.61) sind interpretierbar als **variable Stückkosten**. Durch Aufsummieren aller dieser zu einem Aggregat gehörenden Kosten (2.61) ergibt sich die **Kosten-Leistungs-Funktion** des Aggregates j in Abhängigkeit der Intensität zu:

$$k_j^{v} = \sum_{i=1}^{n} r_{ij} \cdot q_i = \sum_{i=1}^{n} f_{ij}(a_j(x)) \cdot q_i \text{ für } j=1,..,m. \tag{2.62}$$

Daraus können die **Gesamtkosten** K_j^v (vor Fixkosten) in Abhängigkeit von der Intensität abgeleitet werden:

$$K_j^{v} = k_j^{v} \cdot d_j \text{ für } j=1,..,m. \tag{2.63}$$

Die Kosten (2.63) werden im Folgenden als Gesamtkosten bezeichnet. Da Fixkosten nicht berücksichtigt werden, handelt es sich genau genommen um die gesamten variablen Kosten. Fixkosten werden in der folgenden Analyse nicht berücksichtigt. Deshalb erfolgt hier diese vereinfachende Bezeichnung. In Abb. 2.36 sind beispielhaft Verläufe der Gesamtkostenfunktion eines Aggregates j und der variablen Stückkosten in Abhängigkeit von der Intensität dargestellt.

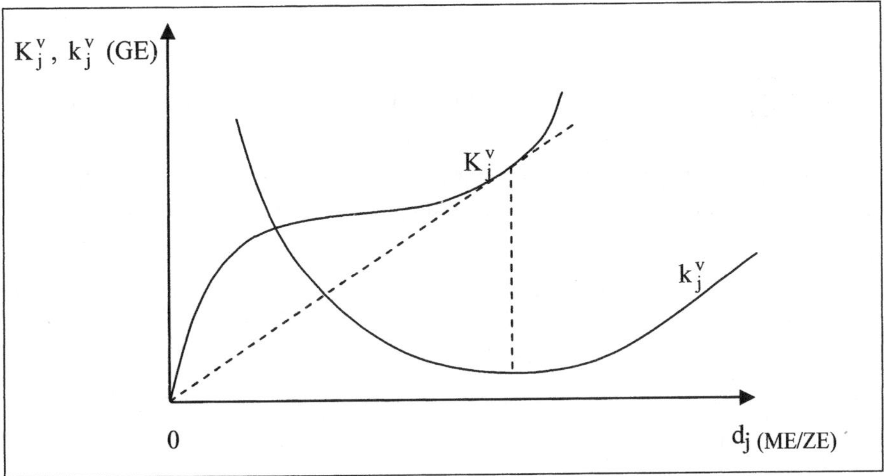

Abb. 2.36: Gesamtkosten und variable Stückkosten eines Aggregates j

Die Aggregation der Kosten-Leistungs-Funktionen (2.62) aller Aggregate $j = 1,..,m$ liefert die **Gesamtkosten-Leistungs-Funktion** des Betriebes in Abhängigkeit der Intensitäten der einzelnen Aggregate zu:

$$k = \sum_{j=1}^{m} k_j^v = \sum_{j=1}^{m} \sum_{i=1}^{n} f_{ij}(a_j(x)) \cdot q_i \,. \tag{2.64}$$

Nicht-leistungsabhängige Kosten des Aggregates, die alleine durch das Vorhandensein der Anlage entstehen, können als ein konstanter Term in (2.64) berücksichtigt werden. Hierauf soll aber verzichtet werden.

2. Zeitliche Anpassung

Variiert wird nun die Produktionszeit bei Konstanz von Intensität und Anzahl der eingesetzten Aggregate. Die Möglichkeit, sich **zeitlich** anzupassen, ist von den technischen Gegebenheiten abhängig. Es bestehen normalerweise Unter- und Obergrenzen (z.B. Kurzarbeit/Überstunden).

Auf der Grundlage der Mengenverbrauchsfunktion des Repetierfaktors i am Aggregat j bei zeitlicher Anpassung und konstanter z-Situation (2.57) resultiert die

Kostenverbrauchsfunktion des Faktors i am Aggregat j durch Multiplikation der Verbrauchsmengen r_{ij} mit den zugehörigen (konstanten) Faktorpreisen q_i :

$$k_{ij}^v = r_{ij} \cdot q_i = g_{ij}(t_j) \cdot q_i = g_{ij}(b_j(x)) \cdot q_i \text{ für } i = 1,..,n \text{ ; } j = 1,..,m . \tag{2.65}$$

Durch Aufsummieren aller zu einem Aggregat gehörenden Kostenverbrauchsfunktionen (2.65) ergibt sich die **Kosten-Leistungs-Funktion** des Aggregates j zu:

$$k_j^v = \sum_{i=1}^{n} r_{ij} \cdot q_i = \sum_{i=1}^{n} g_{ij}(b_j(x)) \cdot q_i \text{ für } j = 1,..,m . \tag{2.66}$$

Die Aggregation der Kosten-Leistungs-Funktionen (2.66) aller Aggregate $j = 1,..,m$ liefert die **Gesamtkosten-Leistungs-Funktion** des Betriebes:

$$k = \sum_{j=1}^{m} k_j^v = \sum_{j=1}^{m} \sum_{i=1}^{n} g_{ij}(b_j(x)) \cdot q_i . \tag{2.67}$$

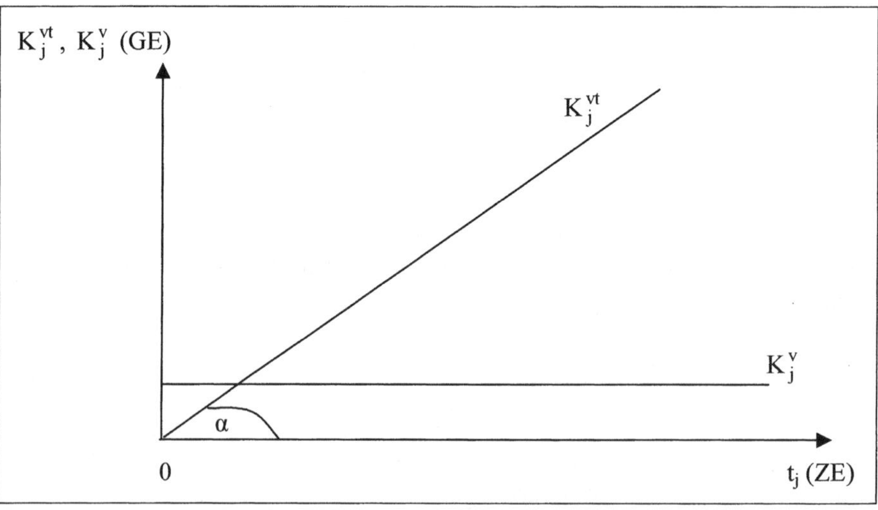

Abb. 2.37: Gesamtkosten und variable Kosten pro ZE

Auf der Grundlage von (2.63) kann - bei Annahme einer konstanten Intensität - wie folgt argumentiert werden: Bleibt die Intensität einer Anlage j pro Zeiteinheit konstant $d_j = a_j(x)$, so ergeben sich konstante Kosten K_j^v pro Zeiteinheit. Für die Gesamtkostenfunktion (vor Fixkosten) des Aggregates j bei einer Produktionszeit von t_j erhält man dann (vgl. Abb. 2.37):

$$K_j^{vt} = K_j^v \cdot t_j \text{ für } j = 1,..,m \text{ mit} \tag{2.68}$$

K_j^v : Konstante mit dem Wert $K_j^v = K_j^v(d_j)$ für $j = 1,..,m$.

In der Abb. 2.37 werden die Zusammenhänge graphisch dargestellt. Der Winkel α ist abhängig von der konstanten Intensität, mit der das Aggregat i gefahren werden soll.

3. Quantitative Anpassung

Zeitliche und quantitative Anpassung sind eng miteinander verbunden. Bei Verringerung der Einsatzzeit auf den Wert Null, wird aus einer zeitlichen eine **quantitative Anpassung**. Die quantitative Anpassung kann weitergehend danach unterschieden werden, ob

- die stillgelegten Aggregate verkauft – und bei Produktausweitung erneut angeschafft werden - oder ob
- die stillgelegten Aggregate im Betrieb verbleiben - und bei Produktausweitung wieder in Betrieb genommen werden.

Im Folgenden werden nur Anpassungsmöglichkeiten bei **kurzfristigen** Beschäftigungsschwankungen untersucht. In diesem Fall kann der Betriebsmittelbestand als konstant angenommen werden, so dass nur die zweite Möglichkeit einer quantitativen Anpassung relevant ist.

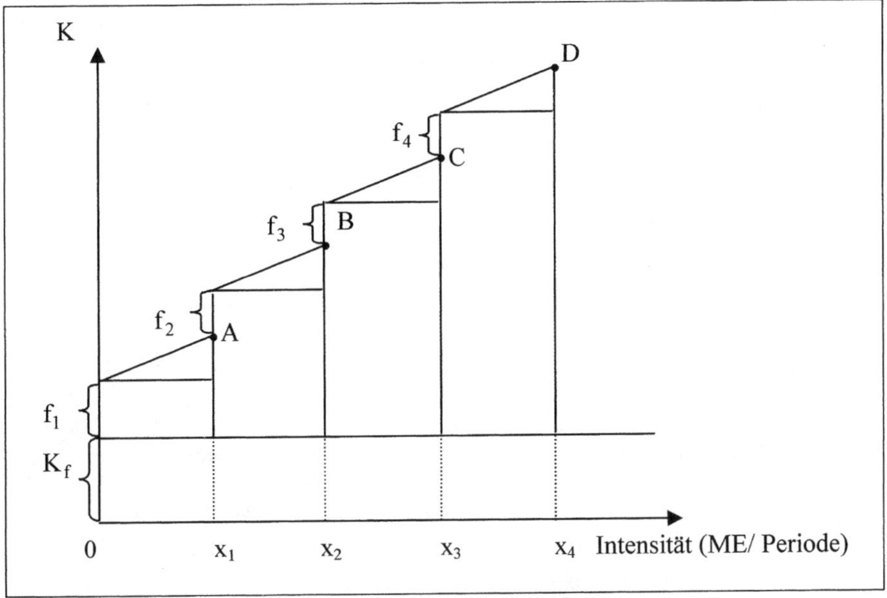

Abb. 2.38: Quantitative Anpassung bei konstanter Intensität und konstanter Einsatzzeit

Die Anpassung an Beschäftigungsschwankungen erfolgt, indem die Anzahl der im Produktionsprozess eingesetzten Aggregate variiert wird. Bei einer quantitativen Anpassung unter den Prämissen einer konstanten Produktionszeit und einer konstanten Intensität kann pro Aggregat genau eine Ausbringungsmenge hergestellt werden. Bei sukzessiver Hinzuschaltung aller m Aggregate können dann m verschiedene Ausbringungsmengen hergestellt werden. Zwischenmengen können bei rein quantitativer Anpassung nicht produziert werden. In Abb. 2.38 ist der Gesamtkostenverlauf bei quantitativer Anpassung von vier Aggregaten in Abhängigkeit von der Ausbringungsmenge pro Periode dargestellt. Die Mengen zwischen 0 und x_4 können nicht kontinuierlich produziert werden, lediglich die Mengen x_1, x_2, x_3 und x_4 sind realisierbar. Als Kosten ergeben sich bei rein quantitativer Anpassung für die jeweiligen Mengen $x_1 - x_4$ die Strecken x_1-A; x_2-B; x_3-C bzw. x_4-D. Die Kostensprünge $f_1 - f_4$ stellen intervallfixe Kosten der jeweiligen Aggregate dar und können als Kosten der Betriebsbereitschaft interpretiert werden. Diese Kosten fallen nur dann an, wenn die Anlage einsatzbereit gehalten wird, d.h. wenn zum Beispiel eine bestimmte Betriebstemperatur und Besetzung gewahrt werden muss. Sie sind in ihrer Höhe unabhängig von der mit der Anlage zu erbringenden Produktionsmenge. Fallen Anlaufkosten an, so sind diese ebenfalls in die Betrachtung einzubeziehen. Zusätzlich sind hier auch die sonstigen Fixkosten K_f eingezeichnet.

4. Kombinierte Anpassung

Allgemein kann die Abhängigkeit der Kosten des Aggregates j von der Intensität und der Einsatzzeit als Produkt der Kosten pro ZE in Abhängigkeit der **Intensität** und der **Einsatzzeit** (Anzahl der ZE) wie folgt definiert werden:

$$K_j^{vk} = K_j^v(d_j) \cdot t_j \text{ für } j = 1,..,m. \tag{2.69}$$

Die **Gesamtkosten** des Betriebes (vor Fixkosten) ergeben sich als Summe der Kosten aller Aggregate:

$$K^v = \sum_{j=1}^{m} K_j^v(d_j) \cdot t_j \,. \tag{2.70}$$

Ausgehend von den Kosten (2.70) gilt es nun das **Problem** zu lösen, welche Aggregate mit welcher Intensität und wie lange eingesetzt werden sollen, um eine gewünschte Ausbringungsmenge mit minimalen Kosten zu erstellen. Folgende **Nebenbedingungen** müssen eingehalten werden (vgl. Jacob 1962):

1. Für jedes Aggregat für $j = 1,..,m$ sind leistungsbedingte Grenzen zu berücksichtigen. So müssen sich die zu wählenden Intensitäten in den Intervallen: $d_j^{min} \le d_j \le d_j^{max}$ befinden.

2. Die Nutzungsdauer der einzelnen Aggregate $j=1,..,m$ kann zeitlich nur in abgegrenzten Intervallen $0 \le t_j \le t_j^{max}$ variiert werden.

3. Im Planungshorizont soll die Menge $x_g \le x_{max} = \sum_{j=1}^{m} d_j^{max} \cdot t_j^{max}$ hergestellt werden. Gesucht sind die kostenminimalen Intensitäten d_j und Einsatzzeiten t_j mit $x_g = \sum_{j=1}^{m} d_j \cdot t_j$.

Die Minimierung der Kosten (2.70) unter den Nebenbedingungen 1.-3. erfolgt nun gemäß der folgenden Schritte:

1. Ermittlung der Höhe des Minimums der variablen Stückkosten $k_j^{v,min}$, der entsprechenden kostenminimalen Intensitäten d_j^{opt} und der Grenzkostenfunktion $\frac{dK_j^v}{dd_j}$ einer jeden einzelnen Anlage und Festlegung einer Reihenfolge der Anlagen gemäß der Höhe der Minima der variablen Stückkosten. Je höher die variablen Stückkosten einer Anlage $k_j^{v,min}$ sind, desto später wird sie zur Produktion herangezogen. (Zur Darstellung der folgenden Schritte wird von der Reihenfolge 1. Aggregat 1, ..j. Aggregat j, .., m. Aggregat m ausgegangen).

2. Zeitliche Anpassung des Aggregates mit der kostenminimalen Intensität d_1^{opt} bis zu der maximalen Einsatzzeit t_1^{max}. Es resultiert die Ausbringungsmenge: $x = d_1^{opt} \cdot t_1^{max}$.
   Falls $x < x_g$: weiter mit Schritt 3.
   Falls $x \ge x_g$: Verringerung der Einsatzzeit von t_1^{max} auf t_1^*, so dass $x_g = d_1^{opt} \cdot t_1^*$.

3. Intensitätsmäßige Anpassung nur auf Anlage 1 solange bis
   - die zugehörigen Grenzkosten gerade gleich dem Minimum der variablen Stückkosten der Anlage 2 sind: $K_1'(d_1') \overset{!}{=} k_{v2}^{min}$ für d_1' oder
   - die technische Maximalleistung d_1^{max} erreicht ist, d.h. $d_1' = d_1^{max}$.

   Falls $x < x_g$: weiter mit Schritt 4.

Falls $x \geq x_g$: Verringerung der Intensität von $d_1^{'}$ auf d_1^{*}, so dass $x_g = d_1^{*} \cdot t_1^{max}$.

4. Zusätzliche Mengeneinheiten werden nun mit der kostenminimalen Intensität d_2^{opt} auf der Anlage 2 hergestellt. Eine zeitliche Anpassung der Anlage 2 erfolgt bis zur maximalen Einsatzzeit t_2^{max}. Die insgesamt erzielbare Produktionsmenge bei intensitätsmäßiger Anpassung von Aggregat 1 und zeitlicher Anpassung von Aggregat 2 liegt bei: $x = d_1^{'} \cdot t_1^{max} + d_2^{opt} \cdot t_2^{max}$.
Falls $x < x_g$: weiter mit Schritt 5.
Falls $x \geq x_g$: Verringerung der Einsatzzeit von t_2^{max} auf t_2^{*}, so dass $x_g = d_1^{'} \cdot t_1^{max} + d_2^{opt} \cdot t_2^{*}$.

5. Falls das Intensitätsmaximum d_1^{max} im Schritt 3 noch nicht erreicht worden ist, erfolgt nun im **Grenzkostengleichschritt** eine intensitätsmäßige Anpassung der Anlagen 1 und 2, so dass immer erfüllt ist: $K_1^{'}(d_1) \stackrel{!}{=} K_2^{'}(d_2)$. Dabei wird eine Ausbringungsmenge von $x = d_1 \cdot t_1^{max} + d_2 \cdot t_2^{max}$ erzielt. Dies geschieht solange bis das Intensitätsmaximum einer der beiden Anlagen erreicht wird oder die Grenzkosten das Minimum der variablen Stückkosten von Anlage 3 erreichen. In diesem Fall setzt Schritt 2 entsprechend ein.
Falls $x < x_g$: weiter mit Schritt 5.
Falls $x \geq x_g$: Suche die optimalen Intensitäten $d_1^{''}$ und $d_2^{''}$, so dass $x_g = d_1^{''} \cdot t_1^{max} + d_2^{''} \cdot t_2^{max}$.

6. Es erfolgt eine Wiederholung der Schritte 2-5 bis alle Anlagen zeitlich voll angepasst sind und nur noch eine Anlage intensitätsmäßig nicht voll angepasst worden ist. Die maximale intensitätsmäßige Anpassung dieser Anlage ist dann die letzte Möglichkeit, die Ausbringungsmenge zu steigern. (Hier wird angenommen, dass Anlage m noch nicht intensitätsmäßig voll angepasst worden ist.)
Falls $x_g = x_{max}$: Ende.
Falls $x_g < x_{max}$: Suche die optimalen Intensität $d_m^{'}$, so dass
$$x_g = \sum_{j=1}^{m-1} d_j^{max} \cdot t_1^{max} + d_m^{'} \cdot t_m^{max}.$$

Diese allgemein dargestellte Vorgehensweise entspricht einer jeweils zusätzlichen Produktion mit den **geringsten Grenzkosten**. In Abb. 2.39 - Abb 3.41 wird die kostenminimale Anpassung dreier funktionsgleicher Aggregate an Beschäftigungsschwankungen dargestellt, wenn stets die kostenminimale Steigerung der Ausbringungsmenge angestrebt wird. In Abb. 2.42 werden die Ergebnisse graphisch dargestellt.

Ausgangssituation:

Faktorpreise: $q_1 = 0{,}2\text{ GE}$, $q_2 = 5\text{ GE}$

Aggregat 1: $r_{11} = 20 + 2d_1$

$r_{21} = 2{,}1 - 0{,}15d_1 + 0{,}007d_1^2$

Aggregat 2: $r_{12} = 16 + 4d_2$

$r_{22} = 8{,}76 - 0{,}28d_2 + 0{,}03d_2^2$

Aggregat 3: $r_{13} = 18 + 9d_3$

$r_{23} = 6 - 0{,}5d_3 + 0{,}01d_3^2$

Zeitliche Anpassungen: $0 \le t_1, t_2, t_3 \le 5$ (ZE)

Intensitätsmäßige Anpassungen: $3 \le d_1 \le 10$ (ME/ZE),

$1 \le d_2 \le 8$ (ME/ZE)

$2 \le d_3 \le 11$ (ME/ZE)

Abb. 2.39: Ausgangssituation

1. Bestimmung der k_j^v $(j = 1,..,3)$ und K_j^v $(j = 1,..,3)$:

Aggregat 1: $k_1^v = \sum_{i=1}^{2} q_i r_{i1} = 0{,}035d_1^2 - 0{,}35d_1 + 14{,}5$

$K_1^v = k_1^v \cdot d_1 = 0{,}035d_1^3 - 0{,}35d_1^2 + 14{,}5d_1$

Aggregat 2: $k_2^v = \sum_{i=1}^{2} q_i r_{i2} = 0{,}15d_2^2 - 0{,}6d_2 + 47$

$K_2^v = k_2^v \cdot d_2 = 0{,}15d_2^3 - 0{,}6d_2^2 + 47d_2$

Aggregat 3: $k_3^v = \sum_{i=1}^{2} q_i r_{i3} = 0{,}05d_3^2 - 0{,}7d_3 + 33{,}6$

$K_3^v = k_3^v \cdot d_3 = 0{,}05d_3^3 - 0{,}7d_3^2 + 33{,}6d_3$

Ermittlung der $k_j^{v,\min}$ $(j = 1,..,3)$ und der zugehörigen d_j^{opt} $(j = 1,..,3)$:

$$\frac{dk_1^v}{dd_1} = 0{,}07d_1 - 0{,}35 \overset{!}{=} 0 \Rightarrow d_1^{opt} = 5 \text{ (zulässig!)} \Rightarrow k_1^{v,\min} = 13{,}625$$

Abb. 2.40: Anpassung an Beschäftigungsschwankungen (Schritt 1)

$$\frac{dk_2^v}{dd_2} = 0{,}3d_2 - 0{,}6 \stackrel{!}{=} 0 \Rightarrow d_2^{opt} = 2 \text{ (zulässig!)} \Rightarrow k_2^{v,min} = 46{,}4$$

$$\frac{dk_3^v}{dd_3} = 0{,}1d_3 - 0{,}7 \stackrel{!}{=} 0 \Rightarrow d_3^{opt} = 7 \text{ (zulässig!)} \Rightarrow k_3^{v,min} = 31{,}15$$

$$\Rightarrow k_1^{v,min} < k_3^{v,min} < k_2^{v,min}$$

Ermittlung der $\frac{dK_j^v}{dd_j}(j = 1,..,3)$**:**

$$\frac{dK_1^v}{dd_1} = 0{,}105d_1^2 - 0{,}7d_1 + 14{,}5$$

$$\frac{dK_2^v}{dd_2} = 0{,}45d_2^2 - 1{,}2d_2 + 47$$

$$\frac{dK_3^v}{dd_3} = 0{,}15d_3^2 - 1{,}4d_3 + 33{,}6$$

2. Zeitliche Anpassung von Aggregat 1:

$x = d_1^{opt} \cdot t_1^{max} = 25$

3. Intensitätsmäßige Anpassung von Aggregat 1:

$\frac{dK_1^v}{dd_1} \stackrel{!}{=} k_3^{v,min} = 31{,}15 \Rightarrow d_1 = 16{,}36$ (-9,69 nicht zulässig)

Da $d_1 = 16{,}36 > d_1^{max}$ folgt $x = d_1^{max} \cdot t_1^{max} = 50$.

4. Zeitliche Anpassung von Aggregat 3:

$x = d_1^{max} \cdot t_1^{max} + d_3^{opt} \cdot t_3^{max} = 85$

5. Intensitätsmaximum von Aggregat 1 wurde bereits im 3.Schritt erreicht!

6. Intensitätsmäßige Anpassung von Aggregat 3:

$\frac{dK_3^v}{dd_3} \stackrel{!}{=} k_2^{v,min} = 46{,}4 \Rightarrow d_3' = 15{,}02 > d_3^{max}$ (-5,68 nicht zulässig)

$x = d_1^{max} \cdot t_1^{max} + d_3^{max} \cdot t_3^{max} = 105$

Zeitliche Anpassung von Aggregat 2:

$x = d_1^{max} \cdot t_1^{max} + d_3^{max} \cdot t_3^{max} + d_2^{opt} \cdot t_2^{max} = 115$

Maximale Ausbringungsmenge:

$x = d_1^{max} \cdot t_1^{max} + d_3^{max} \cdot t_3^{max} + d_2^{max} \cdot t_2^{max} = 145$

Abb. 2.41: Anpassung an Beschäftigungsschwankungen (Schritte 1-6)

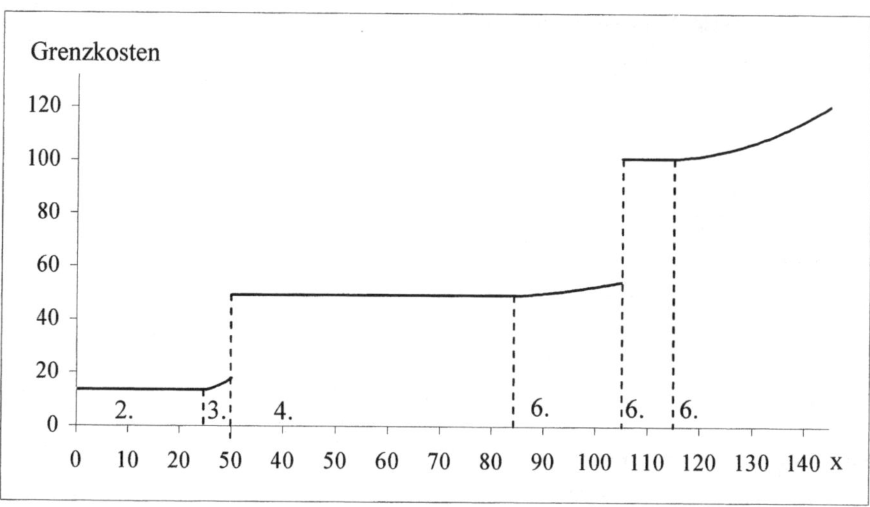

Abb. 2.42: Graphische Darstellung der Ergebnisse

Als Ergebnis des ersten Schrittes (vgl. Abb. 2.41) resultiert als eine erste Reihenfolge, in der die Anpassung der Aggregate in Erwägung gezogen werden sollte: 1. Aggregat 1, 2. Aggregat 3, 3. Aggregat 2. Nach der zeitlichen Anpassung von Aggregat 1 erfolgt eine intensitätsmäßige Anpassung von Aggregat 1 bis zum Intensitätsmaximum $d_1^{max} = 10\ \text{ME/ZE}$. Hier wäre sogar, eine intensitätsmäßige Steigerung von Aggregat 1 auf ein Niveau von 16,36 ME/ZE dem Einsatz von Aggregat 3 vorzuziehen (vgl. den 3. Schritt in Abb. 2.41), wenn die Intensitätsgrenzen des Aggregates 1 es zuließen. Eine weitere Steigerung der Ausbringungsmenge erfolgt nun kostenminimal durch zeitliche und intensitätsmäßige Anpassung von Aggregat 3 (vgl. den 4. und 6. Schritt in Abb. 2.41). Auch Aggregat 3 ist intensitätsmäßig maximal anzupassen. Schritt 5 entfällt hier. Nun wird Aggregat 2 zeitlich voll angepasst (vgl. den 6. Schritt in Abb. 2.41). Nun sind alle Aggregate maximal zeitlich ausgelastet, die Aggregate 1 und 3 sind außerdem intensitätsmäßig maximal ausgelastet. Eine weitere Steigerung der Ausbringungsmenge ist nur noch durch Steigerung der Intensität des Aggregates 2 auf das maximale Niveau möglich. Es ergibt sich die mit den drei Aggregaten maximal zu realisierende Ausbringungsmenge. In Abb. 2.43 wird basierend auf den Ergebnissen von Abb. 2.40 bis Abb. 2.41 die optimale Anpassung für vorgegebene Ausbringungsmengen bestimmt.

Kostenminimale Anpassung an $x_g = 20$:

$d_1 = 5$ ME/ZE, $t_1 = 4$ ZE

Kostenminimale Anpassung an $x_g = 40$:

$d_1 = 8$ ME/ZE, $t_1 = 5$ ZE

Kostenminimale Anpassung an $x_g = 64$:

$d_1 = 10$ ME/ZE, $t_1 = 5$ ZE $d_3 = 7$ ME/ZE, $t_3 = 2$ ZE

Kostenminimale Anpassung an $x_g = 95$:

$d_1 = 10$ ME/ZE, $t_1 = 5$ ZE, $d_3 = 9$ ME/ZE, $t_3 = 5$ ZE

Kostenminimale Anpassung an $x_g = 110$:

$d_1 = 10$ ME/ZE, $t_1 = 5$ ZE, $d_3 = 11$ ME/ZE, $t_3 = 5$ ZE, $d_2 = 2$ ME/ZE, $t_2 = 2{,}5$ ZE

Kostenminimale Anpassung an $x_g = 130$:

$d_1 = 10$ ME/ZE, $t_1 = 5$ ZE, $d_3 = 11$ ME/ZE, $t_3 = 5$ ZE, $d_2 = 5$ ME/ZE, $t_2 = 5$ ZE

Abb. 2.43: Optimale Anpassung an verschiedene Ausbringungsniveaus

F. Ausblick

Die hier dargestellten Ansätze zur Erklärung von Produktionsverhältnissen sind in ihren Ursache-Wirkungs-Beziehungen nur begrenzt einsetzbar und nicht in der Lage, komplizierte Zusammenhänge zu erfassen. Mit der Absicht, empirische Produktions- und Kostenbedingungen möglichst vollständig zu beschreiben, sind immer **komplexere Ansätze** entstanden. Hierzu zählen die Produktionsfunktionen vom Typ C, Typ D, Typ E und Typ F.

Heinen (vgl. Heinen 1983, S. 244 ff.) entwickelte basierend auf der Produktionsfunktion von Typ B die Produktionsfunktion vom **Typ C**. Als wesentliche Erweiterungen beziehungsweise Verfeinerungen sind hier hervorzuheben

- die Aufteilung des Gesamtprozesses der Produktion in Partialprozesse, so genannte Elementarkombinationen und
- die Unterscheidung verschiedener Belastungsphasen einer Produktionsanlage.

Für eine Elementarkombination sollen zwischen Produktionsfaktorverbrauch (z.B. Betriebsstoffe, Werkstoffe) und Potentialfaktorleistung (z.B. Umdrehung pro Minute) sowie zwischen Potentialfaktorleistung und Outputmenge eindeutige Beziehungen angegeben werden. Dazu spezifiziert Heinen die von Gutenberg entwickelten Verbrauchsfunktionen in der Weise, dass er bei den technischen Eigenschaften einer Betriebsanlage unterscheidet zwischen

- z-Merkmalen: konstruktive Merkmale, die in der Regel kurzfristig nicht verändert werden können (z.B. Hubraum eines Verbrennungsmotors),
- u-Merkmalen: technische Daten, die im Produktionsablauf von Zeit zu Zeit bewusst verändert werden (z.B. Umrüstungen von Maschinen durch veränderte Getriebeeinstellungen) und
- l-Merkmalen: Merkmale, die sich ständig verändern oder verändert werden (z.B. Temperatur, Intensität).

Auf diese Weise erfasst die Verbrauchsfunktion den Momentanverbrauch in Abhängigkeit von der Momentanleistung. Unterschiedliche Einsatzweisen (z.B. Produktionsgeschwindigkeit) und unterschiedliche zu bearbeitende Materialien bedingen unterschiedliche Belastungen, d.h. technisch-physikalische Leistungsabgaben. Als Belastungsphasen einer Produktionsanlage werden deshalb unterschieden

- Stillstandsphasen,
- Anlaufphasen,
- Leerlaufphasen,
- Bearbeitungsphasen und
- Bremsphasen.

Die Elementarkombinationen werden systematisiert, indem zwischen outputfixen und outputvariablen Kombinationen unterschieden wird. Durch Einbezug limitationaler und substitutionaler Inputbedingungen ergeben sich dann die vier Basisprozessarten:

- outputfixe limitationale Elementarkombinationen,
- outputvariable limitationale Elementarkombinationen,
- outputfixe substitutionale Elementarkombinationen,
- outputvariable substitutionale Elementarkombinationen.

Die outputvariablen (outputfixen) limitationalen Basisprozessen können aufgrund unterschiedlicher Verbrauchsfaktoreinsatzmengen (keine) unterschiedliche(n) Ausbringungsmengen realisieren. Das Einsatzmengenverhältnis kann im Gegensatz zu outputvariablen (outputfixen) substitutionalen Basisprozessen nicht verändert werden. In der betrieblichen Praxis sind vorwiegend outputfixe limitationale Basisprozesse anzutreffen.

Die Produktionsfunktionen vom Typ D (vgl. Kloock 1969, S. 49 ff.) und Typ E (vgl. Küpper 1979, S. 93 ff.) ergänzen die unmittelbaren und mittelbaren Produktionsfaktor-Produkt-Beziehungen, indem sie die von Leontief für Volkswirtschaften entwickelten Input-Output-Modelle auf produzierende Unternehmen übertragen. Die Produktionsfunktion vom **Typ D** unterteilt verschiedene Produktionsbereiche in einzelne Produktionsstellen, in denen Verbrauchs- und Erzeugnisabhängigkeiten eindeutig beschrieben werden können. Zusätzlich werden Lagerstellen in die Betrachtung einbezogen und Verbindungen zu Beschaffungs- und Absatzmärkten hergestellt. Die Produktionsfunktion vom **Typ E** stellt eine Weiterentwicklung von Typ D dar. Hier werden zusätzlich zeitliche Abhängigkeiten der Produktionsprozesse untereinander berücksichtigt. So kann die Endmontage bestimmter Erzeugnisse nur erfolgen, wenn die erforderlichen Vorprodukte rechtzeitig gefertigt wurden. Die Produktionsfunktion vom **Typ F** (vgl. Matthes 1979) bezieht zusätzlich noch ablauforganisatorische und finanzwirtschaftliche Verflechtungen mit ein.

G. Vertiefende Literatur Teil 2

Adam, D. (1970), Entscheidungsorientierte Kostenbewertung, Wiesbaden 1970

Bronstein, I. N., Semendjajew, K. A., Musiol, G., Mühlig, H. (1982), Taschenbuch der Mathematik, 21. Aufl., Frankfurt a. Main 1982

Cobb, C.W., Douglas, P.H. (1928), A Theory of Production, in: American Economic Review, 1928, Supplement, S. 139-165

Fandel, G. (1991), Produktion 1, Produktions- und Kostentheorie, 3. Aufl., Berlin u.a. 1991

Günther, H.-O. (1999), Produktion, in: Berndt, Ralph, Fantapié Altobelli, Claudia, Schuster, Peter (Hrsg.), Handbuch der Betriebswirtschaftslehre, Berlin u.a. 1999, S. 317-367

Gutenberg, E. (1983), Grundlagen der Betriebswirtschaftslehre, Bd. 1, Die Produktion, Berlin u.a. 1983

Heinen, E. (1983), Betriebswirtschaftliche Kostenlehre: Kostentheorie und Kostenentscheidungen, 6. Aufl., Wiesbaden 1983

Jacob, H., Produktionsplanung und Kostentheorie, Sonderdruck zur Theorie der Unternehmung, Festschrift zum 65. Geburtstag von Erich Gutenberg, Wiesbaden 1962

Kistner, K.-P. (1993), Produktions- und Kostentheorie, 2. Aufl., Heidelberg 1993

Kistner, K.-P., Steven, M. (1999), Betriebswirtschaftliches Grundstudium 1: Produktion, Absatz, Finanzierung, 3. Aufl., Heidelberg 1999

Kloock, J. (1969), Betriebswirtschaftliche Input-Output-Modelle, Wiesbaden 1969

Küpper, H. U. (1979), Dynamische Produktionsfunktion der Unternehmung auf der Basis des Input-Output-Ansatzes, in: Zeitschrift für Betriebswirtschaft 1979, S. 93-106

Leontief, W. u.a. (Hrsg.) (1953), Studies in the Structure of the American Economy. – Theoretical and Emprical Explorations in Input-Output Analysis, New York-Oxford 1953

Leontief, W. (1966), Input-Output Analysis, in: Leontief, W. (Hrsg.): Input-Output Economics, New York 1966, S. 134-155

Matthes, W. (1979), Dynamische Einzelproduktionsfunktion der Unternehmung (Produktionsfunktion vom Typ F), Betriebswirtschaftliches Arbeitspapier Nr. 2, Universität zu Köln 1979

Pohmer, D., Bea, F. X. (1994), Produktion und Absatz, 3. Aufl., Göttingen 1994

Ripper, B., Witte, T. (Hrsg.) (2001), Grundwissen Produktion. Produktions- und Kostentheorie, 4. Aufl., Frankfurt u.a. 2001

Schroer, J., Produktions- und Kostentheorie: Einführung, 7. Aufl., München u.a. 2001

Schweizer, M. (1990), Zur Geltung produktionstheoretischer Aussagen in der Industrie, in: Bühner, R. (Hrsg.) Führungsorganisation und Technologiemanagement, Festschrift für Friedrich Hoffmann zu seinem 65. Geburtstag, Berlin 1990

Schweizer, M., Küpper, H.-U. (1997), Produktions- und Kostentheorie. Grundlagen – Anwendungen, 2. Aufl., Wiesbaden 1997

Steffen, R. (1997), Produktions- und Kostentheorie, Stuttgart u.a. 1997

H. Übungsaufgaben Teil 2

1. Gegeben sei die Produktionsfunktion $x = -0{,}5r^3 + 4r^2$. Berechnen Sie die Durchschnittsertragsfunktion und die Grenzertragsfunktion!

2. Auf einem Gutshof lassen sich die Beziehungen zwischen dem Einsatz an Arbeitsstunden (r_1) und Saatgut (r_2) auf einer konstanten Anbaufläche (r_3) und dem Ertrag an Weizen (x) in 50 kg durch die Produktionsfunktion $x = 12r_1r_2 - 5r_1^2 - 2r_2^2$ darstellen.

2.1. Zeichnen Sie eine Kurve, die die Änderung der Ausbringung bei einer Variation von r_1 und einem konstanten Einsatz von $r_2 = 10$ veranschaulicht!

2.2. Zeigen Sie analytisch, dass man bei einem Einsatz von $r_2 = 10$ die größte Produktmenge erhält, wenn man 12 Arbeitsstunden einsetzt!

2.3. Ermitteln Sie die Isoquante für die vorgegebene Ausbringungsmenge $\overline{x} = 200$!

3. Ein Unternehmen produziert ein Produkt x mit dem Einsatz von zwei Produktionsfaktoren (r_1, r_2). Die Produktionsfunktion lautet $x = r_1^{0,75} r_2^{0,25}$. Nach dem bisherigen Planungsstand ist vorgesehen, 40 ME von Faktor 1 und 640 ME von Faktor 2 einzusetzen.

3.1. Bestimmen Sie für die genannte Ausgangssituation

3.1.1. die Produktionsmenge und

3.1.2. die partiellen Grenzproduktivitäten

und geben Sie verbal den Aussagegehalt der unter 3.1.2. ermittelten Werte an!

3.2 Angenommen die Faktorenpreise würden $q_1 = 30$ € und $q_2 = 10$ € betragen.

3.2.1. In welchen Mengen sollen die beiden Faktoren eingesetzt werden, um eine Produktionsmenge von 80 ME zu minimalen Kosten zu erstellen? Wie hoch wären die Kosten?

3.2.2. In welchen Mengen sollten die beiden Faktoren eingesetzt werden, um mit einem Kostenbetrag von 7.600 € die maximale Produktion zu erzielen? Welche Menge könnte produziert werden?

3.2.3. Bestimmen Sie die mit der Ausgangssituation ($r_1 = 40$, $r_2 = 640$) verbundenen Produktionskosten und vergleichen Sie die Antworten zu 3.2.1. und 3.2.2. mit der Lösung zu 3.1.1!

4. Gegeben seien 2 Produktionsfaktoren r_1 und r_2 mit den Preisen $q_1 = 1$ € und $q_2 = 2$ €. Wie muss der Betrieb einen Kostenbetrag von $K = 100$ € auf die beiden Produktionsfaktoren verteilen, um seinen Gesamtertrag, der eine Funktion $E = \sqrt{r_1 \cdot r_2}$ dieser beiden Produktionsfaktoren ist, zu maximieren?

5. Ermitteln Sie die Minimalkostenkombination der Faktoren und berechnen Sie die minimalen Gesamtkosten der Tagesproduktion: Gegeben sei die Produktionsfunktion

$x = 12\, r_1^{0,5} \cdot r_2^{0,75}$ für $0 \le r_1 \le 10$ und für $0 \le r_2 \le 5$;

eine tägliche Produktmenge $x = 48$ soll erstellt werden. Faktor 1 kostet $q_1 = 2$ (€ pro ME), Faktor 2 kostet $q_2 = 3$ (€ pro ME).

6. Eine Einproduktunternehmung habe folgende Kostenfunktion $K = 0{,}25x^3 - 4x^2 + 28x + 300$. Bestimmen Sie rechnerisch:

6.1. Bei welcher Ausbringungsmenge hat die Grenzkostenkurve ihr Minimum?

6.2 Bei welcher Ausbringungsmenge hat die Durchschnittskostenkurve der variablen Kosten ihr Minimum?

6.3. Bei welcher Ausbringungsmenge stimmen die variablen Durchschnittskosten mit den Grenzkosten überein?

7. Gehen Sie von der Produktionsfunktion $x = r_1^{0,75} \cdot r_2^{0,25}$ aus!

7.1. Von welchem Typ ist diese Produktionsfunktion?

7.2. Bestimmen Sie das Faktoreinsatzverhältnis der Minimalkostenkombination allgemein für den Fall, dass die Faktorenpreise q_1 und q_2 betragen!

7.3. Stellen Sie für die Produktionsfunktion die Kostenfunktion $K = K(x)$ für den Fall auf, dass stets die Minimalkostenkombination realisiert wird! Welche Verlaufsform hat diese Kostenfunktion?

8. Gegeben ist folgendes Faktordiagramm:

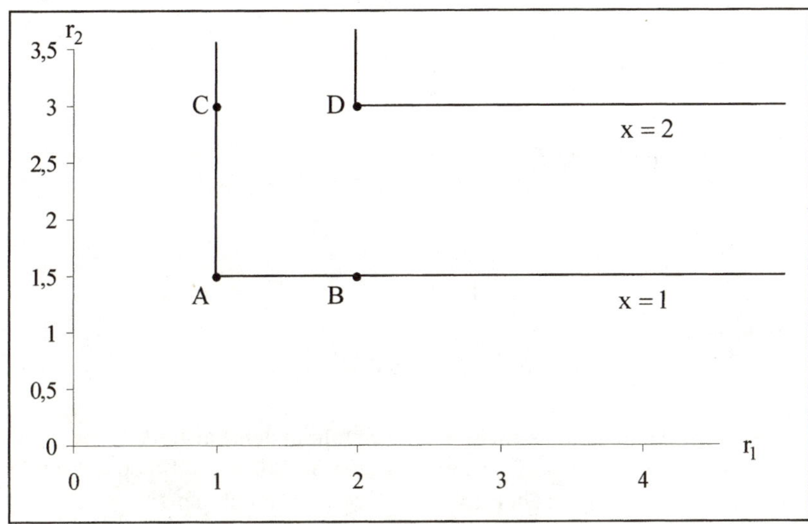

8.1. Welche Teilbarkeitseigenschaft haben die Faktorarten?

8.2. Bestimmen Sie die Werte der Produktionskoeffizienten in den Punkten A und D!

8.3. Geben Sie den allgemeinen mathematischen Ausdruck für die Grenzproduktivität eines Produktionsfaktors an und untersuchen Sie die Grenzproduktivitäten der Faktoren r_1 und r_2 in den Punkten A, B und C auf der Isoquanten $x = 1$! Sind sie größer, kleiner oder gleich Null?

9. Ein Produktionsprozess kann durch folgende Funktion beschrieben werden: $x = r_2 + 4 \cdot \sqrt{r_1 r_2}$.

9.1. Es sollen $x = 40$ ME produziert werden. Ermitteln Sie, welche Einsatzmengen r_1 des Faktors 1 jeweils eingesetzt werden müssen, wenn zum einen 16 ME, zum anderen 32 ME des Faktors 2 in den Produktionsprozess eingehen!

9.2. Bestimmen Sie die Höhe der Grenzrate der Substitution des Faktors 1 durch den Faktor 2 für die beiden in 9.1. ermittelten Faktoreinsatzverhältnisse!

10. Bestimmen Sie das Leistungsoptimum (Verbrauchsminimum) für folgende Verbrauchsfunktionen, wobei $d_{j,min} = 3$ und $d_{j,max} = 25$ gilt:

10.1. $r_{1j} = 4 + \frac{1}{5} d_j$

10.2. $r_{2j} = 20 + \frac{25}{4d_j}$

10.3. $r_{3j} = 25 - 0{,}5d_j$

10.4. $r_{4j} = \frac{1}{30} d_j^2 - \frac{1}{3} d_j + 12$

10.5. $r_{5j} = 0{,}02d_j^2 - 3d_j + 16$

10.6. $r_{6j} = \begin{cases} \frac{1}{10} d_j + 2 \text{ für } 3 \le d_j \le 15 \\ \frac{1}{100} d_j^2 + \frac{1}{10} d_j + 1 \text{ für } 15 \le d_j \le 25 \end{cases}$

11. An einem Aggregat, das zwischen einer minimalen Leistung von 8 Stück pro Stunde und einer maximalen Leistung von 30 Stück pro Stunde stufenlos geschaltet werden kann, gelten folgende Verbrauchsfunktionen:

$r_1 = \frac{1}{4} d^2 - 11d + 125$,

$r_2 = 2d + 4$,

$r_3 = \frac{1}{10} d^2 - 2d + 12.$

Die Faktorpreise betragen $q_1 = 2\,€$, $q_2 = 3\,€$ und $q_3 = 10\,€$. Bestimmen Sie die optimale Aggregatleistung und die zugehörigen Stückkosten.

12. Ein Unternehmen produziert auf zwei verschiedenen, aber funktionsgleichen Pressen Autokotflügel. Zur Herstellung der Kotflügel werden im Wesentlichen 2 Produktionsfaktoren eingesetzt, Stromenergie (in kWh) zum Antrieb der Maschinen sowie Walzblech (in kg) als Rohstoff. Der Stromverbrauch und der Verbrauch an Walzblech sind abhängig von der Produktionsintensität, mit der die Maschinen betrieben werden.

    Folgende Verbrauchsfunktionen in Abhängigkeit von der ökonomischen Leistung x sind für die beiden Aggregate ermittelt worden:

    Aggregat 1: $r_{11} = 20 + 2d_1 \left[\frac{kWh}{ME}\right]$, $r_{21} = 3{,}2 - 0{,}24d_1 + 0{,}008d_1^{\,2} \left[\frac{kg}{ME}\right]$.

    Aggregat 2: $r_{12} = 15 + 3d_2 \left[\frac{kWh}{ME}\right]$, $r_{22} = 4{,}4 - 0{,}28d_2 + 0{,}02\,d_2^{\,2} \left[\frac{kg}{ME}\right]$.

    Eine Kilowattstunde ist zum Preis von 0,2 € zu beziehen, während ein Kilogramm Walzblech 5 € kostet. Zur Produktion der benötigten Anzahl an Kotflügeln können beide Aggregate zeitlich, intensitätsmäßig und quantitativ in folgenden Grenzen angepasst werden:

    $0 \le t_1, t_2 \le 5$ [ZE],

    $5 \le d_1 \le 20$ [ME/ZE],

    $3 \le d_2 \le 20$ [ME/ZE].

    12.1. Das Unternehmen will in der nächsten Planungsperiode 60 Kotflügel herstellen. Geben Sie die Einsatzzeiten und Intensitäten der Aggregate an, mit denen sie bei optimaler Produktionsplanung betrieben werden sollen!

    12.2. Wie würden Sie kostenminimal 88 Stück herstellen?

    12.3. Welche Einsatzzeiten und Intensitäten ergeben sich bei einer kostenminimalen Produktion von 45 Stück?

13. Zur Herstellung eines einzigen Produktes stehen einer Unternehmung drei funktionsgleiche, jedoch kostenverschiedene Aggregate zur Verfügung. Die variablen Stückkosten in Abhängigkeit von der Intensität d (ME pro Stunde) sind für alle Aggregate unterschiedlich. Die maximale Produktionszeit pro Tag beträgt 10 Stunden.

    Für die variablen Stückkosten in Abhängigkeit von der Intensität gilt:

    Aggregat I: $k_1(d_1) = \frac{1}{20} d_1^{\,2} - \frac{4}{5} d_1 + 19{,}2$,

Aggregat II: $k_2(d_2) = \frac{1}{12} d_2^2 - 3 d_2 + 45{,}2$,

Aggregat III: $k_3(d_3) = \frac{1}{16} d_3^2 - \frac{5}{4} d_3 + 33{,}25$.

Die Intensitäten der Aggregate können in folgenden Bereichen variiert werden:
Aggregat I: $0 \le d_1 \le 12$,

Aggregat II: $0 \le d_2 \le 20$,

Aggregat III: $0 \le d_3 \le 15$.

13.1. Ermitteln Sie die kostenminimale Produktionsaufteilung, wenn 551 ME am Tag produziert werden sollen!

13.2. Wie können kostenminimal 60 ME hergestellt werden?

13.3. Wie können kostenminimal 190 ME hergestellt werden?

Teil 3: Produktion

A. Grundlagen

Gegenstand der betrieblichen Produktion ist die Erstellung von Leistungen durch die Kombination verschiedener Produktionsfaktoren. Die erstellten Leistungen können als Endprodukte auf den Absatzmärkten veräußert werden oder als Zwischenprodukte (bei einer mehrstufigen Fertigung) in zu erstellende Endprodukte eingehen. Als **Teilgebiete der Produktion** sind im Teil 1

- die **Beschaffungsplanung,**
- die **Lagerhaltungspolitik** und
- die **Produktionsprogrammplanung**
  (Planung der Produktions- und Absatzmengen der einzelnen Produkte)

unterschieden worden. Beschaffungsplanung und Lagerhaltungspolitik sind Teilbereiche der betrieblichen **Materialwirtschaft** (vgl. Abb. 3.1). Welche Beschaffungsgüter im Detail zu planen sind, kann mit Hilfe einer ABC-Analyse geplant werden. Dabei sind A-Güter jene Güter, welche den größten Wert ausmachen, deren Beschäftigung also detailliert vorzunehmen ist. Als **Wertanalyse** werden gewisse Verfahren zur Kostensenkung und Rationalisierung bezeichnet, welche die verschiedenen, von einem Produkt zu erfüllenden Funktionen herausarbeiten und Antworten auf folgende Fragen geben:

- Welche Funktionen lassen sich (in welcher Weise) kostengünstiger gestalten?
- Welche Funktionen sind entbehrlich, ohne dass die Hauptaufgabe eines Produktes beeinträchtigt wird?

Bei den **Bereitstellungsprinzipien** lassen sich

- die Einzelbeschaffung im Bedarfsfall,

- die Vorratsbeschaffung und
- die einsatzsynchrone Beschaffung

unterscheiden. Bei der Vorratsbeschaffung stellt sich das Problem der optimalen Beschaffungsmenge (pro Beschaffungsvorgang). Bei der einsatzsynchronen Beschaffung wird versucht, eine Lagerhaltung dadurch zu vermeiden, dass das benötigte Beschaffungsgut unmittelbar vor Beginn der Produktion geliefert wird; dies entspricht einer Just-in-Time-Beschaffung und -Produktion. Die **Bedarfsermittlung** (bezüglich eines Beschaffungsgutes) kann programmorientiert beziehungsweise verbrauchsorientiert erfolgen. Im ersten Fall ist Ausgangspunkt der Bedarfsermittlung ein geplantes Produktionsprogramm; die benötigten Inputmengen der Beschaffungsgüter werden aus einem vorab geplanten Produktionsprogramm abgeleitet. Im zweiten Fall erfolgt eine Prognose der Bedarfsmengen auf der Basis tatsächlicher Verbrauchsmengen in der Vergangenheit; geeignete Prognoseverfahren der Entwicklungsprognose müssen herausgefunden und angewandt werden. Bei der Entscheidungsfindung zwischen **Eigenfertigung und Fremdbezug** ist von Kriterien wie Kosten, Qualitäten, Zeitbedarf und Kapazitätsbeanspruchungen auszugehen; die Entscheidung kann z.B. mittels eines Kostenvergleiches oder auf der Grundlage eines Scoring-Modells erfolgen. Im Rahmen der **Beschaffungsmengenplanung** ist festzulegen, zu welchen Zeiten welche Mengen eines Beschaffungsgutes anzufordern sind. Gegenstand der **Lagerhaltungspolitik** schließlich ist die Planung eines angemessenen Lagerbewirtschaftungssystems.

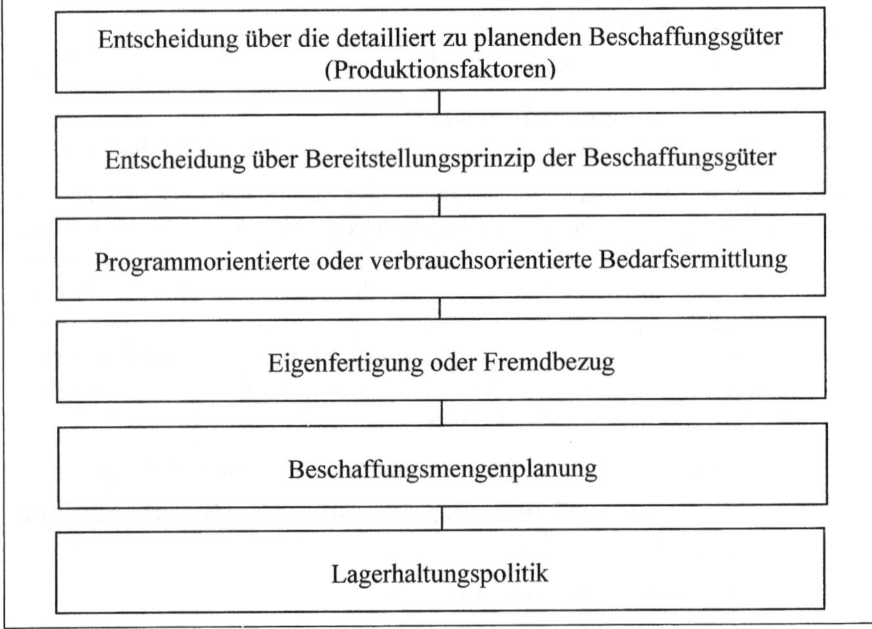

Abb. 3.1: Teilgebiete der Materialwirtschaft

Schließlich sind noch wesentliche **logistische Aspekte** zu beachten: Wenn eine mehrstufige Produktion an verschiedenen Produktionsstandorten stattfindet (extremes Beispiel: Bau des Airbus), so müssen die quasi innerbetrieblichen Transportwege, -zeiten und –mittel geplant werden.

Wie im Teil 1 ausgeführt ordnen sich die **produktionswirtschaftlichen Ziele** in die Zielhierarchie eines Unternehmens ein (vgl. Abb. 1.6); eine Systematik von Produktionszielen findet sich in Abb. 3.2.

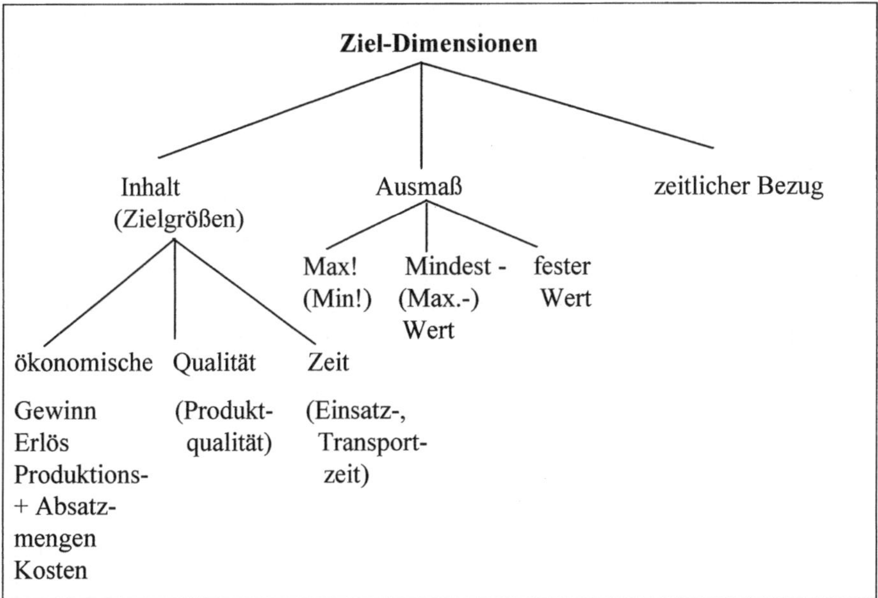

Abb. 3.2: Produktions-Ziele

Als **entscheidungsrelevante Daten** der Produktion sind

- spezifische Eigenschaften des Produktionsprozesses selbst
  (wie verfügbare Produktionskapazitäten, Kapazitätsbeanspruchung pro Mengeneinheit der zu erstellenden Produkte),
- Charakteristika der eingehenden Produktionsfaktoren
  (wie Limitationalität oder Substitutionalität, Bedarfsmengen insgesamt und deren zeitliche Verteilung) und
- Charakteristika der Absatzmärkte
  (wie z.B. realisierbare Absatzmengen bezüglich verschiedener Produkte)

zu nennen.

B. Beschaffungsmengenplanung

Das **Grundmodell** zur Bestimmung einer optimalen Bestellmenge lässt sich wie folgt charakterisieren:

- Gesucht ist die Bestellmenge für ein einzelnes Produkt;
- alle entscheidungsrelevanten Daten sind mit Sicherheit bekannt;
- gegeben ist ein stetiger und gleichmäßiger Lagerabgang; damit ist die Bedarfsrate (benötigte Zahl der Produkteinheiten pro Zeiteinheit) konstant;
- die Bestellzeitpunkte sind beliebig festsetzbar; die Beschaffungszeit ist gleich Null;
- der Beschaffungspreis pro Mengeneinheit ist konstant;
- weder Lagerausfälle (durch Schwund und Verderb) noch Lager- und Finanzrestriktionen sind gegeben.

Die Abb. 3.3 zeigt die Bestandsentwicklung im Zeitablauf (bei konstanter Lagerabgangsrate und einer Lieferzeit in Höhe von Null), wobei x die – zu bestimmende – Bestellmenge bezeichnet.

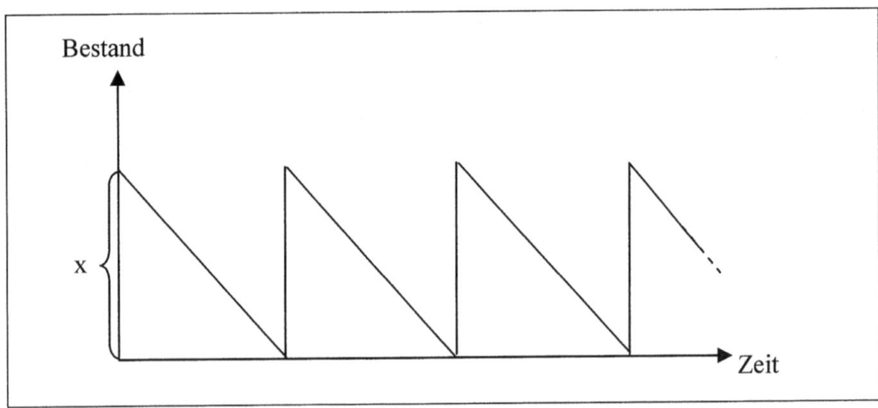

Abb. 3.3: Bestandsentwicklung beim Grundmodell zur Bestellmengenplanung

Gesucht ist die kostenminimale Beschaffungsmenge (kostenminimale Menge pro Beschaffung). Bei gegebenem Gesamtbedarf einer Gesamtperiode ist dabei folgender Grund-Zusammenhang zu beachten:

- eine niedrige Bestellmenge führt zu häufigen Bestellmengen, hohen (mittelbaren) Bestellkosten und niedrigen Lagerhaltungskosten;
- eine hohe Bestellmenge hingegen bedeutet wenige Bestellungen, niedrigen (mittelbaren) Bestellkosten und hohen Lagerhaltungskosten.

Gesucht ist also ein Ausgleich zwischen Bestellkosten und Lagerhaltungskosten derart, dass die Gesamtkosten der Beschaffung minimal sind. Zu berücksichtigen sind dabei die in Abb. 3.4 aufgeführten Kostenarten.

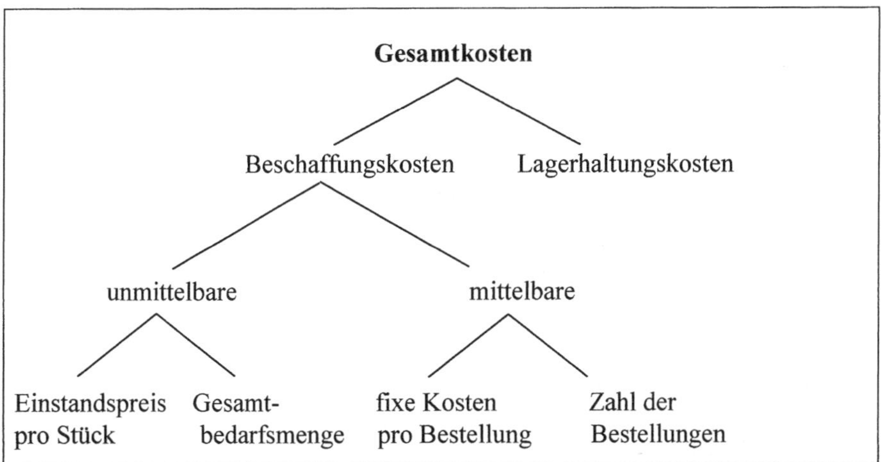

Abb. 3.4: Relevante Gesamtkosten der Beschaffungspolitik

Die Beschaffungskosten (Bestellkosten) umfassen die Gesamtkosten aller Bestellungen im Planungszeitraum. Als unmittelbare Beschaffungskosten wird das Produkt aus Einstandspreis pro Mengeneinheit, p, und dem Gesamtbedarf Q, bezeichnet; die mittelbaren (beschaffungsanzahlproportionalen) Beschaffungskosten sind gleich dem Produkt aus den fixen Kosten pro Bestellung, F, und der Zahl der Bestellungen in der Planungsperiode, welche wiederum gleich dem Gesamtbedarf der Periode Q, dividiert durch die zu bestimmende Bestellmenge x, ist. Für die gesamten Beschaffungskosten (Bestellkosten) gilt also:

$$K^B(x) = Q \cdot p + F \cdot \frac{Q}{x}. \tag{3.1}$$

Die Lagerhaltungskosten sind gleich dem Wert des durchschnittlichen Lagerbestandes, multipliziert mit dem Lagerkostenansatz. Der durchschnittliche Lagerbestand beläuft sich auf $\frac{x}{2}$, der Wert des durchschnittlichen Lagerbestandes auf $\frac{x}{2} \cdot \left(p + \frac{F}{x}\right)$, wobei neben dem Preis pro Mengeneinheit, p, die bestellfixen Kosten pro Mengeneinheit, $\frac{F}{x}$, berücksichtigt sind. Der Lagerkostensatz wird hier angesetzt als Prozentsatz pro Werteinheit und Zeiteinheit, z. Wenn die Dauer des Planungszeitraumes T Zeiteinheiten umfasst, belaufen sich die gesamten Lagerhaltungskosten auf

$$K^L(x) = \frac{x}{2} \cdot \left(p + \frac{F}{x}\right) \frac{z \cdot T}{100} . \tag{3.2}$$

Als Gesamtkosten erhält man dann

$$K(x) = K^B(x) + K^L(x) = Q \cdot p + F \cdot \frac{Q}{x} + \frac{(x \cdot p + F) \cdot z \cdot T}{200} . \tag{3.3}$$

Hieraus folgt,

- dass die Höhe der Einstandkosten $Q \cdot p$ die Größe der optimalen Bestellmenge nicht beeinflusst;
- die Lagerhaltungskosten eine lineare, wachsende Funktion der Bestellmenge sind und
- die mittelbaren Beschaffungskosten $F \cdot \frac{Q}{x}$ mit wachsender Bestellmenge sinken (vgl. Abb. 3.5).

Eine grafische Bestimmung der optimalen Bestellmenge findet sich in Abb. 3.5. Als optimale Bestellmenge resultiert hier eine Menge von 200 Stück. Zu beachten ist hier, dass mit der optimalen Bestellmenge nicht zwingend Beschaffungskosten und Lagerhaltungskosten in gleicher Höhe anfallen müssen.

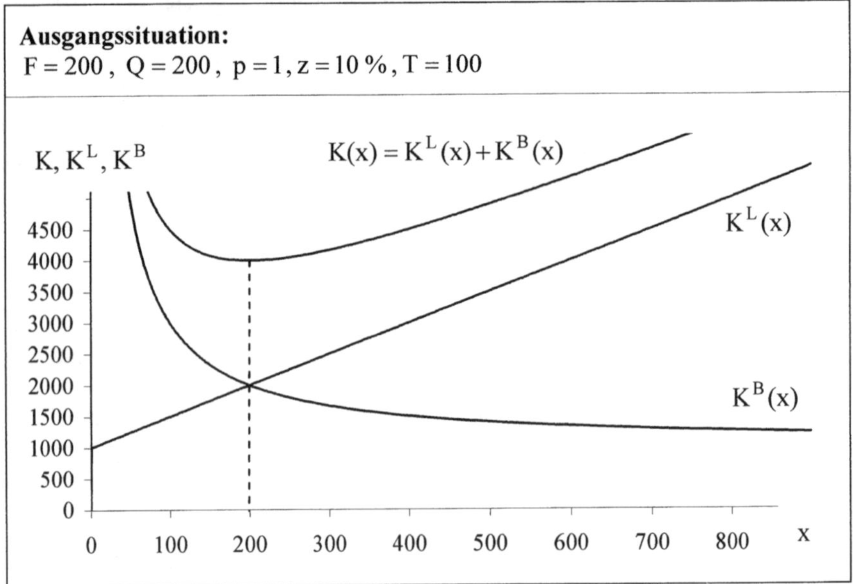

Abb. 3.5: Grafische Bestimmung der optimalen Bestellmenge

Ausgehend von der Gesamtkostenfunktion (3.3) kann die optimale Bestellmenge auch mit Hilfe der Differentialrechnung ermittelt werden:

$$\frac{dK}{dx} = F \cdot Q \cdot (-1)x^{-2} + \frac{1}{2} p \cdot \frac{z \cdot T}{100} \overset{!}{=} 0. \quad (3.4)$$

Nach Umformungen ergibt sich dann als optimale Bestellmenge:

$$x^{opt} = \sqrt{\frac{200 \cdot F \cdot Q}{p \cdot z \cdot T}}. \quad (3.5)$$

Für die Gesamtzahl der Bestellungen gilt

$$\frac{Q}{x^{opt}} = \sqrt{\frac{Q \cdot p \cdot z \cdot T}{200 \cdot F}}. \quad (3.6)$$

Unter Berücksichtigung der Länge der Planungsperiode lassen sich hieraus die tatsächlichen Bestellzeitpunkte bestimmen.

Offensichtlich ist, dass dem Grundmodel zur Beschaffungsplanung sehr restriktive Grundannahmen zugrunde liegen. Daher ist eine Vielzahl an **alternativen Modellen** zur Beschaffungsplanung entwickelt worden. Erweiterungsmöglichkeiten bei den beschaffungspolitischen Handlungsvariablen sind dadurch gegeben, dass

- mehrere Produkte (Güterarten) gleichzeitig berücksichtigt werden,
- Verzugs- beziehungsweise Verlustmengen erlaubt werden und
- Beschränkungen der Variablen durch Ganzzahligkeitsbedingungen sowie Lagerraum- oder Finanzierungsbeschränkungen zugelassen werden.

Möglichkeiten der Modifizierung des Grundmodells hinsichtlich dessen Bestimmungsgrößen sind gegeben bei

- dem Güterbedarf (stochastischer Bedarf, im Zeitablauf veränderlicher Bedarf, diskreter Lagerabgang),
- der Lieferung/dem Lagerzugang (stochastische Lieferzeit, vorgegebene Lieferzeitpunkte, stetiger bzw. diskreter Lagerzugang),
- den Einstandspreisen (veränderliche Preise).

C. Lagerbewirtschaftungssysteme

Lagerhaltung wird notwendig, wenn zwischen Teilphasen des Unternehmensprozesses **zeitliche Lücken** auftreten, wie das beispielsweise im Beschaffungsbereich, im Produktionsbereich und im Distributionsbereich der Fall ist. So stimmt beispielsweise die größtenteils unvorhersehbaren Schwankungen unterworfene

Nachfrage nicht mit dem weitgehend gleichmäßigen, durch fertigungswirtschaftliche Gegebenheiten determinierten Produktionsrhythmus überein (vgl. Tempelmeier 1983, S. 114 f.).

Zur **Lagerbewirtschaftung** wurden zahlreiche Systeme entwickelt. Wesentliche Merkmale sind dabei die **Bestellmenge** und der **Bestellzeitpunkt**. Beides kann fest vorgegeben oder variabel festlegbar sein. Das bereits in Kapitel B diese Teils angesprochene **Grundmodell der Bestellmengenplanung** unterstellt fix vorgegebene Bestellzeitpunkte und fixe Bestellmengen. Genauer werden die Entnahmen aus dem Lager pro Periode stets als gleich groß angenommen, so dass am Ende einer jeden Periode das Lager vollständig geleert ist. Dann wird das Lager durch die Bestellung einer konstanten Menge wieder aufgefüllt. In Abb. 3.6 wird beispielsweise stets nach einer Periode von 3 Wochen die konstante Bestellmenge x angefordert. Auftragsmengen, die erst nach einer lagerbedingten Lieferzeit an die Abnehmer ausgeliefert werden, sogenannte **Fehlmengen**, werden nicht berücksichtigt.

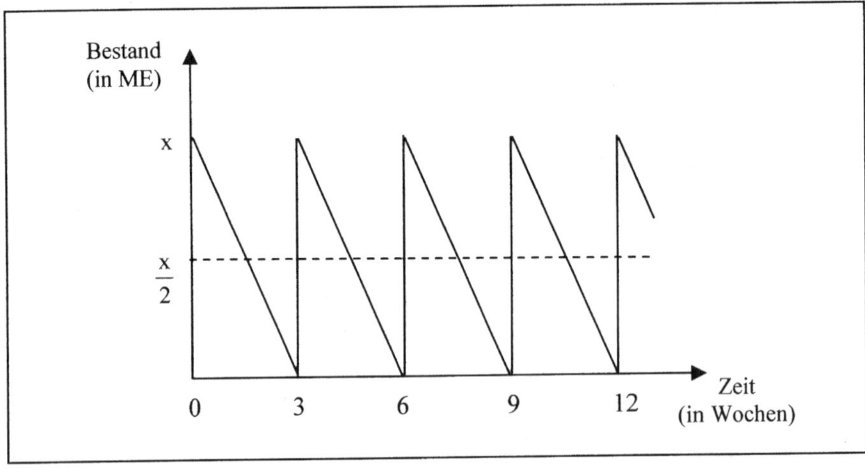

Abb. 3.6: Lagerbestandsentwicklung beim Grundmodell der Bestellmengenplanung

Diese Vorgehensweise beruht auf einer Reihe von **Prämissen**, die in der Praxis in dieser Form nicht gegeben sind: So wird angenommen, dass (vgl. Tempelmeier 1983, S. 120)

- die Nachfrage kontinuierlich und in ihre Höhe mit Sicherheit bekannt ist,
- die Lieferzeit zur Auffüllung des Lagers null beträgt,
- die Beschaffungskosten, insbesondere die Einstandspreise der Produkte, unabhängig von der Höhe der Bestellmenge sind,
- Fehlmengen nicht auftreten und

- keine Beschränkung bezüglich der Höhe der Bestellmenge besteht.

Es sind einige Lagerbewirtschaftungssysteme entwickelt worden, die diese restriktiven Prämissen zumindest teilweise fallenlassen. Folgende nicht kontinuierlichen Lagerbewirtschaftungssysteme werden hierzu untersucht:

– Bestellpunktsysteme,
– zyklische Bestellsysteme und
– zyklisch kontrollierte Bestellpunktsysteme.

I. Bestellpunktsysteme

Bestellpunktsysteme sehen eine Auffüllung des Lagerbestandes immer dann vor, wenn ein vorgegebener Mindestbestand unterschritten wird, d.h. es liegen **variable Bestelltermine** vor. Diese sind abhängig vom tatsächlichen Lagerabgang. Bestellpunktsysteme kann man weiterhin dahingehend unterscheiden, ob die Höhe der Bestellmengen zu den jeweiligen Bestellterminen fix oder variabel ist. Bestellpunktsysteme bei fester beziehungsweise **fixer Bestellmenge** füllen das Lager bei Unterschreitung des Mindestbestandes stets um eine fest vorgegebene, im Zeitablauf konstante Menge auf. Damit variiert die maximale Höhe des Lagerbestandes. In Abhängigkeit von der Höhe der Bestellmenge und der Höhe der Entnahmen aus dem Lager werden unter Umständen Bestellungen in kurzen oder langen Zeitintervallen erforderlich. In Abb. 3.7 ist beispielsweise die Lagerbestandsentwicklung beim Bestellpunktsystem mit der festen Bestellmenge von $x_1 = 100\,\text{ME}$, $x_2 = 100\,\text{ME}$, $x_3 = 100\,\text{ME}$, $x_4 = 100\,\text{ME}$ abgebildet, wenn ein Mindestbestand von 30 ME nicht unterschritten werden darf. Als Bestelltermine ergeben sich die zweite, sechste, neunte und zwölfte Woche.

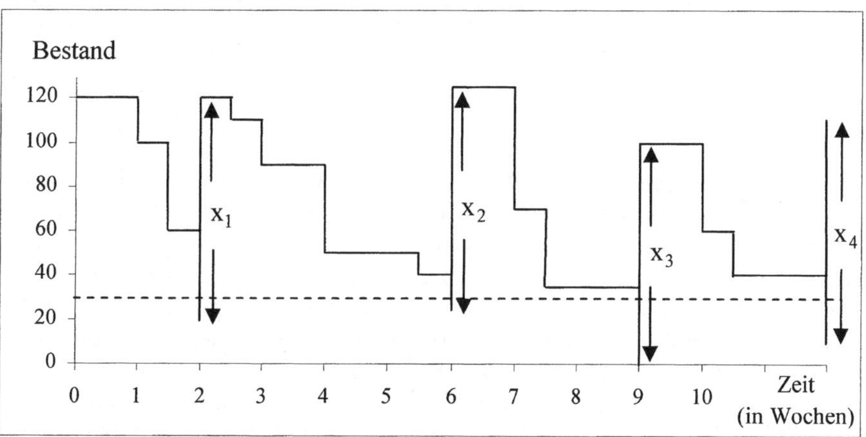

Abb. 3.7: Lagerbestandsentwicklung beim Bestellpunktsystem mit festen Bestellmengen

Bestellpunktsysteme mit **variabler Bestellmenge** füllen das Lager bei Unterschreitung des Mindestbestandes auf, bis der vorgegebene Sollbestand erreicht ist. Wenn die Entnahmemengen aus dem Lager nicht immer gleich hoch sind, variiert damit die Höhe der Bestellmenge im Zeitablauf. In Abb. 3.8 ist beispielsweise die Lagerbestandsentwicklung beim Bestellpunktsystem mit variablen Bestellmengen mit einem Mindestbestand von 30 ME und einem Sollbestand von 120 ME abgebildet. Die Bestellmengen ergeben sich zu $x_1 = 100\,\text{ME}$, $x_2 = 95\,\text{ME}$ und $x_3 = 115\,\text{ME}$. Als Bestelltermine ergeben sich die zweite, sechste und neunte Woche.

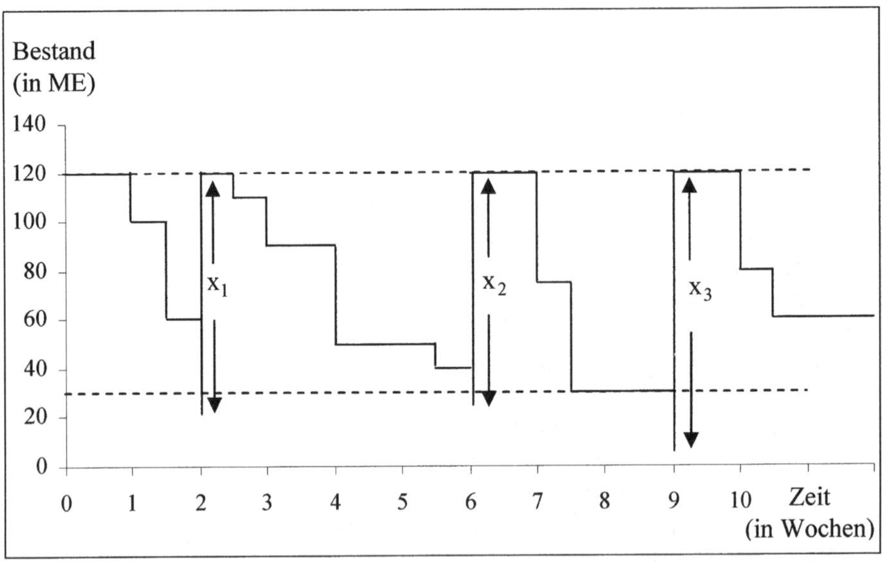

Abb. 3.8: Lagerbestandsentwicklung beim Bestellpunktsystem mit variablen Bestellmengen

II. Zyklische Bestellsysteme

Zyklische Bestellsysteme füllen das Lager stets nach Ablauf eines festgelegten Zeitintervalles wieder auf. Wie bei der Lagerentwicklung des eingangs beschriebenen Grundmodells der Bestellmengenplanung liegen hier demnach **feste Bestelltermine** vor. Zyklische Bestellsysteme können ebenfalls dahingehend unterschieden werden, ob die Höhe der Bestellmenge fix oder variabel ist. Bei Annahme **fixer Bestellmengen** wird zu den Bestellterminen das Lager um eine konstante Menge aufgefüllt. Bei **variablen Bestellmengen** wird das Lager auf den angestrebten Sollzustand aufgefüllt. In beiden Fällen des zyklischen Bestellsystems können bei zeitlich schwankenden Lagerentnahmen **Fehlmengen** auftreten. Mindestlagerbestände können nicht eingehalten werden. In Abb. 3.9. ist beispielsweise die Lagerentwicklung eines zyklischen Bestellsystems bei einer festen Bestellmenge in der Höhe $x = 100$ ME und Bestellterminen in den festen Abständen von 3 Wochen abgebildet. In Abb. 3.10 ist dann die Lagerentwicklung eines zyklischen Bestellsystems bei **variabler Bestellmenge** mit einem Sollbestand von 120 ME und Bestellungen nach jeweils 3 Wochen dargestellt. Zu den einzelnen Bestellterminen resultieren Bestellmengen in einer Höhe von: $x_1 = 110\,\text{ME}$, $x_2 = 70\,\text{ME}$, $x_3 = 105\,\text{ME}$ und $x_4 = 85\,\text{ME}$.

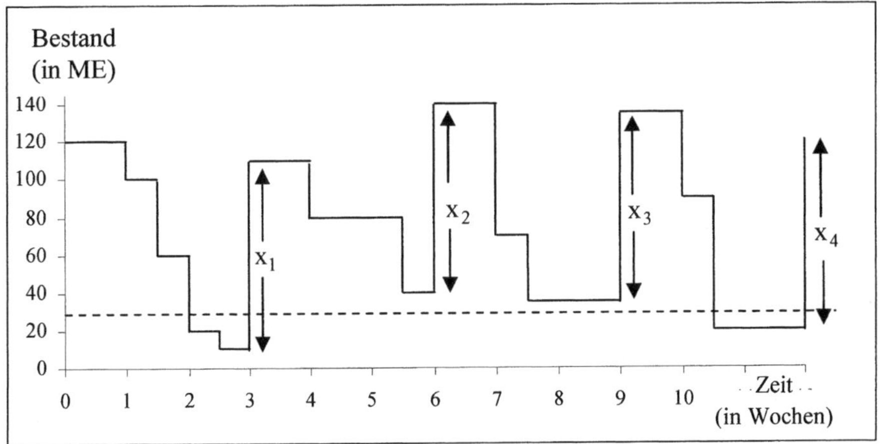

Abb. 3.9: Lagerbestandsentwicklung beim zyklischen Bestellsystem mit festen Bestellmengen

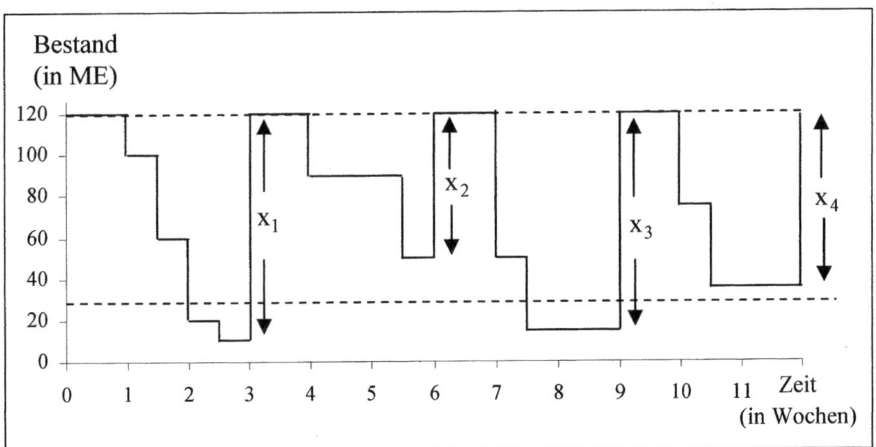

Abb. 3.10: Lagerbestandsentwicklung beim zyklischen Bestellsystem mit variablen Bestellmengen

III. Zyklisch kontrollierte Bestellsysteme

Bei zyklisch kontrollierten Bestellsystemen wird das Lager in konstanten Zeitintervallen kontrolliert. Nur in dem Falle, dass der Mindestbestand zu diesen Kontrollterminen unterschritten worden ist, erfolgt eine Bestellung. Damit sind die Bestelltermine **bedingt variabel**: So kann eine Bestellung nur zu den vorgegeben Kontrollterminen erfolgen. Bei zyklisch kontrollierten Bestellsystemen kann wiederum zwischen einer fixen und variablen Bestellmenge unterschieden werden. In beiden Fällen besteht die Gefahr, dass Fehlmengen auftreten.

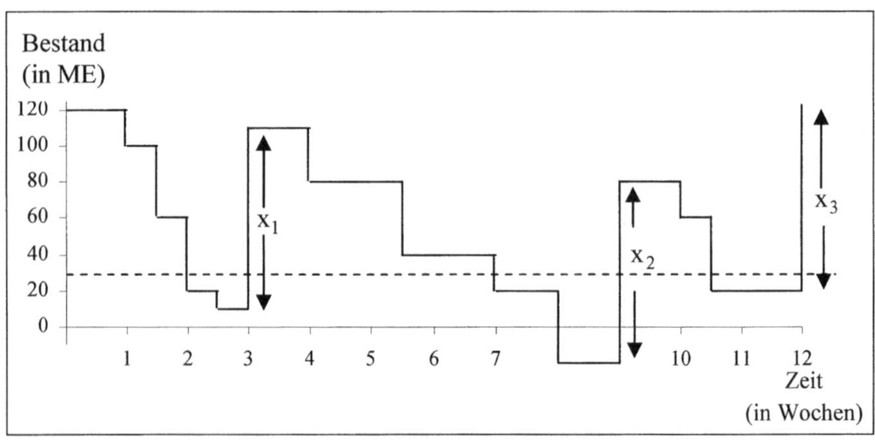

Abb. 3.11: Lagerbestandsentwicklung beim zyklisch kontrollierten Bestellsystem mit festen Bestellmengen

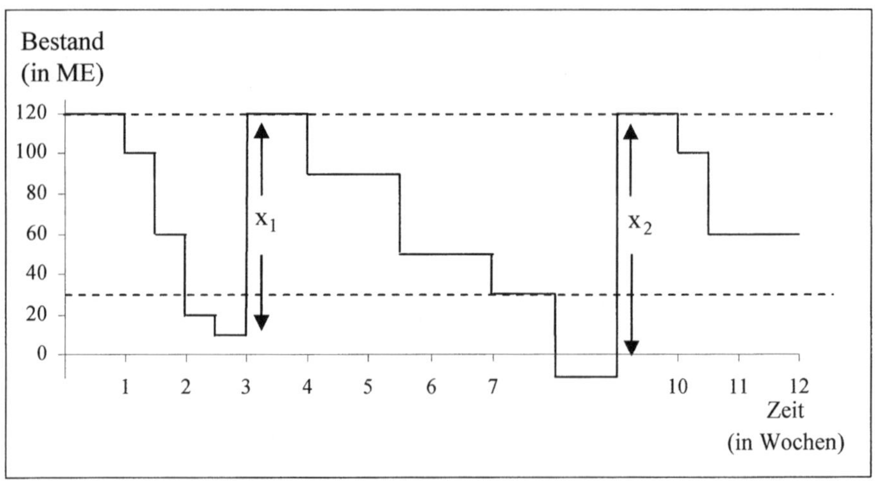

Abb. 3.12: Lagerbestandsentwicklung beim zyklisch kontrollierten Bestellsystem mit variablen Bestellmengen

In Abb. 3.11 ist die Lagerbestandsentwicklung eines zyklisch kontrollierten Bestellsystem mit der fixen Bestellmenge $x = 100\,\text{ME}$ und Kontrollterminen in einem Abstand von 3 Wochen dargestellt. Zum ersten Kontrolltermin erfolgt eine Bestellung. Da zum zweiten Kontrolltermin der Mindestbestand noch im Lager eingehalten wird, erfolgt erst wieder zum dritten Kontrolltermin eine Bestellung. In Abb. 3.12 wird im Unterschied zur Abb. 3.11 von variablen Bestellmengen und einem Sollbestand von 120 ME ausgegangen. Hier erfolgt nur zum ersten und zum dritten Kontrolltermin eine Bestellung. In beiden Fällen – bei fixer oder variabler Bestellmenge - treten Fehlmengen auf, ein Mindestbestand kann nicht eingehalten werden.

IV. Vergleichende Beurteilung der Lagerbewirtschaftungssysteme

Die dargestellten Lagerbewirtschaftungssysteme unterscheiden sich hinsichtlich fixer und variabler Bestelltermine und fixer und variabler Bestellmengen. Zur Auswahl des geeigneten Lagerbewirtschaftungssystems sind folgende **Kriterien** heranzuziehen:

- die Zulässigkeit des Auftretens von Fehlmengen,
- die typische Bestandsentwicklung in der Vergangenheit,
- die Kosten der Beschaffung, wozu fixe und variable Einstandskosten des Produktes zählen,
- die Bestellkosten, die in der Regel fix sind (beispielsweise Porti, Formulare für Bestellung, Personalkosten, Scheckgebühren, Bankspesen bei Bezahlung, vgl. Stark 1994, S. 59 ff.),
- die Lagerhaltungskosten, d.h. die mit der Lagerung der Produkte verbundenen Kosten; vorrangig die von der Lagerdauer und dem Produktwert abhängigen Zinskosten und
- der Fehlmengenkosten im Sinne des entgangenen Gewinnes, die dadurch entstehen, dass die verfügbaren Lagermengen zur Deckung der Nachfrage nicht ausreichen.

Wesentlicher Vorteil des Bestellpunktsystemes ist die Flexibilität des Bestellzeitpunktes, da durch die Einhaltung eines Mindestbestandes Fehlmengen vermieden werden können. Der Mindestbestand kann beispielsweise durch den durchschnittlichen Verbrauch innerhalb eines Zeitraumes, der sich aus der Beschaffungsdauer ergibt, berechnet werden. Zusätzlich kann ein Risikozuschlag hinzugerechnet werden (vgl. Günther/Tempelmeier. 2000, S. 263). Problematisch ist, dass dieses Verfahren einer vermehrten Anzahl von Bestellterminen notwendig macht, was mit zusätzlichen Kosten verbunden ist. Durch die zusätzliche Umsetzung variabler Bestellmengen können hohe Bestellmengen, überhöhte Lagerhaltungskosten und zu kurze Bestellintervalle vermieden werden, da ein Sollbestand nicht überschritten beziehungsweise unterschritten wird. Problematisch bleibt die Bestimmung des Sollbestandes.

Während Bestellpunktsysteme vollständig variabel hinsichtlich des Bestelltermins sind, haben zyklische und zyklisch kontrollierte Bestellsysteme fixe Bestelltermine beziehungsweise fixe Kontrolltermine, d.h. die fixe Vorgabe möglicher Bestelltermine. Die Einführung einer Kontrolle hilft, die Anzahl der Bestellungen und die Lagerhaltungskosten einzuschränken. Fehlmengen können jedoch nicht vermieden werden. Diese werden durch unsichere Planungsdaten hinsichtlich Bedarf, Wiederbeschaffungszeit (Beschaffungszeit einer externen Bestellung, Durchlaufzeit eines internen Produktionsauftrages), Lagerzugangsmenge (Abweichungen gegenüber der Bestellmenge aufgrund von Transportschäden) und gegebenenfalls auch Schwund ausgelöst (vgl. Wäscher 1998, S. 464).

Welches Lagerbewirtschaftungssystem eingesetzt werden soll, ist letztendlich im Einzelfall zu überprüfen. Herangezogen werden kann dazu ein Kostenvergleich bezüglich der einzelnen Strategien.

D. Produktionsprogrammplanung

I. Grundlagen

Gegenstand der Produktionsprogrammsplanung ist die Frage, welche Produkte in welchen Mengen in einer Planungsperiode hergestellt und angeboten werden sollen. Der Begriff "Produktionsprogramm“ wird insbesondere für Industriebetriebe verwandt. Der synonyme Begriff für Handelsbetriebe ist das Sortiment. Das **Produktionsprogramm** eines Industriebetriebes setzt sich häufig aus verschiedenen **Produktlinien** zusammen. Eine Produktlinie umfasst verschiedene **Produktmarken**, die bestimmte gemeinsame Eigenschaften (Markenname, einheitliches Design) aufweisen. Ein Beispiel sind die Herrenkosmetikartikel von Davidoff. Das Sortiment eines Handelsbetriebes setzt sich entsprechend aus verschiedenen Warengruppen zusammen. Unter Berücksichtigung der Zahl der Produktlinien (Warengruppen) und der Zahl der Artikel pro Produktlinie lässt sich die Breite und Tiefe des Produktionsprogramms unterscheiden (vgl. Abb. 3.13). Die Breite des Produktionsprogrammes wird determiniert durch die Zahl der Produktlinien, die ein Produktionsprogramm umfasst. Die Tiefe des Produktionsprogramms ergibt sich aus der durchschnittlichen Zahl der Artikel pro Produktlinie.

Typische **Zielgröße** der Produktionsprogrammplanung ist die Gewinnmaximierung beziehungsweise die "Gewinnmaximierung unter der Bedingung, dass von gewissen Produkten Mindestmengen produziert werden“. Auch das Ziel der Erlösmaximierung kann grundsätzlich herangezogen werden. Um ein Sortiment für eine Periode planen zu können, müssen

- die Preise der einzelnen Produkte,
- die bei diesen Preisen maximal absetzbaren Mengen,
- die variablen Kosten pro Stück und
- die Fixkosten

festgelegt beziehungsweise vorab geschätzt werden.

Außerdem muss der Produktionsprozess bekannt sein. In diesem Zusammenhang ist insbesondere von Bedeutung, welche **Produktionskapazitäten** bei den relevanten funktionsverschiedenen Anlagen (Maschinen) in der Planungsperiode verfügbar sind und in welchem Maße die funktionsverschiedenen Anlagen durch die einzelnen Produkte beansprucht werden. Im Falle eines Handelsbetriebes sind in entsprechender Weise die Lagerkapazitäten und die Kapazitäten der Verkaufsräume und deren Beanspruchung zu beachten.

Im Zusammenhang mit der Beanspruchung verschiedener Kapazitätsarten durch die angebotenen Produkte ist von großer Bedeutung,

- ob gar kein Engpass,
- ein einziger Engpass oder
- mehrere Engpässe

bestehen. Im ersten Fall können alle Produktmengen, die hergestellt werden sollen, auch produziert werden. Im zweiten (dritten) Fall ist (sind) eine (mehrere) Kapazitätsart(en) gegeben, bei denen die Kapazitätsbeanspruchung die verfügbare Kapazität übersteigt.

	← Tiefe →								
Produktlinie 1	1/1	1/2	1/3	1/4					↑
Produktlinie 2	2/1	2/2							
Produktlinie 3	3/1	3/2	3/3	3/4	3/5				
Produktlinie 4	4/1	4/2	4/3	4/4	4/5	4/6	4/7	4/8	
Produktlinie 5	5/1	5/2	5/3						**Breite**
Produktlinie 6	6/1	6/2	6/3	6/4	6/5	6/6	6/7	6/8	
Produktlinie7	7/1	7/2	7/3	7/4					
Produktlinie 8	8/1	8/2	8/3	8/4					↓

Abb 3.13: Tiefe und Breite eines Produktionsprogramms

II. Spezielle Planungsansätze

Die Ansätze zur Produktionsprogrammplanung lassen sich grundsätzlich in langfristige, mittelfristige und kurzfristige Ansätze einteilen (vgl. hierzu Jacob 1986 S. 405 ff.) Gegenstand der langfristigen Planung sind die (branchenbezogenen) Produktfelder, die von einem Unternehmen bearbeitet werden sollen. Im Rahmen der mittelfristigen Planung sind die Produktlinien und die zugehörigen Produktmarken festzulegen. Gegenstand der kurzfristigen Planung sind schließlich die Produktionsmengen für eine gegebene Planungsperiode. Die **kurzfristige** Produktionsprogrammplanung kann mit Hilfe

- der Deckungsbeitragsrechnung,
- einer grafischen Analyse,
- der linearen Programmierung

vorgenommen werden. Bevor diese Lösungsansätze anhand eines Mehrproduktunternehmens detailliert vorgestellt werden, erfolgen einige Vorüberlegungen zu einem **Einproduktunternehmen**. Bei vorgegebenem Preis reduziert sich hier das Problem der Sortimentspolitik auf die Festlegung der herzustellenden Menge des Produktes in der Planungsperiode. Es lassen sich die zwei Fälle

- einer linearen Kostenfunktion und
- einer s-förmigen Kostenfunktion

unterscheiden.

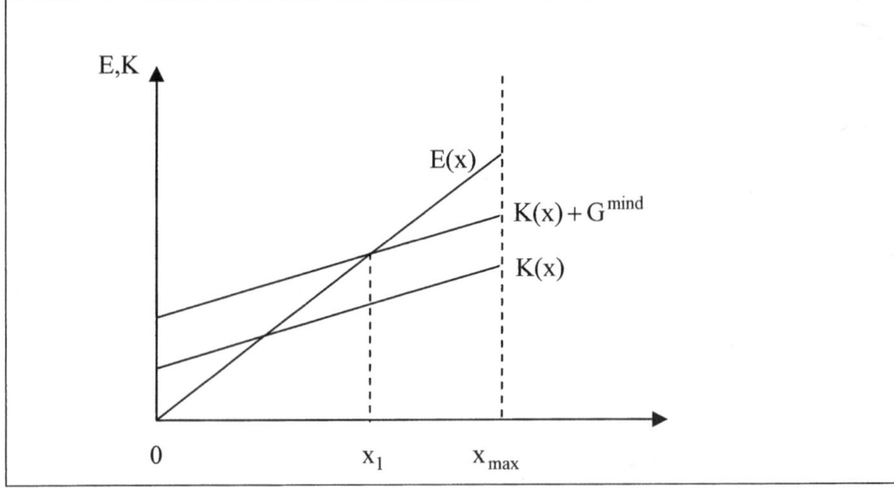

Abb. 3.14: Optimale Mengenpolitik bei gegebenem Preis und linearer Kostenfunktion

Die optimale Mengenpolitik bei **linearer Kostenfunktion** ist der Abb. 3.14 zu entnehmen: Bezüglich der Ziele der Gewinn-, Erlös- beziehungsweise Absatzmengenmaximierung ist die Kapazitätsgrenze des betrachteten Anbieters x_{max} anzustreben. Falls mindestens ein Gewinn in Höhe von G^{mind} erzielt werden soll, sind alle Absatzmengen größergleich x_1 und kleinergleich x_{max} optimal. Bei der Menge x_1 wird genau ein Gewinn in Höhe von G^{mind} erreicht. Bei einer **s-förmigen Kostenfunktion** (vgl. Abb. 3.15) ist die erlös- und absatzmengenmaximale Menge mit x_{max} gegeben. Die gewinnmaximale Menge liegt bei x_1. Falls mindestens ein Gewinn in Höhe von G^{mind} erreicht werden soll, sind alle Absatzmengen zwischen x_2 und x_3 optimal. Bei den Mengen x_2 und x_3 wird genau ein Gewinn in Höhe von G^{mind} erzielt.

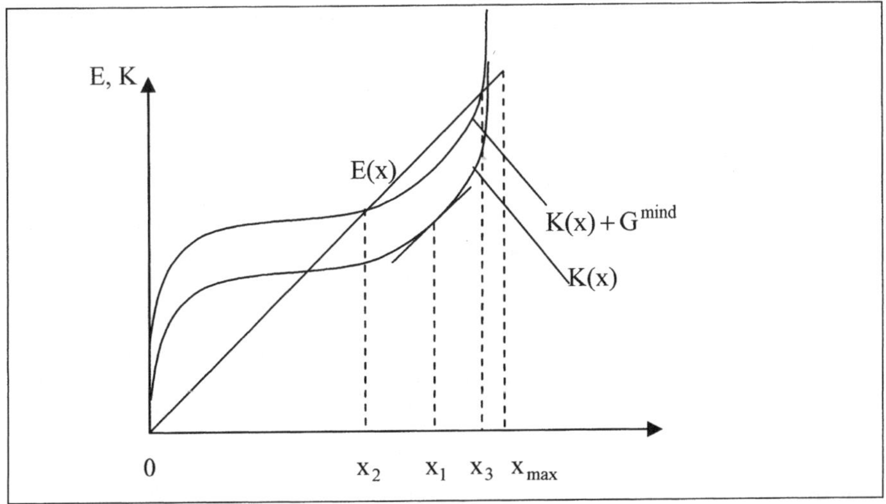

Abb. 3.15: Optimale Mengenpolitik bei gegebenem Preis und s-förmiger Kostenfunktion

1. Produktionsprogrammplanung mit Hilfe der Deckungsbeitragsrechnung

Ausgegangen wird von folgender Situation:

- Ein Unternehmen verfolgt das Ziel der Gewinnmaximierung in der Planungsperiode;
- insgesamt n Produkte ($i = 1,..,n$) können hergestellt und angeboten werden;
- der Preis des Produktes i beläuft sich auf p_i ($i = 1,..,n$);
- die variablen Stückkosten des Produktes i belaufen sich auf k_{vi} ($i = 1,..,n$);

– zum Preise p_i kann von dem Produkt i maximal die Menge x_i abgesetzt werden.

Erstens wird der Fall betrachtet, dass **kein** produktionsmäßiger Engpass besteht. In diesem Falle ist für die einzelnen Produkte der **absolute Deckungsbeitrag**

$$d_i^{abs} = p_i - k_{vi} \quad (i = 1,..,n) \tag{3.7}$$

zu berechnen. Jene Produkte, für welche der absolute Deckungsbeitrag größer als Null ist, sind dann – unter der Zielsetzung der Gewinnmaximierung – mit ihren maximalen Absatzmengen herzustellen.

Zweitens wird der Fall betrachtet, dass **genau ein** Engpass gegeben ist. Dies bedeutet, dass beispielsweise auf einer bestimmten Maschinenart die beanspruchte Kapazität die verfügbare Kapazität überschreitet. Es muss also die knappe verfügbare Kapazität so verteilt werden, dass ein gewinnmaximales Produktionsprogramm resultiert. In diesem Falle ist für die einzelnen Produkte der **relative Deckungsbeitrag**

$$d_i^{rel} = \frac{p_i - k_{vi}}{z_{ij}} \quad (i = 1,..,n) \tag{3.8}$$

zu berechnen, wobei z_{ij} angibt, wieviele Kapazitätseinheiten der Art j (z.B. wie viele Stunden auf einer Maschine) für die Herstellung genau einer Einheit des Produktes i benötigt werden. Der relative Deckungsbeitrag ist damit als Gewinn pro eingesetzter Einheit der knappen Kapazität für ein Produkt zu interpretieren. Damit ist die **Programmplanung** wie folgt vorzunehmen: Zunächst wird das Produkt mit dem höchsten relativen Deckungsbeitrag bis zur maximalen Absatzmenge, dann das Produkt mit dem zweithöchsten relativen Deckungsbeitrag bis zur maximalen Absatzmenge usw. hergestellt, bis die Kapazität erschöpft ist.

Ein **Beispiel** zur Produktionsprogrammplanung auf der Grundlage der Deckungsbeitragsrechnung findet sich in der Abb. 3.16. Dabei wird vom Ziel der Gewinnmaximierung ausgegangen. Falls kein Engpass besteht, fällt nur das Produkt B heraus, da es einen negativen absoluten Deckungsbeitrag aufweist, also nur zu einer Gewinnschmälerung führt. Bei der im Folgenden angenommenen Kapazitätssituation wird nur die Maschine II zum Engpass. Entsprechend sind die relativen Deckungsbeiträge der Produkte berechnet und ist die knappe Kapazität der Maschine II verteilt worden. Der maximal erzielbare Gewinn beläuft sich auf 830€.

Bisher ist vom Ziel der Gewinnmaximierung ausgegangen worden. Das optimale Produktionsprogramm kann auch unter der **modifizierten Zielsetzung** der "Gewinnmaximierung unter der Bedingung, dass von bestimmten Produkten vorgegebene Mindestmengen hergestellt werden“ geplant werden. In diesem Fall sind bei der Verteilung der knappen Kapazität vorab die vorgegebenen Mindestmengen zu beachten. Die restliche Kapazität kann dann nach dem Kriterium des relativen Deckungsbeitrages verteilt werden. Es wird das Beispiel der Abb. 3.16 betrachtet,

Ausgangssituation:

$K^{fix} = 200$ €

Produkt	Preis (in €)	variable Stückkosten (in €)	maximale Absatzmenge	absoluter Deckungsbeitrag
A	5	3	100	2
B	4	5	120	-1
C	8	4	90	4
D	3	2	130	1
E	5	1	100	4

Optimales Produktionsprogramm ohne Engpass:

$x_A = 100$, $x_B = 0$, $x_C = 90$, $x_D = 130$, $x_E = 100$.

Kapazitätsrestriktionen:

Maschinen \ Produkte	A	B	C	D	E	maximale Kapazität
I	1	3	2	2	1	700
II	4	2	1	1	3	800

Engpassbestimmung:

Maschine I: $100 \cdot 1 + 0 \cdot 3 + 90 \cdot 2 + 130 \cdot 2 + 100 \cdot 1 = 640 < 700 \rightarrow$ kein Engpass

Maschine II: $100 \cdot 4 + 0 \cdot 2 + 90 \cdot 1 + 130 \cdot 1 + 100 \cdot 3 = 920 > 800 \rightarrow$ Engpass

Relative Deckungsbeiträge und Reihenfolge:

Produkt	relativer Deckungsbeitrag	Reihenfolge
A	0,5	IV.
C	4	I.
D	1	III.
E	1,33	II.

Verteilung der knappen Kapazität der Maschine II:

	Produkt	Menge	Kapazitätsbedarf	kumulierter Kapazitätsbedarf
I.	C	90	$90 \cdot 1 = 90$	90
II.	E	100	$100 \cdot 3 = 300$	390
III.	D	130	$130 \cdot 1 = 130$	520
IV.	A	$\frac{800-520}{4} = 70$	$70 \cdot 4 = 280$	800

Erzielbarer Gewinn:

$G = 2 \cdot 70 + 4 \cdot 90 + 1 \cdot 130 + 4 \cdot 100 - 200 = 830$ €

Abb. 3.16: Beispiel zur gewinnmaximalen Produktionsprogrammplanung mit Hilfe der Deckungsbeitragsrtechnung

wobei jetzt aber das Ziel der Gewinnmaximierung unter der Bedingung, dass vom Produkt A mindestens 90 Mengeneinheiten hergestellt werden, verfolgt wird. Das optimale Produktionsprogramm ist der Abb. 3.17 zu entnehmen. Der erzielbare Gewinn sinkt – aufgrund der Nebenbedingungen – auf 790 €.

Verteilung der knappen Kapazität der Maschine II:

	Produkt	Menge	Kapazitätsbedarf	kumulierter Kapazitätsbedarf
I.	A	90	$90 \cdot 4 = 360$	360
II.	C	90	$90 \cdot 1 = 90$	450
III.	E	100	$100 \cdot 3 = 300$	750
IV.	D	$\frac{800 - 750}{1} = 50$	$50 \cdot 1 = 50$	800

Erzielbarer Gewinn:

$G = 2 \cdot 90 + 4 \cdot 90 + 1 \cdot 50 + 4 \cdot 100 - 200 = 790\,€$

Abb. 3.17: Ein modifiziertes Beispiel zur Produktionsprogrammplanung mit Hilfe der Deckungsbeitragsrechnung

Drittens kann der Fall gegeben sein, dass **mehrere** kapazitative Engpässe bestehen. Dann ist eine Produktionsprogrammplanung auf der Grundlage der Deckungsbeitragsrechnung nicht mehr möglich. In einem derartigen Falle ist einer der folgenden Planungsansätze heranzuziehen.

2. Grafische Bestimmung des Produktionsprogramms

Die **grafische Bestimmung** des Produktionsprogramms soll anhand eines Beispiels veranschaulicht werden. Betrachtet wird ein Unternehmen, das die Produkte 1 und 2 herstellen kann. Die absoluten Deckungsbeiträge belaufen sich auf $d_1 = 6\,€$ und $d_2 = 4\,€$; die Fixkosten betragen 1.000 €. Beide Produkte müssen auf zwei funktionsverschiedenen Maschinen hergestellt werden. Die Maschine I hat eine Kapazität in Höhe von 40.000 Kapazitätseinheiten und die Maschine II eine Kapazität in Höhe von 60.000 Kapazitätseinheiten. Eine Einheit des Produktes 1 (2) beansprucht 4 (2) Kapazitätseinheiten auf der Maschine I. Auf der Maschine II beansprucht eine Einheit des Produktes 1 (des Produktes 2) insgesamt 4 (6) Kapazitätseinheiten. Die maximal absetzbare Menge von Produkt 1 beträgt 10.000, jene von Produkt 2 insgesamt 7.000 Mengeneinheiten. Diese Daten erlauben es zunächst, einen geeigneten Ansatz der linearen Programmierung aufzustellen, dessen Lösung dann auf grafischem Wege ermittelt wird:

Die Zielfunktion

$$G = 6 \cdot x_1 + 4 \cdot x_2 - 1.000$$

ist unter Beachtung der Kapazitätsrestriktionen

$4 \cdot x_1 + 2 \cdot x_2 \leq 40.000$ (Restriktion I) und

$4 \cdot x_1 + 6 \cdot x_2 \leq 60.000$ (Restriktion II),

der Absatzrestriktionen

$x_1 \leq 10.000$ und

$x_2 \leq 7.000$

sowie der Nicht -Negativitätsbedingungen

$x_1 \geq 0$ und $x_2 \geq 0$

zu maximieren.

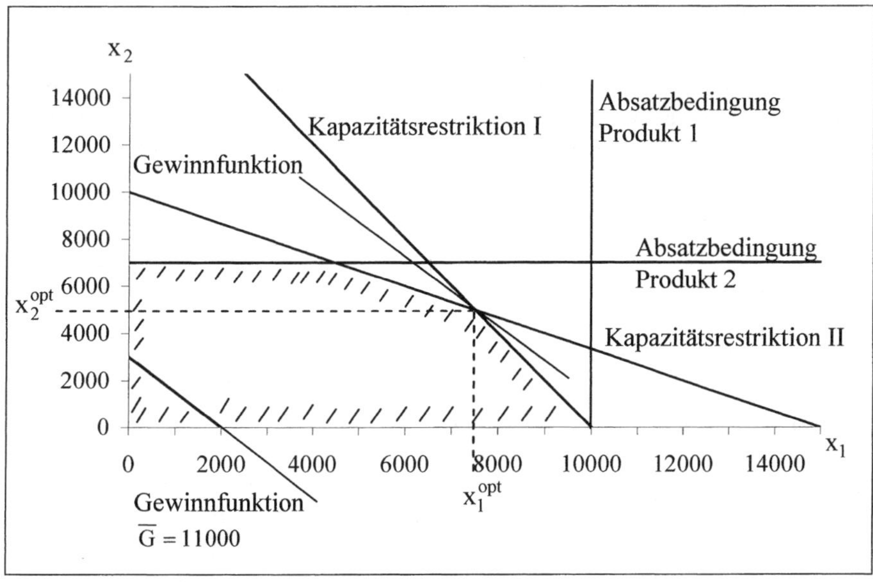

Abb. 3.18: Grafische Bestimmung des gewinnmaximalen Produktionsprogramms

Gesucht sind die Mengen der beiden Produkte, die den Gewinn maximieren. Die grafische Analyse findet sich in der Abb. 3.18. In einem x_1/x_2-Koordinatenkreuz sind zunächst die Absatzbedingungen für die beiden Produkte und die Kapazitätsrestriktionen I und II eingezeichnet. Unter gleichzeitiger Beachtung der Nicht-Negativitätsbedingungen resultiert der schraffiert gekennzeichnete zulässige Lösungsbereich für die gesuchten Mengen der beiden Produkte. Im Folgenden ist dann die Gewinnfunktion (für den fiktiven Gewinnwert G=11.000€) eingezeichnet. Wird diese Gewinnfunktion – vom Koordinatenkreuz weg – parallel verschoben, so erhöht sich der erzielbare Gewinnwert. Der maximale Gewinn wird bei der Mengenkombination $x_{1opt} = 7.500$ und $x_{2opt} = 5.000$ erreicht. Bei dieser Mengenkombination wird der zulässige Lösungsbereich gerade tangiert.

Das in Abb. 3.18 dargestellte Beispiel geht vom Ziel der Gewinnmaximierung aus. Im Folgenden werden noch die **modifizierten Zielsetzungen**:

- Streben nach einem befriedigenden Mindestwert $\hat{G}$ und
- Streben nach einem festen Gewinnwert $\hat{G}$

untersucht (vgl. Abb. 3.19). Dazu gelten alle sonstigen Annahmen des Beispiels in Abb. 3.18. Falls ein Mindestgewinn angestrebt wird, kann gleich die Gewinnfunktion $\hat{G}$ eingezeichnet werden. Rechts von der Gewinngerade $\hat{G}$ ist der Gewinn größer als der angestrebte Mindestgewinn. Als Ergebnis resultieren nun alle Absatzmengenkombinationen, die sich im schraffierten Gebiet und auf der Umrandung befinden. Wird der feste Gewinnwert $\hat{G}$ angestrebt, so sind alle Absatzmengenkombinationen optimal, die sich auf der Gewinnfunktion $\hat{G}$ befinden und gleichzeitig im zulässigen Lösungsbereich liegen. In der Abb. 3.19 sind diese Absatzmengenkombinationen fett eingezeichnet.

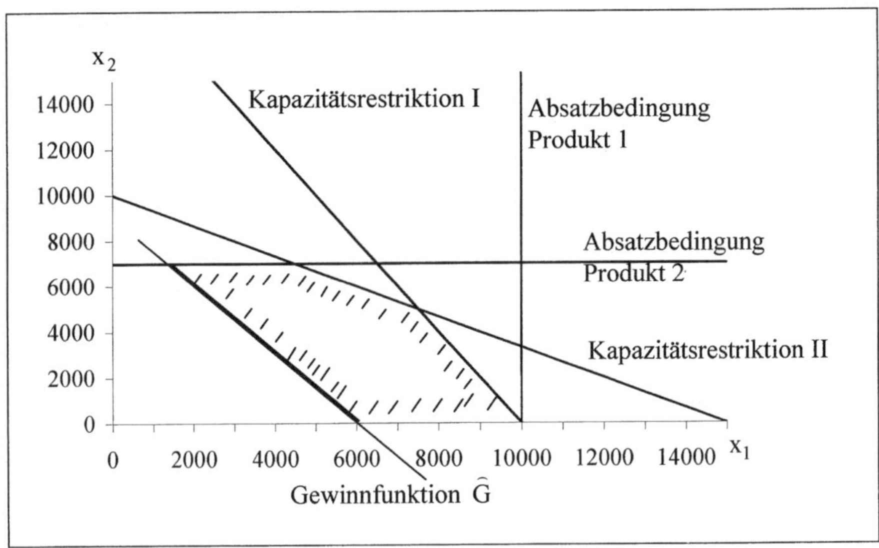

Abb. 3.19: Grafische Bestimmung des Produktionsprogramms bei modifizierten Zielgrößen

Bei einer **kritischen Beurteilung** dieser grafischen Methode für verschiedene Zielsetzungen ist auf folgende Punkte hinzuweisen:

- Grundsätzlich können mehr als zwei Kapazitätsrestriktionen berücksichtigt werden.
- Eine grafische Analyse ist im Prinzip ebenfalls noch denkbar, wenn drei Produkte in die Analyse einbezogen werden. In diesem Falle stellen die Gewinnfunktion und die Kapazitäts- und Absatzbedingungen Flächen im dreidimensionalen Raum dar.
- Wenn mehr als drei Produkte zu berücksichtigen sind, muss ein entsprechender Ansatz der linearen Programmierung verwendet werden.

3. Produktionsprogrammplanung auf der Grundlage der linearen Programmierung

Falls mehrere Engpässe bestehen und mehr als drei Produkte gegeben sind, muss das Produktionsprogramm mit Hilfe der **linearen Programmierung** bestimmt werden. Der Grundansatz findet sich in der Abb. 3.20. Die optimalen Produktionsmengenkombinationen x_i $(i = 1,..,n)$ resultieren durch Maximierung der Zielfunktion (1) unter Berücksichtigung der Nebenbedingungen (2)–(4).

Zielfunktion:

(1) $$G = \sum_{i=1}^{n} (p_i - k_{vi}) \cdot x_i - K^F \rightarrow \text{Max!}$$

Kapazitätsbedingungen:

(2) $$\sum_{i=1}^{n} z_{ij} \cdot x_i \leq C_j \qquad (j = 1,..,m)$$

Absatzbedingungen:

(3) $$x_i \leq \overline{x}_i \qquad (i = 1,..,n)$$

Nicht-Negativitäts-Bedingungen:

(4) $$x_i \geq 0 \qquad (i = 1,..,n)$$

Abb. 3.20: Grundmodell der linearen Programmierung zur Planung des Produktionsprogramms

Eine Lösung des Ansatzes kann mit Hilfe der Simplex-Methode (vgl. Müller-Merbach 1973, S. 91 ff.; Bloech 1974) erfolgen. Dabei ist folgende Vorgehensweise zu wählen:

- Zunächst sind die Nebenwirkungen (2) und (3), die als Ungleichungen vorliegen, durch Einführen sogenannter Schlupfvariablen in Gleichheitsform zu bringen.
- Dadurch wird die Zahl der Variablen (Mengen- und Schlupfvariablen) größer als die Zahl der Gleichungen (Nebenbedingungen (2) und (3) in Gleichheitsform).
- Der Lösungsweg der linearen Programmierung besteht nun darin, dass so genannte Basislösungen bestimmt werden, also bestimmten Variablen der Wert Null zugewiesen wird und die übriggebliebenen Variablen dann aus dem Gleichungssystem bestimmt werden.
- Nach dem Simplex-Theorem ist die optimale Lösung des Problems eine zulässige Basislösung, also eine Basislösung, bei der alle Variablen nicht-negativ sind.

Bei einer kritischen Beurteilung des Grundansatzes ist auf folgende Punkte hinzuweisen:

- Es liegt ein statisches, deterministisches Modell unter der alleinigen Zielsetzung der Gewinnmaximierung vor.
- Eine Kapazitätsanpassung ist nicht vorgesehen.
- Die Preise der einzelnen Produkte sind gegeben; sie werden nicht simultan mit den Mengen bestimmt.
- Weder absatzmäßige Verflechtungen der Produkte noch artikelspezifische Fixkosten werden beachtet.

E. Vertiefende Literatur Teil 3

Barth, K. (1999), Betriebswirtschaftslehre des Handels, 4. Aufl., Wiesbaden 1999

Bartmann, D., Beckmann, M. J. (1989), Lagerhaltung, Modelle und Methoden, Berlin u.a. 1989

Bauer, H. H. (1980), Die Entscheidung des Handels über die Aufnahme neuer Produkte, Berlin 1980

Berndt, R. (1983), Auftragsselektion bei sicheren bzw. unsicheren Erwartungen bezüglich der zukünftigen Auftragsstruktur und der Deckungsbeiträge der einzelnen Aufträge, in: Der Markt, Nr. 82/83, 1983, S. 40 ff.

Berndt, R. (1988), Marketing für öffentliche Aufträge, München 1988

Bichler, K., Beck, M. (1987), Beschaffung und Lagerhaltung im Handelsbetrieb, 2. Aufl., Teil 1, Wiesbaden 1987

Bichler, K., Beck, M. (1989), Beschaffung und Lagerhaltung im Handelsbetrieb, 2. Aufl., Teil 2, Wiesbaden 1989

Bloech, J. (1974), Lineare Optimierung für Wirtschaftswissenschaftler, Opladen 1974

Corsten, Hans (2000), Modifikationsbedarf und –möglichkeiten der auftragsorientierten Produktionsprogrammplanung aus der Perspektive der opportunistischen Koordinierung, Kaiserslautern 2000

Ellinger, T., Asmussen, R., Schirmer, A. (1981), Ergebnisverbesserung durch optimale Lagerbewirtschaftung, Bad Homburg 1981

Funck, D., (1996), Ökologische Sortimentspolitik im Handel, Göttingen 1996

Gümbel, R. (1963), Die Sortimentspolitik in den Betrieben des Wareneinzelhandels, Köln, Opladen 1963

Günther, H.-O., Tempelmeier, H. (2000), Produktion und Logistik, Berlin u.a. 2000

Jacob, H. (1986), Die Planung des Produktions- und Absatzprogramms, in: Jacob, H. (Hrsg.), Industriebetriebslehre, Wiesbaden 1986, S. 401 ff.

Kelber, R., J. (1999), Koordination von Lagerhaltung und Transport im Mehrproduktfall. Eine ganzheitliche Analyse zur Optimierung von Logistikkosten durch zeitorientierte Distribution, Hamburg 1999

Klingst, A. (1979), Optimale Lagerhaltung: wann und wieviel bestellen?, Würzburg 1979

Lautenschläger, M. (1999), Mittelfristige Produktionsprogrammplanung mit auslastungsabhängigen Vorlaufzeiten, Frankfurt a. Main u.a. 1999

Merkle, E. (1981), Die Erfassung und Nutzung von Informationen über den Sortimentsverbund in Handelsbetrieben, Berlin 1981

Möhlenbruch, D. (1994), Sortimentspolitik im Einzelhandel, Planung und Steuerung, Wiesbaden 1994

Müller-Hagedorn, L. (2001), Handelsmarketing, 3. Aufl., Stuttgart 2001

Müller-Merbach, H. (1973), Operations Research, 3. Aufl., München 1973

Schmitz, M. (1996), Produkt- und Produktionsprogrammplanung, Wiesbaden 1996

Stark, H. (1994), Beschaffungsplanung und Budgetierung, 4. Aufl., Wiesbaden 1994

Tempelmeier, H. (1983), Quantitative Marketing-Logistik, Berlin u.a.1983

Tietz, B. (1993), Der Handelsbetrieb, München 1993

Vry, W. (2000), Beschaffung und Lagerhaltung: Materialwirtschaft für Handel und Industrie, Ludwigshafen 2000

Wäscher, G. (1998), Logistik, in: Berndt, R., Fantapié Altobelli, C., Schuster, P. (Hrsg.), Handbuch der Betriebswirtschaftslehre, Bd. 1, Berlin u.a. 1998

Weber, R. (2001), Zeitgemäße Materialwirtschaft mit Lagerhaltung: Flexibilität, Lieferbereitschaft, Bestandsreduzierung, Kostensenkung, 6. Aufl., Renningen-Malmsheim 2001

F. Übungsaufgaben Teil 3

1. Eine Unternehmung ist bestrebt, ihr Bestellwesen unter der Zielsetzung der Kostenminimierung zu optimieren. Folgende Daten sind bekannt:
   Fixe Kosten pro Bestellung: 8.000 €,
   Gesamtbedarf: 5.625 Stück,
   Planungszeitraum in Tagen: 150 Tage,
   Lagerkostensatz pro Wert- und Zeiteinheit: 8%,
   Einstandspreis pro Mengeneinheit: 30 €.

   1.1. Bestimmen Sie die kostenminimale Bestellmenge!

   1.2. Wieviel Bestellungen müssen bei optimaler Bestellmenge im Planungszeitraum vorgenommen werden?

   1.3. Wie hoch sind die minimalen Gesamtkosten im angegeben Planungszeitraum?

2. Die Schlau & Berger GmbH ist bestrebt, ihr Bestellwesen zu optimieren. Die Controlling-Abteilung liefert folgende Daten:
   F: (fixe Kosten pro Bestellung): 6.250 €,
   Q: (Gesamtbedarf): 1.400 Stück,
   T: (Planungszeitraum in Tagen): 150 Tage,
   z: (Lagerkostensatz pro Wert- und Zeiteinheit): 8 %,
   p: (Einstandspreis pro Mengeneinheit): 25 €.

   2.1. Bestimmen Sie die optimale Bestellmenge für die Schlau & Berger GmbH!

   2.2. Wie viele Bestellungen müssen im Planungszeitraum vorgenommen werden?

   2.3. Geben Sie für die Schlau & Berger GmbH die Gesamtkostenfunktion in Abhängigkeit von x an! Wie hoch sind die Gesamtkosten im angegebenen Planungszeitraum?

3. Ein Unternehmen, das Schoko-Eier mit einer Überraschungsfüllung produziert, verbraucht monatlich 480 t Rohschokolade, die im Zeitablauf gleich-

mäßig in die Produktion eingeht. Die Kosten je Tonne belaufen sich auf 45€. Pro Bestellung fallen bestellfixe Kosten in Höhe von 450 € an. Der Lagerkostensatz beträgt 5% pro Wert- und Zeiteinheit. (Hinweis: 1 Monat = 30 Tage)

3.1. Bestimmen Sie die kostenminimale Bestellmenge. Stellen Sie dar, wie sich die von Ihnen verwendete Formel herleiten lässt!

3.2. Wie viele Bestellungen müssen im Planungszeitraum vorgenommen werden? In welchen Zeitabständen wird eine Bestellung vorgenommen?

3.3. Berechnen Sie die Gesamtkosten für ein Jahr, wenn die Bestellungen gemäß den Ergebnissen von 3.1. und 3.2. erfolgen!

4. Der Unternehmer L. Ager betreibt sein Rohstofflager nach dem Bestellpunktsystem. Im Zeitpunkt $t=0$ ist das Lager mit 1.200 Einheiten gefüllt, was der maximalen Lagerkapazität entspricht. Um eine ununterbrochene Produktion gewährleisten zu können, sieht Ager einen Mindestbestand von 200 Einheiten vor. Die Entnahmen zu den Zeitpunkten $t=1$ bis $t=7$ sind wie folgt:

t_1	t_2	t_3	t_4	t_5	t_6	t_7
200	350	250	100	500	300	100

4.1. Zu welchen Zeitpunkten muss nach dem Bestellpunktsystem eine Bestellung erfolgen, wenn pro Bestellung eine feste Bestellmenge von 600 Einheiten bestellt wird?

4.2. Zu welchen Zeitpunkten muss nach dem Bestellpunktsystem eine Bestellung erfolgen, wenn eine variable Bestellmenge vorgesehen ist, so dass bei jeder Bestellung das Lager bis zur Kapazitätsgrenze aufgefüllt wird?

4.3. Welche Prämisse muss berücksichtigt werden, damit Ager in $t=5$ keine Produktionsausfälle hat?

5. Es soll das Produktionsprogramm einer Unternehmung bestimmt werden. Die Preise (p_i), die variablen Stückkosten (k_{vi}) sowie die zum Preis p_i jeweils maximal absetzbaren Mengen der zur Auswahl stehenden vier Produkte i ($i=1,2,3,4$) sind als Planungsdaten gegeben. Man meint, dass die Kapazität eines Produktionsfaktors Z einen Engpass darstellt. Die Produktionskoeffizienten z_i der einzelnen Produkte i in Bezug auf diesen Engpassbereich Z sind ebenfalls bekannt. Diese Daten der Programmplanung können wie folgt aufgeführt werden:

Produkte i	1	2	3	4
Preis p_i (in €)	120	180	80	140
variable Kosten/ME k_{vi} (in €)	80	135	50	90

maximale Absatzmenge	1.000	2.000	500	800
Engpassbelastung z_i	4	3	1	2

5.1. Überprüfen Sie, ob ein Engpass im Produktionsbereich Z vorhanden ist, wenn dort maximal 10.000 Kapazitätseinheiten zur Verfügung stehen!

5.2. Bestimmen Sie das gewinnmaximale Produktions- und Absatzprogramm.

6. Eine Unternehmung, die einen möglichst hohen Gewinn erzielen will, bietet 5 Produkte an, für die folgende Daten gelten:

Produkt	**Preis (in €)**	**durchschnittliche variable Stückkosten (in €)**	**maximale Absatzmenge**
1	12	8	400
2	8	4	300
3	14	6	100
4	20	10	100
5	6	7	500

Alle fünf Produkte müssen auf zwei Maschinen bearbeitet werden. Die Anzahl an Stunden, die für die Herstellung einer Mengeneinheit eines Produktes auf jeder Maschine benötigt wird, gibt folgende Tabelle wieder:

Produkt / Maschine	**1**	**2**	**3**	**4**	**5**	**maximale Kapazität**
I	4	2	2	3	4	1.600
II	2	2	2	1	3	2.000

6.1. Welche Mengen sind von jedem Produkt herzustellen, wenn vom Produkt 1 mindestens 100 Mengeneinheiten abgesetzt werden sollen? Welcher Gewinn wird dabei erzielt?

6.2. Welcher Preis müsste für das Produkt 5 mindestens verlangt werden, damit sich das unter 6.1. ermittelte optimale Produktionsprogramm ändert?

7. Die Fix & Fertig GmbH verfolgt das Ziel der Gewinnmaximierung. Sie steht vor dem Problem der Ermittlung des optimalen Produktionsprogramms. Dazu stehen folgende Daten zur Verfügung:

Produkt	**Preis (in €)**	**durchschnittliche variable Stückkosten (in €)**	**maximale Absatzmenge**
1	87	65	550
2	103	57	300
3	73	85	700
4	92	73	400
5	115	87	250

Zur Herstellung von Produkt 2 wird ein Vorprodukt benötigt, das von der Fix & Fertig GmbH in Eigenproduktion hergestellt wird. Zur Herstellung einer Einheit von Produkt 2 wird dabei genau eine Einheit des Vorprodukts benötigt. Alle Produkte, auch das Vorprodukt, nehmen Kapazitäten der vorhandenen Maschinen in Anspruch. Die Anzahl an Stunden, die für die Herstellung einer Mengeneinheit eines Produktes auf jeder Maschine benötigt wird, gibt die folgende Übersicht wieder:

Produkt / Maschine	Vorprodukt	1	2	3	4	5
I	2	1	5	6	2	6
II	0	3	2,5	4	5	4

Maschine I steht maximal 4.500 Stunden zur Verfügung, Maschine II maximal 5.800 Stunden.

7.1. Welche Mengen sind von jedem Produkt herzustellen, wenn von Produkt 1 mindestens 100 Mengeneinheiten und von Produkt 5 mindestens 150 Mengeneinheiten abgesetzt werden sollen?

7.2. Die Geschäftsführung der Fix & Fertig GmbH ist besorgt darüber, dass Produkt 3 aufgrund der hohen Kosten nicht produziert wird. Um welchen Betrag müssten die Kosten von Produkt 3 mindestens sinken, damit sich das unter 7.1. ermittelte optimale Produktionsprogramm ändert?

7.3. In Bezug auf ein weiteres Vorprodukt hat sich die Fix & Fertig GmbH für Fremdbezug entschieden. Dafür wurde eigens ein Lager eingerichtet. Im Zeitpunkt t_0 ist das Lager mit 2.300 Einheiten gefüllt, was der maximalen Lagerkapazität entspricht. Da eine ununterbrochene Produktion gewährleistet sein soll, wird ein Mindestbestand von 500 Einheiten vorgesehen. Die Entnahmen zu den Zeitpunkten t_1 bis t_6 sind wie folgt:

t_1	t_2	t_3	t_4	t_5	t_6
450	500	630	730	480	350

Zu welchen Zeitpunkten muss nach dem Bestellpunktsystem eine Bestellung erfolgen, wenn pro Bestellung eine feste Bestellmenge von 1.000 Einheiten bestellt wird? Welche Prämisse muss berücksichtigt werden, damit in t_4 keine Produktionsausfälle auftreten?

8. Ein Unternehmen, das Handys verschiedener Art produziert und vertreibt, verfolgt das Ziel der Gewinnmaximierung. Als problematisch erweist sich die Ermittlung des optimalen Produktionsprogramms. Als Assistent der Geschäftleitung werden Sie aufgefordert, mit Hilfe der Deckungsbeitragsrechnung das optimale Produktionsprogramm zu ermitteln. Es stehen Ihnen folgende Daten zur Verfügung:

Handy-Typ	Preis (in €)	durchschnittliche variable Stückkosten (in €)	maximale Absatzmenge
Typ 1	99	71	1.800
Typ 2	119	82	1.350
Typ 3	79	44	3.400
Typ 4	85	93	2.700

Die Fixkosten der Produktion betragen 125.300 €.

Zur Produktion der Handys werden 3 Maschinen benötigt. Die Anzahl der Minuten, die für die Herstellung eines Handys auf jeder Maschine benötigt wird, gibt die folgende Übersicht wieder:

	Typ 1	Typ 2	Typ 3	Typ 4
Maschine 1	2	3	2,5	3,5
Maschine 2	0,5	1	2	1
Maschine 3	6	8	5,5	7

Die Maschinen stehen für die folgende Anzahl an Minuten zur Verfügung:

Maschine	Minuten
1	18.000
2	8.500
3	42.000

8.1. Ermitteln Sie das optimale Produktionsprogramm mit Hilfe der Deckungsbeitragsrechnung! Wie hoch ist der resultierende Gewinn?

8.2. Nun sollen von Typ 3 3.300 Stück produziert werden. In welcher Höhe verändert sich der Gewinn gegenüber dem Ergebnis von 8.1. aufgrund dieser Entscheidung?

8.3. Nun soll Typ 4 in die Produktion aufgenommen werden. Um welchen Betrag müssten die Kosten von Typ 4 mindestens sinken, damit sich das unter 8.1. ermittelte Produktionsprogramm ändert?

9. Zur Optimierung der Bestellmenge eines Einsatzgutes zieht das Unternehmen *Efficient Consumption (E.C.)* folgende Daten heran:

Fixe Kosten pro Bestellung: 10.000€;
Gesamtbedarf: 2.700 Stück;
Planungszeitraum: 30 Tage;
Lagerkostensatz pro Wert- und Zeiteinheit (in %): 8;
Einstandspreis pro Mengeneinheit: 22,50 €.

Ziel ist es, die Gesamtkosten zu minimieren.

9.1. Leiten Sie allgemein die Formel zur Bestimmung der optimalen Bestellmenge her!

9.2. Bestimmen Sie die optimale Bestellmenge für das Unternehmen *ProfiT*!

9.3. Wie viele Bestellungen muss das Unternehmen *E.C.* im Planungszeitraum vornehmen? In welchen Zeitabständen wird eine Bestellung vorgenommen?

9.4. Wie hoch sind die minimalen Gesamtkosten im angegebenen Planungszeitraum?

10. Der Körperpflegehersteller *Balineum* ermittelt das optimale Produktionsprogramm für das Geschäftsfeld Körperpflegeprodukte mit Hilfe der Deckungsbeitragsrechnung. Das Unternehmen verfolgt das Ziel der Gewinnmaximierung in der Planungsperiode. Der von der Geschäftsleitung beauftragten Produktmanagerin *Rosi* liegen hierfür folgende Daten vor:

Produkte	Preis (in €)	Variable Stückkosten (in €)	Maximale Absatzmenge
Bademittelzusatz mit Limettenaroma	4	2	2000
Duschgel mit Orangenaroma	5	4	4000
Handcreme mit Bananenaroma	3	4	1500
Shampoo mit Ananasaroma	6	3	3000
Haarkur mit Pfirsicharoma	7	3	2500

10.1. Für die Herstellung der Produkte werden 3 Maschinen benötigt. Die Produktionskoeffizienten sind der nachfolgenden Tabelle zu entnehmen:

Produkte / Maschinen	Bademittelzusatz mit Limettenaroma	Duschgel mit Orangen-aroma	Handcreme mit Bananen-aroma	Shampoo mit Ananasaroma	Haarkur mit Pfirsicharoma
Maschine I	1	4	3	2	1
Maschine II	2	3	3	2	1
Maschine III	5	4	4	2	3

Maschine I verfügt über eine maximale Kapazität von 37.000, während Maschine II und Maschine III jeweils über eine Kapazität von 43.000 verfügen.Welche Produkte sind in welchen Absatzmengen herzustellen?

10.2. Kurzfristig entscheidet sich das Unternehmen das Produkt „Körpercreme mit Melonenaroma“ in das Produktionsprogramm aufzunehmen. Der Preis des Produktes beträgt 8 €, die variablen Stückkosten 3 €. Es wird von einer maximalen Absatzmenge von 3500 ausgegangen. Das Produkt beansprucht die Maschinen wie folgt:

Produkt / Maschinen	Körpercreme mit Melonenaroma
Maschine I	3
Maschine II	5
Maschine III	2

Die maximalen Kapazitäten der drei Maschinen sind weiterhin wie in 10.1. Wie ändert sich nunmehr das Produktionsprogramm, wenn das Unternehmen das Ziel der Gewinnmaximierung unter der Bedingung einer Mindestmenge von 3000 Mengeneinheiten des „Duschgels mit Orangenaroma“ verfolgt?

11. Das Mehrproduktunternehmen *aulora* bietet Speisesalz, Zucker und Mehl an. Dem Unternehmen stehen für die einzelnen Lebensmittel folgende Daten zur Verfügung:

Produkt	Preis (in €)	Variable Stückkosten (in €)	Maximale Absatzmenge
Speisesalz	1,1	0,6	1000
Zucker	1,3	0,5	890
Mehl	0,9	0,3	950

Zur Verarbeitung der Lebensmittel werden insgesamt 4 Maschinen benötigt. Die benötigte Beanspruchung der Maschinen durch die einzelnen Produkte und die maximalen Kapazitäten der einzelnen Maschinen stellen sich wie folgt dar:

Produkt / Maschine	Speisesalz	Zucker	Mehl	Maximale Kapazität
I	2	3	2	6600
II	5	2	5	11530
III	2	1	3	6000
IV	4	3	1	7500

11.1. Ermitteln Sie das optimale Produktionsprogramm mit Hilfe der Deckungsbeitragsrechnung, wenn das Unternehmen das Ziel der Gewinnmaximierung verfolgt!

11.2. Die Geschäftsführung spielt mit dem Gedanken vom Speisesalz die Menge 985 zu produzieren, wenn dadurch die Gewinnverringerung im Vergleich zum optimalen Produktionsprogramm nicht mehr als 0,3% beträgt. Würden Sie der Geschäftsführung zu diesem Schritt raten? Begründen Sie Ihr Ergebnis!

Teil 4: Absatz

A. Marketing-Ziele, Marketing-Instrumente und entscheidungsrelevante Daten

Entscheidungssituationen im Marketing können allgemein durch die drei Elemente

- Marketing-Ziele,
- Marketing-Instrumente und
- entscheidungsrelevante Daten des Marketing

beschrieben werden. In der Abb. 4.1 findet sich zunächst ein Überblick über die drei wesentlichen **Ziel-Dimensionen** "Inhalt", "Ausmaß" und "zeitlicher Bezug". Für die Dimension Ziel-Inhalt werden die wesentlichen ökonomischen, psychologischen und streutechischen Zielgrößen wiedergegeben. **Ökonomische Marketingziele** basieren auf ökonomischen Größen wie Gewinn, Erlös, Kosten, Absatzmenge oder Marktanteil (vgl. Teil 1). **Psychologische** und **streutechnische Zielgrößen** sind insbesondere im Rahmen der Kommunikationspolitik relevant. Derartige Zielgrößen basieren auf Modellen der individuellen Werbewirkung, in denen der Prozess vom Kontakt mit einem Werbemittel (z.B. einer Anzeige) über die psychischen Teilphasen Aufmerksamkeit, Bekanntheit, positive Einschätzung, Bevorzugung und Kaufabsicht bis zur abschließenden Kaufhandlung beschrieben wird. Dabei kann jede Phase Bezugspunkt für ein psychologisches Marketing-Ziel sein; als beispielhaftes **psychologisches Marketing-Ziel** sei die Steigerung der Bekanntheit um einen vorgegebenen Prozentsatz in der Planungsperiode genannt (vgl. Teil 1.C). Der Kontakt mit einer Marketing-Maßnahme selbst ist die Basis für streutechnische Marketing-Ziele; zwei typische Beispiele für **streutechnische Zielgrößen** sind die Maximierung der Zahl der Ansprachen beziehungsweise die Maximierung der gewichteten Kontaktsumme.

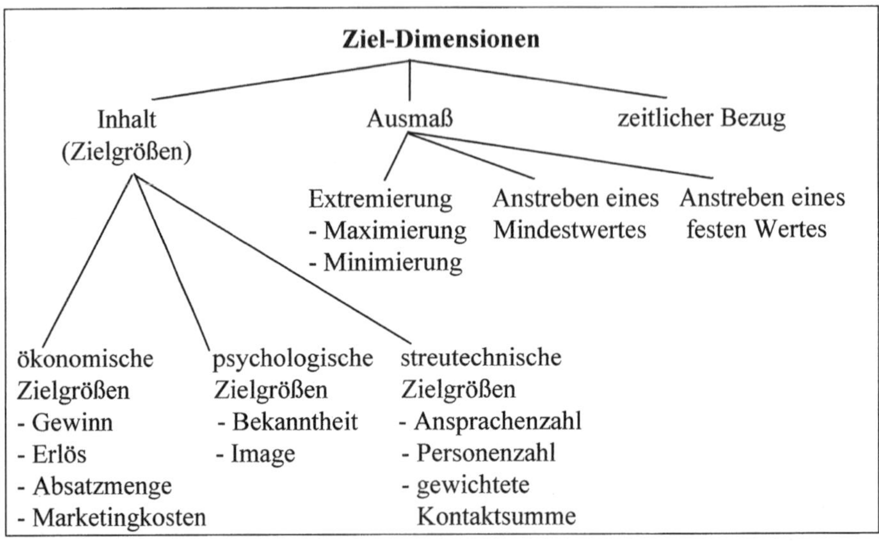

Abb. 4.1: Marketing-Ziele

Einen detaillierten Überblick über wesentliche **Marketing-Instrumente** zeigt die Abb. 4.2. Im Rahmen der **Produktpolitik** sind vielfältige Handlungsalternativen gegeben wie z.B. die Entwicklung neuer Produkte, die Produkt- und Verpackungsgestaltung sowie Namensgebung, die Produktdifferenzierung, die Produktvariation oder die Herausnahme von Produkten aus dem Markt (Produkteleminierung). Gegenstand der **Sortimentspolitik** (Produktionsprogrammplanung) ist die Frage, welche Produkte in welchen Mengen in einer Planungsperiode produziert und abgesetzt werden sollen; die Handlungsmöglichkeiten sind in den alternativen Produktions- und Absatzmengen der verschiedenen Produkte zu sehen (vgl. Teil 3, D.). Im Rahmen der **Service-Politik** ist u.a. über die Gestaltung des Kundendienstes zu befinden.

Die **Kontrahierungspolitik** umfasst die zwei Subbereiche Preispolitik und Konditionenpolitik. Bei der **Preispolitik** liegen die wesentlichen Handlungsmöglichkeiten in der Höhe des geforderten Preises, einer Preisvariation bei einer Änderung der entscheidungsrelevanten Daten und einer Preisdifferenzierung (eventuell im Zusammenhang mit einer Produktdifferenzierung beziehungsweise in zeitlicher Hinsicht). Im Rahmen der **Konditionenpolitik** ist über eine Gewährung von Rabatten (Preisnachlässe) nach Art und Höhe, über die Gestaltung der Zahlungsbedingungen und über die Kreditgewährung sowie über die Gestaltung der Lieferbedingungen zu befinden; die konditionenpolitischen Bedingungen schlagen sich in den allgemeinen Geschäftsbedingungen nieder.

Gegenstand der **Kommunikationspolitik** sind die Entscheidungen über die Gestaltung von Informationen und die Art der Übermittlung von Informationen, die auf den Absatzmarkt gerichtet sind, um vorgegebene kommunikationspolitische

Ziele zu erreichen. Diverse Arten der Kommunikationspolitik können unterschieden werden (vgl. Abb. 4.2); bei allen diesen Unterarten der Kommunikationspolitik sind jeweils diverse Handlungsmöglichkeiten gegeben – bei der Werbung z.B. mit der Gestaltung der Werbemittel und der Auswahl der Werbeträger.

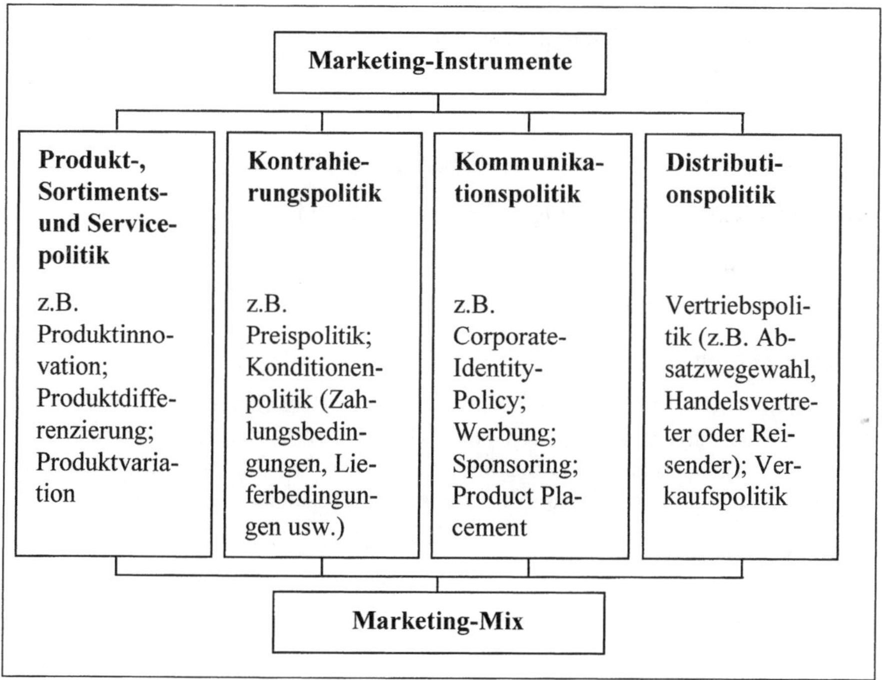

Abb. 4.2: Instrumente des Marketing (Absatzes)

Bei der **Distributionspolitik** können die zwei Bereiche Vertriebspolitik und Verkaufspolitik unterschieden werden. Handlungsalternativen im Rahmen der **Vertriebspolitik** sind durch die Wahl der Absatzwege, die Wahl der Absatzmittler (Handelsvertreter oder Reisende) und bei der Marketing-Logistik gegeben. Gegenstand der Marketing-Logistik ist die Planung von Transportwegen und Transportmitteln; im Zusammenhang mit der Lagerung fertig gestellter Produkte sind die Standorte von Lägern und die Lagerbewirtschaftungssysteme festzulegen. Bei der **Verkaufspolitik** sind konstitutive Entscheidungen wie Festlegung des Verkaufsbudgets, Planung des Umfanges des Außendienstes und Planung von Verkaufsbezirken zu treffen; darüber hinaus ist über Akquisition, Selektion und Schulung der Außendienstmitarbeiter, die Steuerung des Außendienstes und die Planung von Besuchen durch Außendienstmitarbeiter zu befinden.

Im Rahmen des **Marketing-Mixes** schließlich ist eine geeignete Abstimmung der einzelnen, bisher isoliert betrachteten Marketing-Instrumente zu finden.

Zu den **entscheidungsrelevanten Daten** im Marketing zählen sowohl gewisse interne Bedingungen als auch externe Bedingungen. Typische (unternehmens-) **interne Bedingungen** sind:

- generelle Strukturgegebenheiten (wie Branche, Standort, Größe),
- die Produktionsfunktion und insbesondere die hierauf aufbauende Kostenfunktion,
- die Kapazität des Produktionsapparates und
- die finanzielle Situation (z.B. verfügbare finanzielle Mittel).

Wesentliche **externe Bedingungen** des Marketing sind

- der relevante Markt,
- die Marktstruktur und
- die Marktform.

Als **Markt** wird die Gesamtheit der ökonomischen Beziehungen zwischen Anbietern und Nachfragern hinsichtlich eines Gutes/einer Gütergruppe (Produktmarke/Produktart) innerhalb eines bestimmten Gebietes und eines bestimmten Zeitraumes bezeichnet. Zur Erfassung eines Marktes müssen damit die Elemente

- Gut/Gütergruppe,
- Gebiet,
- Anbieter,
- Nachfrager und
- ökonomische Beziehungen (Kommunikations-, Kooperations-, Wettbewerbs-, Macht- und Rollenbeziehungen)

festgelegt werden (vgl. im Einzelnen Berndt 1996, S. 16 ff.). Um einen Markt von anderen Märkten abgrenzen zu können, sind geeignete Abgrenzungskriterien heranzuziehen. Prinzipiell denkbar sind folgende **Marktabgrenzungen** (vgl. Busse von Colbe/Hammann/Laßmann 1992, S. 5):

- eine gutsbezogene Abgrenzung (z.B. nach Qualitäten, Preisklassen),
- eine bedürfnisbezogene Abgrenzung (z.B. Körperpflegemarkt),
- eine nachfragerbezogene Abgrenzung (z.B. Großhandel, Einzelhandel, private Haushalte),
- eine regionale Abgrenzung (z.B. Großhandel, Einzelhandel, private Haushalte),
- eine regionale Abgrenzung (z.B. BRD, Württemberg),

- eine zeitbezogene Abgrenzung (z.B. Vorsaison, Hauptsaison) und/oder
- eine preisklassenbezogene Abgrenzung.

Im konkreten Fall müssen in der Regel mehrere Merkmale gleichzeitig herangezogen, d.h. eine mehrdimensionale Marktabgrenzung vorgenommen werden.

Aus theoretischer Sicht ist allgemein zu fordern, dass bei der Marktabgrenzung alle relevanten Konkurrenzbeziehungen erfasst werden. Dies kann z.B. mit Hilfe einer **Kreuzpreiselastizität** (Ott 1997, S. 146; Simon 1992, S. 93) erfolgen. Sie ist definiert als

$$\varepsilon_{AB} = \frac{\text{prozentuale Absatzänderung von Produkt A}}{\text{prozentuale Preisänderung von Produkt B}} \tag{4.1}$$

oder bei infinitesimaler Betrachtung

$$\varepsilon_{AB} = \frac{\partial x_A}{x_A} : \frac{\partial p_B}{p_B} = \frac{\partial x_A}{\partial p_B} \cdot \frac{p_B}{x_A}. \tag{4.2}$$

In (4.2) bezeichnen p_B den Ausgangspreis des Gutes B, x_A die Ausgangsabsatzmenge des Gutes A und $\frac{\partial x_A}{\partial p_B}$ die partielle Ableitung der Preisabsatzfunktion $x_A(p_A, p_B)$ nach dem Preis p_B (mit dem Preis des Gutes A in Höhe von p_A).

(4.1) gibt an, um wie viel Prozent sich die Absatzmenge eines Gutes A ändert, wenn der Preis eines anderen Gutes B um 1 % verändert wird. Wird zum Beispiel der Ausgangspreis in Höhe von 100 GE um eine GE verringert und steigt hierdurch die Absatzmenge von 10.000 Stück auf 10.500 Stück, so ergibt sich eine Kreuzpreiselastizität in Höhe von –5. Im Falle komplementärer Güter (wie im Rechenbeispiel) nimmt die Kreuzpreiselastitziät einen negativen Wert, im Falle substitutiver Güter einen positiven Wert an. Je größer der Wert der Kreuzpreiselastizität ist, desto stärker sind die Konkurrenzbeziehungen. Nach dem Kriterium der Kreuzpreiselastizität sind bei der Marktabgrenzung all jene Konkurrenten und deren Güter zu erfassen, für die gilt, dass die Kreuzpreiselastizität einen ausreichend großen positiven Wert annimmt. Die Eignung von Kreuzpreiselastizitäten zur Marktabgrenzung ist aber eingeschränkt, da zum einen offen ist, von welchem kritischen Wert der Kreuzpreiselastizitäten an ein zu beachtendes Konkurrenzverhältnis zu einem Konkurrenten besteht, und zum anderen Nachfragemengeneffekte aufgrund eines veränderten Einsatzes anderer absatzpolitischer Instrumente nicht erfasst werden.

Bisher ging es darum, einen Gesamtmarkt zu erfassen und von anderen Märkten damit abzugrenzen. Es ist aber darauf hinzuweisen, dass daneben die Möglichkeit besteht, eine **Marktsegmentierung** vorzunehmen, also einen Gesamtmarkt in verschiedene, in sich homogene Marktsegmente zu zerlegen, um dann die einzelnen Marktsegmente in effizienter Weise zu bearbeiten.

Des Weiteren lassen sich zwei verschiedene **Marktstrukturen,** einstufige und mehrstufige Märkte, unterscheiden. Bei **einstufigen Märkten** gelangt ein Produkt direkt vom Produzenten zum Konsumenten; es erfolgt also keine Einschaltung von rechtlich und wirtschaftlich selbständigen, vom Produzenten unabhängigen Betrieben des Groß- und/oder Einzelhandels. Bei einstufigen Märkten spricht man auch vom Direktabsatz eines Produzenten; ein Beispiel ist der Vertrieb von Schuhen in betriebseigenen Filialen (z.B. Salamander). Bei **mehrstufigen Märkten** hingegen werden – zwischen dem Hersteller und dem Konsumenten – eine bzw. mehrere Handelsstufen durchlaufen; ein Beispiel ist die Abfolge "Produzent, Großhandel, Einzelhandel, Konsument". Der Absatz über mehrstufige Märkte wird auch als indirekter Absatz bezeichnet; ein typisches Beispiel sind die Märkte, auf denen Pflegemittel (z.B. Haushaltsreiniger) abgesetzt werden.

Die Ein- bzw. Mehrstufigkeit eines Marktes determiniert in gewisser Weise die Möglichkeiten der Marketing-Politik eines Produzenten. Hinsichtlich der Preispolitik gilt z.B., dass bei mehrstufigen Märkten in der Regel nur unverbindliche Preisempfehlungen, also keine Preisbindung seitens eines Produzenten zulässig sind; auf einem einstufigen Markt hingegen kann ein Produzent seine Preispolitik durchsetzen. Für die Marketing-Kommunikation gilt Folgendes: Auf einstufigen Märkten kann sich die Kommunikationspolitik nur an den Konsumenten richten. Bei mehrstufigen Märkten hingegen bestehen mehrere Möglichkeiten (vgl. Abb. 4.3): Ein Produzent kann seine Kommunikationsmaßnahmen erstens auf den Konsumenten und zweitens auf den Handel richten; drittens besteht noch für den Produzenten die Möglichkeit, sich an Kommunikations-Maßnahmen des Handels zu beteiligen.

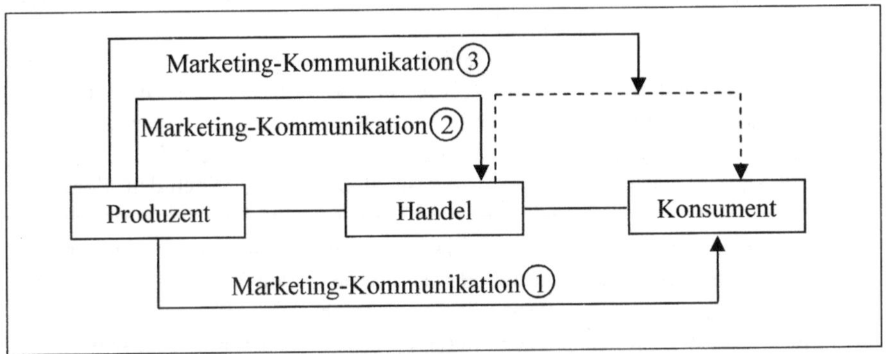

Abb. 4.3: Grundsätzliche Möglichkeiten der Marketing-Kommunikation eines Produzenten auf mehrstufigen Märkten

Eine Einteilung von Märkten nach der Zahl (und Größe) der Marktteilnehmer auf der Angebots- und der Nachfrageseite erlaubt das **Marktformenschema** (vgl. ausführlich Berndt 1996, S. 22 ff.). Als Marktformen des Angebotes sind zu nennen

- das Monopol (ein einziger Anbieter, sehr viele Nachfrager),

- das Oligopol (wenige Anbieter, sehr viele Nachfrager),
- das Polypol (sehr viele Anbieter, sehr viele Nachfrager).

Entsprechende Marktformen der Nachfrage sind

- das Monopson (ein einziger Nachfrager, sehr viele Anbieter),
- das Oligopson (wenige Nachfrager, sehr viele Anbieter) und
- das Polypson (sehr viele Nachfrager, sehr viele Anbieter).

Als Mischform ist das bilaterale Monopol zu nennen (ein einziger Anbieter/ein einziger Nachfrager). In der Praxis ist das Oligopol (z.B. Pkw-Markt, Benzin-Markt) von besonderer Bedeutung; Monopole sind seltener gegeben (z.B. regionale Monopole von Versorgungsbetrieben).

B. Produktpolitik

I. Überblick

Ein **Produkt** kann allgemein als eine Menge von Eigenschaften charakterisiert werden, die kombiniert werden und die erlauben, ein beziehungsweise mehrere Bedürfnisse eines Nachfragers zu befriedigen. Im Zusammenhang mit einem Produkt sind zunächst die Begriffe

- Produktklasse,
- Produktart und
- Produktmarke

zu unterscheiden. Grundsätzlich ist die **Produktklasse** ein genereller Oberbegriff (z.B. Zigaretten). Eine Produktklasse umfasst verschiedene Produktarten (z.B. Filterzigaretten und filterlose Zigaretten), zwischen denen im Allgemeinen nur vergleichsweise geringe Substitutionsbeziehungen bestehen. Die **Produktart** (z.B. Filterzigaretten) ist ein Oberbegriff für verschiedene Produktmarken (z.B. Marlboro, Philip Morris), zwischen denen deutlich engere substitutive Beziehungen bestehen als zwischen den Produktarten. **Produktmarken** schließlich sind homogene Güter, die unter Verwendung ein und derselben Marke angeboten werden.

In diesem Zusammenhang sind Markenartikel, (klassische) Handelsmarken und Gattungsmarken (no names) voneinander zu unterscheiden. **Markenartikel** sind markierte Artikel, welche von einem Hersteller (Herstellermarke) angeboten werden (z.B. Rama, HB). Eine **Marke** kann dabei

- ein Name, eine Bezeichnung, ein Zeichen, ein Symbol oder ein Design oder die Kombination dieser Elemente sein,
- die zur Identifikation der Güter oder Dienstleistungen eines Anbieters und
- zu ihrer Differenzierung von den Marken der Konkurrenten dient.

Typische Merkmale eines Markenartikels sind

- ein gleich bleibend hohes Qualitätsniveau,
- eine Kommunikationspolitik des Herstellers gegenüber den Konsumenten und
- die Überall-Erhältlichkeit des Markenartikels.

Vom Markenartikel im Sinne einer Herstellermarke ist die **(klassische) Handelsmarke** abzugrenzen. Hierbei handelt es sich um Eigenmarken eines Handelsbetriebes (z.B. Tip von Real). Neben den Handelsmarken werden vom Handel auch so genannte **Gattungsmarken (no names)** angeboten; dabei handelt es sich um Artikel, welche durch Angabe der Produktart (z.B. Filterzigaretten, Bohnenkaffee) bezeichnet werden. Ein wesentliches Charakteristikum der no names sind die vergleichsweise niedrigen Priese, die 20 – 30 % unter dem Preisniveau vergleichbarer Markenartikel liegen.

Die typischen **Handlungsmöglichkeiten** im Rahmen der Produktpolitik erstrecken sich auf die Felder

- Produktinnovation,
- Produktvariation,
- Produktdifferenzierung und
- Produkteliminierung.

Gegenstand der **Produktinnovation** ist die Suche, die Auswahl, die Entwicklung, das Testen und die Einführung eines neuen Produktes. Neben der Produktgestaltung, welche die Auswahl und angemessene Kombination von Produkteigenschaften zum Gegenstand hat, ist insbesondere im Bereich des Konsumgüter-Marketing die Verpackungsgestaltung von Bedeutung. Im Rahmen der Verpackungsgestaltung sind

- die mengenmäßige Verkaufseinheit,
- der Transportschutz und
- die kommunikativen Elemente, welche über das Produkt und dessen Eigenschaften informieren,

zu planen. Der **Produktvariation** liegt die Frage zugrunde, welche Eigenschaften eines (eingeführten) Produktes zu welchem Zeitpunkt und in welcher Weise geändert werden sollen. Im Rahmen einer **Produktdifferenzierung** wird ein bereits eingeführtes Produkt durch das zusätzliche Einführen von Varianten des Produktes ergänzt. Von der produktpolitischen Handlungsalternative "Produktdifferenzierung" ist die unternehmenspolitische Handlungsalternative "Diversifizierung" abzugrenzen; im Rahmen einer **Diversifizierung** wird ein Unternehmen, dessen bisherige Produkte ein und derselben Branche zuzurechnen sind, auch in völlig anderen Branchen tätig (vgl. hierzu Berndt 1995b, Teil 2). Gegenstand der **Produkteliminierung** ist schließlich die Frage, zu welchem Zeitpunkt ein Produkt endgültig aus dem Markt herauszunehmen ist.

Typische **ökonomische Ziele** der Produktpolitik sind

- das Streben nach Gewinn,
- die Erlös- und/oder Marktanteilssteigerung,
- die Kostensenkung,
- die Beschäftigungsglättung,
- die Qualitätssteigerung (-führerschaft) und
- die Risikostreuung;

daneben sind **ökologische Ziele** der Produktpolitik wie

- der Schutz knapper Ressourcen (Erhalten knapper Ressourcen),
- die Verminderung belastender Emissionen und Abfälle,
- die Begrenzung von Gefahrenpotentialen und Störfällen

von Bedeutung. Vergleicht man diese Zielinhalte der Produktpolitik mit den obersten Unternehmenszielen (vgl. Abschnitt B. I des Teils 1), so ist offensichtlich, dass das Streben nach **Gewinn** bzw. nach einer **Kostensenkung** dem obersten Unternehmensziel der Gewinnsteigerung entspricht. Führt eine **Beschäftigungsglättung** zu geringeren Produktionskosten, so fördert auch diese Zielgröße das oberste Unternehmensziel der Gewinnsteigerung Sowohl die **Erlös- und/oder Marktanteilssteigerung** als auch die **Risikostreuung** verhalten sich als produktpolitische Zielgrößen im Allgemeinen komplementär zum obersten Unternehmensziel des Wachstums. Dabei beinhaltet die Risikostreuung die Tätigkeit in verschiedenen Produktfeldern, um gegebenenfalls Verluste in manchen Feldern durch Gewinne in anderen Feldern kompensieren zu können. Die **Qualitätssteigerung (-führerschaft)** entspricht offensichtlich dem Unternehmensziel eines erstrebten technischen Leistungsprofils. Ob konkurrierende oder komplementäre Beziehungen zwischen ökonomischen und **ökologischen Zielen** der Produktpolitik bestehen, ist in jedem Einzelfall festzustellen.

Zu den **entscheidungsrelevanten Daten der Produktpolitik** zählen erstens der relevante Markt und dessen Charakteristika sowie die hierauf aufbauenden Mengen- und Erlösschätzungen, zweitens betriebsinterne Daten wie z.B. die Kostensituation und drittens die Rechtsvorschriften, die im Rahmen der Produktpolitik gelten. Die relevanten Rechtsvorschriften lassen sich grundsätzlich in beschränkende Rechtsvorschriften und in Schutzrechte unterteilen. **Beschränkende Rechtsvorschriften,** d.h. rechtliche Regelungen, welche den eigenen Handlungsspielraum einschränken, sind im Rahmen der Produktgestaltung, der Verpackungsgestaltung und der Markierung zu beachten (vgl. den Überblick z.B. bei Ahlert/Schröder 1996, S. 151 ff.). Rechtliche Regelungen zur **Produktgestaltung** haben insbesondere den Verbraucherschutz zum Ziel: Zum einen soll die Sicherheit und die Gesundheit des Verbrauchers geschützt werden; entsprechende Regelungen finden sich beispielsweise im Lebensmittel- und Gaststättengesetz. Zum anderen sollen die Verbraucher vor Irreführung geschützt werden; zu nennen sind hier die Bestimmungen der Handelsklassenverordnung, welche beispielsweise für landwirtschaftliche Produkte eine Einteilung in Gewichts- oder Größenklassen vorschreibt, um dem Verbraucher eine Beurteilung zu ermöglichen. Im Bereich der **Verpackungsgestaltung** sind die verschiedenen Kennzeichnungsvorschriften zu nennen (Inhalt, Haltbarkeit, u.ä.) wie auch das Verbot von "Mogelpackungen". Darüber hinaus ist die Wahl des Verpackungsmaterials insbesondere im Arznei- und Lebensmittelrecht gesetzlich geregelt. Im Rahmen der Markierung sind zum einen Schutzrechte Dritter zu beachten; zum anderen darf die Markierung keine täuschenden Angaben enthalten, d.h. die mit der Markierung unter Umständen implizierten Produkteigenschaften müssen den tatsächlichen Eigenschaften entsprechen (vgl. Ahlert/Schröder 1996, S. 151 ff.).

Zu den **Schutzrechten,** welche den Handlungsspielraum der Konkurrenten einschränken, zählen unter anderem das Patent-, das Gebrauchsmuster- und das Geschmacksmustergesetz (vgl. den Überblick z.B. bei Ahlert/Schröder 1996, S. 106 ff.). Das **Patentrecht** (geregelt im PatG) gewährt dem Inhaber das Recht zur alleinigen Nutzung seiner Erfindung. Patente können für Leistungen aus dem Gebiet der Technik erlangt werden, die neu sind, auf erfinderischer Tätigkeit beruhen und gewerblich anwendbar sind. Patente sind schriftlich anzumelden; die maximale Laufzeit beträgt 20 Jahre; für die Aufrechterhaltung des Patentschutzes sind Gebühren zu entrichten. **Gebrauchsmuster** sind nach § 1 GebrMG Erfindungen, die neu sind, auf erfinderischem Schritt beruhen und gewerblich verwendbar sind. Dazu gehören

- alle Arbeitsgeräteschaften, Gebrauchsgegenstände oder Teile davon, welche dem Arbeits- oder Gebrauchszweck durch eine neue Gestaltung, Anordnung oder Vorrichtung dienen sollen,
- Anlagen und Anordnungen, wie z.B. Müllverbrennungs- und Müllverwertungsanlagen, Fertigungs- und Montagezellen,
- Nahrungs-, Genuss- und Arzneimittel sowie
- Stoffe ohne festen Inhalt, d.h. Stoffe (Festkörperstoff, Flüssigkeit, Gas), deren Verwendung als Gebrauchsgegenstand noch nicht festgelegt ist.

Als Voraussetzung zur Gebrauchsmusteranmeldung muss, wie bei der Patentanmeldung, der technische Inhalt der Neuerung gewährleistet sein, die Anforderungen hinsichtlich Neuheitsgrad und technischen Fortschritt sind jedoch geringer. Gebrauchsmuster können sich nicht auf technische Verfahren beziehen. Die maximale Schutzzeit beträgt zehn Jahre; die Anmeldung erfolgt beim Patentamt. Das **Geschmacksmusterrecht** ist ein Urheberrecht an ästhetisch wirkende, gewerbliche Muster und Modelle; das Schutzrecht wird für den ästhetischen Gehalt eines Erzeugnisses gewährt; der Inhaber erhält das alleinige Recht zur Nachbildung. Die Anmeldung erfolgt beim Patentamt, die Schutzzeit beträgt maximal 20 Jahre (vgl. z.B. Ahlert/Schröder 1996, S. 117 ff.).

II. Produktinnovation

1. Grundlagen

Im Rahmen der Produktinnovation sind neue Produkte zu entwickeln und auf den Markt zu bringen. Die **Notwendigkeit** einer Neuproduktplanung ergibt sich aus internen Gründen wie

- Existenz- und Wachstumssicherung,
- Risikostreuung,
- Auslastung vorhandener Kapazitäten und
- Senkung von Produktionskosten

und externen Gründen wie

- technischer Fortschritt,
- verändertes Konsumentenverhalten,
- Änderung des Konkurrenzverhaltens und
- (allgemein) die hierdurch bedingte begrenzte Lebensdauer eines Produktes.

Der idealtypische **Lebenszyklus eines Produktes** auf dem Markt wird in Abb. 4.4 dargestellt. Basis sind die Entwicklung des Erlöses und (ergänzend) des Gewinnes im Zeitablauf. Die Zeitachse wird in sechs Phasen unterteilt, deren zeitliche Ausdehnung aus dem Lebenszyklus selbst (aus der Erlös- und der Gewinnkurve) abgeleitet wird:

- Einführungsphase (I)
  (von der Markteinführung bis zum Erreichen der Gewinnschwelle);
- Wachstumsphase (II)
  (von der Gewinnschwelle bis zum Zeitpunkt des maximalen Gewinnes);

- Reifephase (III)
  (Beginn im Zeitpunkt des maximalen Gewinnes, Ende vor dem Zeitpunkt des Erlösmaximums; nicht genau definiert);
- Sättigungsphase (IV)
  (nicht exakt definiert; Ende nach dem Zeitpunkt des Erlösmaximums);
- Verfallsphase (V)
  (nicht exakt definiert);
- Absterbephase (VI)
  (nicht exakt definiert; bis zur Herausnahme des Produktes aus dem Markt).

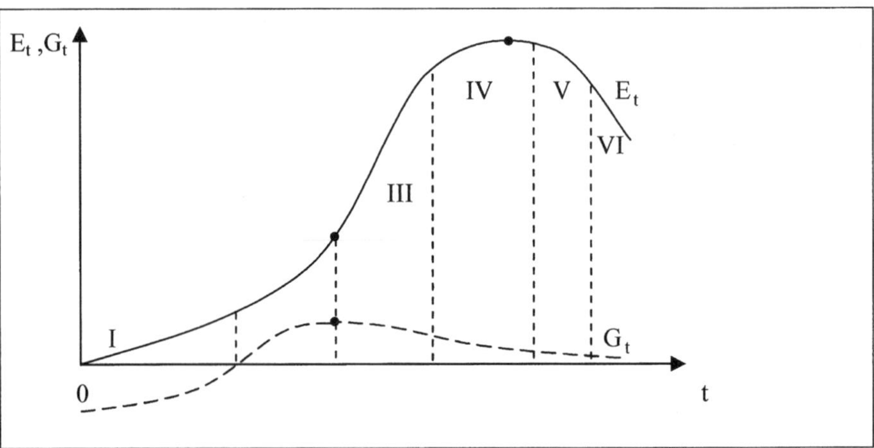

Abb. 4.4: Das Lebenszyklus-Konzept eines Produktes

Das Produkt-Lebenszyklus-Modell veranschaulicht deutlich die begrenzte Lebensdauer eines einmal eingeführten Produktes am Markt (abhängig von der Erlös- und Gewinnentwicklung im Zeitablauf); die Notwendigkeit von Produktinnovationen (zu angemessenen Zeitpunkten) wird deutlich.

Die Notwendigkeit einer Produktinnovation lässt sich auch durch die **Analyse eines Produktionsprogrammes** nach

- der Lebenserwartung der Produkte (am Markt),
- der Zahl der Produkte und
- dem Umsatzpotential

erkennen (vgl. Abb. 4.5). In der beispielhaften Abb. 4.5 weisen zu wenige Produkte eine hohe Lebenserwartung auf; die Anzahl der Produkte, die sich schon in der Sättigungs- beziehungsweise Verfallphase befinden, ist zu groß.

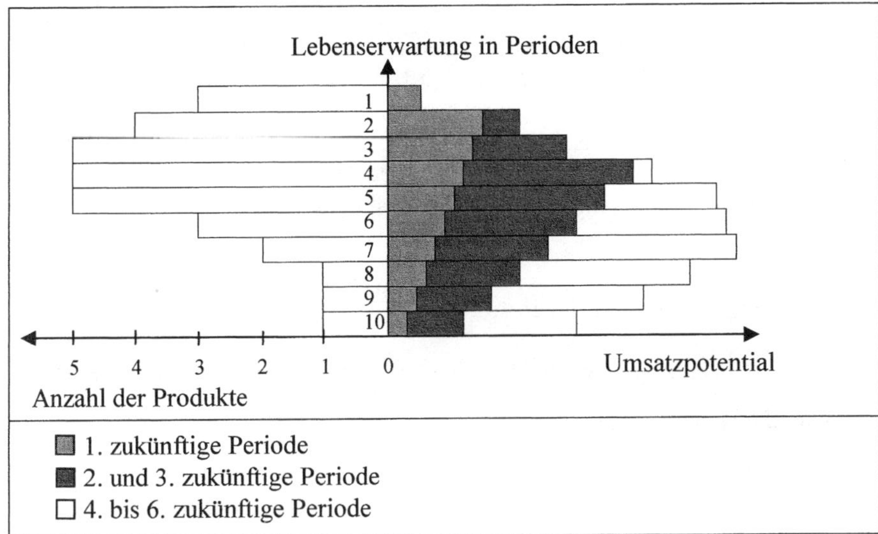

Abb. 4.5: Analyse eines Produktionsprogramms

2. Planungsprozess der Produktinnovation

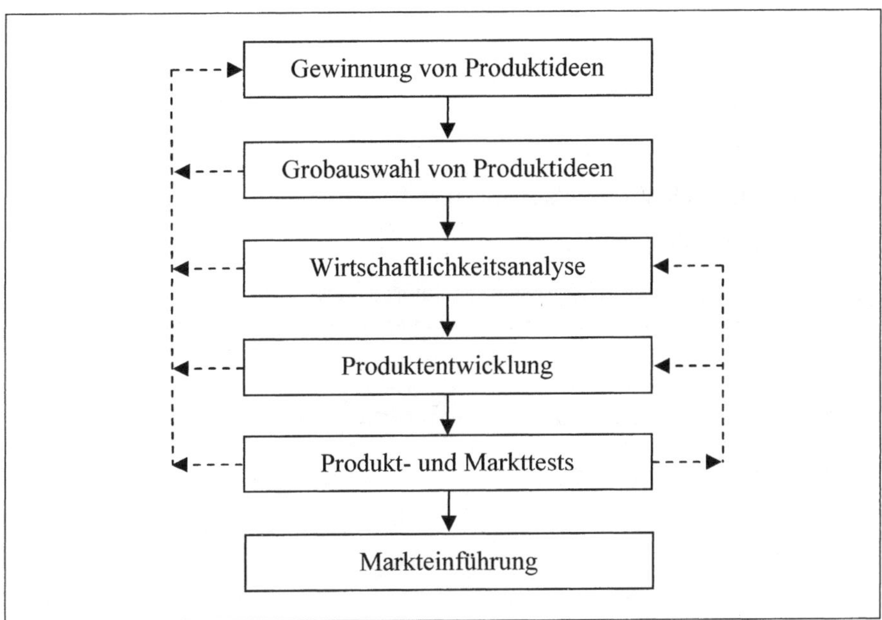

Abb. 4.6: Planungsprozess einer Produktinnovation

Der Prozess der Neuproduktplanung wird in Abb. 4.6 dargestellt. Die einzelnen aufeinander aufbauenden Teilphasen der Produktinnovation sind aufgeführt. Daneben sind diverse Rückkopplungen zu beachten: Zum einen kann auf jeder Stufe der Innovationsprozess abgebrochen werden, was zu einer neuen Gewinnung von Produktideen (Phase 1) und zu einem erneuten Durchlaufen des Innovationsprozesse führen muss. Außerdem sind enge Interaktionen zwischen manchen Teilphasen (z.B. Produktentwicklung oder Tests und Wirtschaftlichkeitsanalyse) gegeben.

3. Gewinnung von Produktideen

Um **Produktideen** zu gewinnen, können unternehmensexterne Quellen wie

- Wünsche/Beschwerden von Kunden,
- der Handel,
- Anbieter von Patenten/Lizenzen,
- Messen,
- konkurrierende Unternehmen und
- Produktinnovationen auf anderen Märkten

sowie unternehmensinterne Quellen wie

- die F & E-Abteilung,
- die Patentabteilung,
- die Produktionsabteilung
- (inkl. betriebliches Vorschlagswesen) und
- die Marketingabteilung

herangezogen werden. Für unternehmensinterne Teams zur Ideengewinnung können spezifische Techniken zur Ideengewinnung eingesetzt werden (vgl. Abb. 4.7; bezüglich der einzelnen Techniken siehe Berndt 1995a, S. 54 ff.).

systematisch-logische Techniken	**intuitiv-kreative Techniken**
– Morphologische Methode – Progressive Abstraktion – Problemlösungsbaum	– Brainstorming – Brainwirkung (Methode 6.3.5.) – Synektik

Abb. 4.7: Techniken zur Gewinnung von Produktideen

4. Grobauswahl von Produktideen

Im Anschluss an die Ideengewinnung ist eine **Grobauswahl** der weiter zu verfolgenden Produktideen vorzunehmen. Dieser Problembereich entspricht der Entscheidungsfindung bei mehrfacher Zielsetzung; als Hilfsmittel können (deterministische oder probabilistische) Scoring-Modelle eingesetzt werden (vgl. Teil 1, C.). In Abb. 4.8 findet sich ein Beispiel zur Grobauswahl von Produktideen bei Sicherheit; angegeben sind die Kriterien (I bis VII; abgeleitet aus dem verfolgten Zielsystem), deren Gewichtungsfaktoren und die Ausprägungen der metrisch skalierten Kriterien, die durch drei zur Wahl stehende Produktideen (A, B, C) erreicht werden. Gemäß der gewichteten Gesamtpunktzahl ist die Produktidee C die beste, denn es ergibt sich:

$$GGPZ_A = 3{,}0;$$

$$GGPZ_B = 3{,}15;$$

$$GGPZ_C = 3{,}2.$$

Verlangt man jedoch zusätzlich, dass bei dem Kriterium V zumindest die Punktzahl 4 erreicht wird, so erweist sich die Produktidee A als die weiter zu verfolgende.

Kriterium	**Gewichtungs-faktoren**	**sehr gut** 5	4	3	2	**schlecht** 1
I	0,05	B	C	A		
II	0,1		A	B, C		
III	0,2			B, C	A	
IV	0,2		C	B	A	
V	0,3		A	B, C		
VI	0,1		B	A	C	
VII	0,05		C	A	B	
	$\sum = 1$					

Abb. 4.8: Ein Beispiel zur Grobauswahl von Produktideen mittels eines (deterministischen) Scoring-Modells

5. Wirtschaftlichkeitsanalyse

Für die Produktideen, welche die Grobauswahl überstanden haben, sind im Folgenden **Wirtschaftlichkeitsanalysen** durchzuführen. Wirtschaftlichkeitsanalysen können außerdem nach der Produktentwickung und nach der Durchführung von

Produkt- beziehungsweise Markttests erforderlich sein. Ausgangspunkt der Wirtschaftlichkeitsanalysen sind die geplanten/in Erwägung gezogenen Marketing-Strategien (z.B. Preislage, Werbebudget usw.); hierauf sind die Absatzmengen- und Erlösschätzungen aufzubauen. Außerdem sind – in Abhängigkeit von den geschätzten Absatzmengen – die Produktionskosten zu schätzen. Bei den zu erstellenden Absatzprognosen sind Expertenschätzungen erforderlich, welche grundsätzlich

- deterministischer oder stochastischer Art sein können,
- einmalig oder mehrmalig durchgeführt werden können,
- von einem einzigen Experten oder einer Expertengruppe (z.B. Delphi-Team) erstellt werden können

(zu den möglichen Prognoseverfahren siehe Berndt 1996). Im Rahmen von Wirtschaftlichkeitsanalysen kann eine Vielzahl an **Bewertungs- und Entscheidungsverfahren** angewandt werden; ein Überblick findet sich in Abb. 4.9.

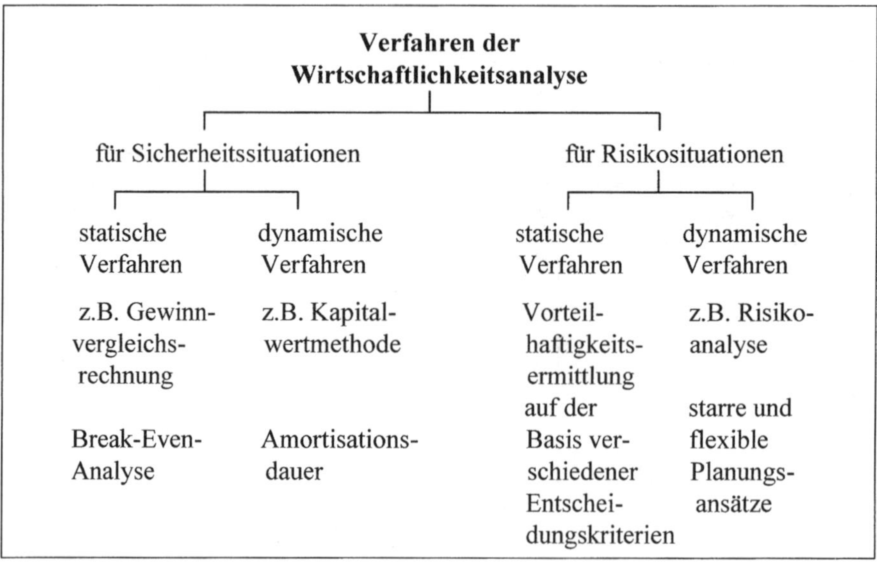

Abb. 4.9: Überblick über Verfahren zur Wirtschaftlichkeitsanalyse

Im Rahmen einer **Gewinnvergleichsrechnung** müssen für die zu beurteilenden Produktideen

- der Preis festgelegt werden,
- die zu erwartende Absatzmenge geschätzt werden und
- die variablen und fixen Kosten (z.B. auf der Grundlage einer unterstellten Produktionsfunktion) geschätzt werden;

es können dann die durch die Produktideen erreichbaren Gewinnwerte errechnet werden. Ist man sich bei der Schätzung der Absatzmenge nicht sicher, so kann die Gewinnvergleichsrechnung durch eine **Break-Even-Analyse** ergänzt werden. Zu ermitteln ist jene (kritische) Absatzmenge, bei der gerade die Gewinnschwelle erreicht wird, der Verlustbereich also verlassen wird. Analytisch gilt:

$$E = p \cdot x \overset{!}{=} K^F + k_v \cdot x; \tag{4.3}$$

hieraus folgt

$$x^* = \frac{K^F}{p - k_v} \tag{4.4}$$

Nur am Rande sei bemerkt: In analoger Weise ist eine kritische Absatzmenge zu ermitteln, wenn neben den Produktionskosten auch Marketingkosten K^{Ma} beziehungsweise ein Mindestgewinn G^{mind} zu berücksichtigen sind (vgl. Abb. 4.10).

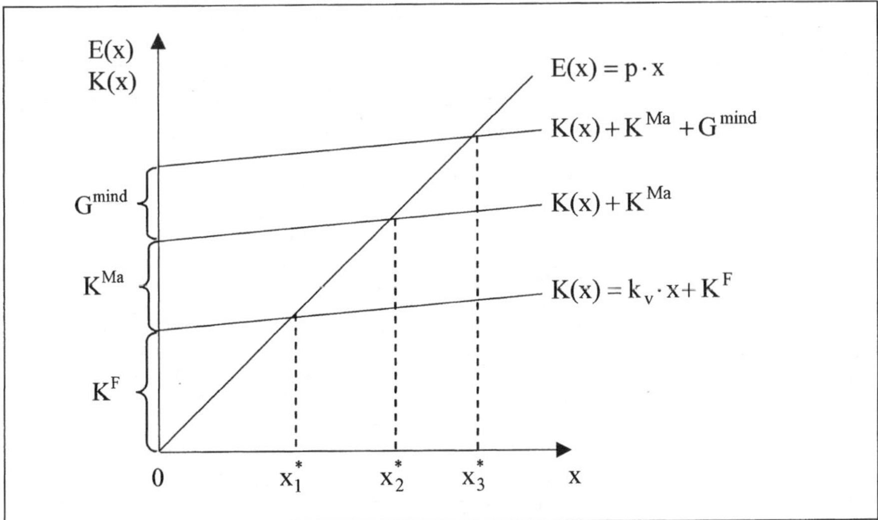

Abb. 4.10: Break-Even-Analyse und Erweiterungen

Des Weiteren können die **Kapitalwertmethode** und (ergänzend) die **Amortisationsdauer** als dynamische, investitionstheoretische Ansätze herangezogen werden. Die Ausgangssituation zur Ermittlung des Kapitalwertes einer Zahlungsreihe ist von Abb. 1.10 dargestellt, die Definitionsgleichung für den Kapitalwert in (1.11) gegeben. Ein – gegenüber (1.11) – differenzierteres Beispiel findet sich in der Abb. 4.11. Gegeben sind zwei Produktideen. Errechnet worden sind die von den Produktideen erzielbaren Gewinne in den einzelnen Perioden und die resultierenden Kapitalwerte. Offensichtlich ist die Produktidee 2 der Produktidee 1 überlegen.

Produktidee 1:

Periode t	0	1	2	3	4	5
p_t	-	20	18	16	15	15
k_{vt}	-	10	10	9	7	7
x_t	-	200.000	250.000	300.000	350.000	350.000
K_t^F	-	500.000	500.000	500.000	500.000	500.000
K_t^{Ma}	1.000.000	1.500.000	1.500.000	1.300.000	1.000.000	1.000.000
G_t	-1.000.000	0	0	300.000	1.300.000	1.300.000
$q = \frac{1}{1{,}1^t}$	-	0,9091	0,8264	0,7513	0,6830	0,6209

$C_0 = -1.000.000 + 0 + 0 + 225.390 + 887.900 + 807.170 = 920.460$

Produktidee 2

Periode t	0	1	2	3	4	5
p_t	-	30	25	24	22	22
k_{vt}	-	15	15	14	12	12
x_t	-	180.000	250.000	300.000	320.000	320.000
K_t^F	-	600.000	600.000	600.000	600.000	600.000
K_t^{Ma}	1.500.000	2.000.000	1.500.000	1.500.000	1.500.000	1.500.000
G_t	-1.500.000	100.000	400.000	900.000	1.100.000	1.100.000
$q = \frac{1}{1{,}1^t}$	-	0,9091	0,8264	0,7513	0,6830	0,6209

$C_0 = -1.500.000 + 90.910 + 330.560 + 676.170 + 751.300 + 682.990 = 1.031.930$

Abb. 4.11: Beispielhafte Bestimmung der Kapitalwerte für zwei Produktideen

Für die beiden Produktideen kann auch die **Amortisationsdauer,** d.h. die Zahl der Perioden, in denen eine Produktinnovation auf dem Markt angeboten werden muss, bis kein negativer Kapitalwert mehr anfällt, bestimmt werden. Hinsichtlich der Amortisationsdauer (4 Perioden) müssen die beiden Produktideen als gleich gut eingeschätzt werden (vgl. Abb. 4.12).

Kumulierte diskontierte Gewinne nach ... Perioden:					
Zahl der Perioden	1	2	3	4	5
Produktidee 1	-1.000.000	-1.000.000	-774.610	113.290	920.460
Produktidee 2	-1.409.090	-1.078.530	-420.360	348.940	1.031.930

Abb. 4.12: Amortisationsdauer zweier Produktideen

Bestehen mehrwertige Erwartungen bezüglich der entscheidungsrelevanten Daten, d.h. ist eine **Risikosituation** gegeben, so können eine Risikoanalyse (hier sind die zu beurteilenden Aktionen die alternativen Produktideen) beziehungsweise Entscheidungsfindungen auf der Grundlage flexibler beziehungsweise starrer Entscheidungsbäume erfolgen (vgl. Teil 1, C).

6. Produktentwicklung

Zur **Produktentwicklung** im weiteren Sinne können die technische Entwicklung, das Produktdesign, die Verpackungsgestaltung und die Produktnamensgebung gezählt werden. Grundlage der Produktentwicklung und Konstruktion ist ein geeigneter Produktvorschlag, welcher Angaben über Funktionen, Eigenschaften, Leistungsfähigkeit und Formvorstellungen des Produktes enthält. Auf die Produktentwicklung und Konstruktion folgt die Produkterprobung: Prototypen sind zu bauen, in technischer Hinsicht zu testen, eine Probeserie ist herzustellen. Die Rohmaterialien sind festzulegen; die Einzelteile sind auszuwählen und die Baugruppen zu konstruieren; außerdem muss der technische Produktionsprozess geplant werden. Technische Dauertests sind erforderlich, um unter Einsatzbedingungen das neue Produkt zu testen und gegebenenfalls vorhandene Mängel zu erkennen und abzustellen. Im Zusammenhang mit Dauertests ist eine Wertanalyse durchzuführen. Die technische Entwicklung ist dann (unter Umständen nur vorläufig) abgeschlossen, wenn Prototypen hergestellt werden konnten, welche die technischen Tests bestanden haben, und wenn die Patentfähigkeit der Innovation geprüft ist. Um – in umfassender Weise – bei der Produktentwicklung ökologische Gesichtspunkte zu beachten, sind die verschiedenen Phasen der individuellen Lebensdauer eines Produktes, die Produktionsphase, die Ge- und Verbrauchsphase und die Entsorgungsphase zu berücksichtigen (vgl. Cansier 1996). Im Rahmen der Produktionsphase sind reichlich vorhandene Rohstoffe einzusetzen, eine angemessene (individuelle) Lebensdauer eines Produktes zu gewährleisten und die Wiederverwendung von Abfällen sicherzustellen. In der Ge- und Verbrauchsphase sind die Gesundheitsverträglichkeit der Produktsubstanzen, die Verwertbarkeit der Verpackung, der Energieverbrauch und die Schadstoffemissionen von Bedeutung. In der Entsorgungsphase spielen die Recyclingfähigkeit von Einzelbestandteilen eines Produktes und die Verbrennungs- beziehungsweise Kompostierungsmöglichkeiten eines Produktes eine Rolle.

7. Tests

Die Produktentwicklung im weiteren Sinne kann durch verschiedene **Tests** ergänzt werden. Denkbar sind unter anderem Konzepttests, Produkttests und Namenstests. Mit Hilfe eines Konzepttests soll die Produktidee geprüft werden. Das Produkt wird dabei beschrieben, als Skizze beziehungsweise als Modell vorgelegt, und die Testpersonen werden im Rahmen von Einzelinterviews beziehungsweise einer Gruppendiskussion nach einer Einschätzung des Produktes gefragt. Im Rahmen von Produkttests ist die Produktleistung zu prüfen; es wird der Frage nachgegangen, ob ein Produkt hinsichtlich seiner Produktleistung auf dem Markt bestehen kann. Produkttests können als monadischer Test oder als nicht-monadischer Test durchgeführt werden. Bei einem monadischen Test wird ein einziges Produkt, das neue Produkt, beurteilt; im Rahmen eines nicht-monadischen Tests werden mehrere Produkte (inklusive des neuen Produktes) miteinander verglichen; z.B. wird eine Rangfolge der Produkte bestimmt. Im Rahmen von Namenstest geht es darum, die erwogene Produktbezeichnung zu prüfen. Zum Beispiel kann ermittelt werden, wie merkfähig ein Name ist, indem eine Liste von Namen vorgelegt und erhoben wird, in welchem Ausmaß die Namen erinnert werden. Auch können die Assoziationen, die mit einem Namen verbunden werden, erfragt werden.

Wenn die Produktentwicklung so weit abgeschlossen ist, dass Prototypen des neuen Produktes hergestellt werden können, die Verpackungsgestaltung außerdem geklärt und die Produktnamensgebung abgeschlossen ist, kann ein probeweises Anbieten des neuen Produktes auf **Teilmärkten** erfolgen. Es können Testmarkt-Simulationen (Labor-Markttests), Minimarkttests (vgl. Abb. 4.13) oder (regionale) Markttestsdurchgeführt werden. Grundsätzlich kann im Gebiet des geplanten Gesamtmarktes des neuen Produktes eine Vielzahl an Tests durchgeführt werden. Die einzelnen möglichen Tests unterscheiden sich unter anderem in der Größe des Testmarktes, in der Zahl der potentiellen Käufer, in der Repräsentativität des Testmarktes bezüglich des Gesamtmarktes, in den jeweils anfallenden Kosten sowie in der jeweiligen Testdauer. Ein Testmarkt ist **repräsentativ** für den Gesamtmarkt, wenn Strukturgleichheit bezüglich der relevanten Repräsentanzkriterien besteht; als Repräsentanzkriterien können z.B. Konsumentenmerkmale, vorhandene Absatzwege und vorhandene Werbeträger herangezogen werden. Im Rahmen eines Test fallen **Kosten** für die Produktion des neuen Produktes, für Marketing-Maßnahmen und für die erforderlichen Marktforschungsmaßnahmen an; diese Kosten werden zum Teil kompensiert durch die im Rahmen des Tests anfallenden Erlöse für das neue Produkt. Bei der Festlegung der Dauer eines Tests ist zu beachten, dass als Ergebnis des Tests ein stabiler Marktanteil für das neue Produkt ermittelt werden sollte.

Merkmale	GfK Behavior Scan
Testmarkt	Haßloch in der Pfalz: 100 % aller Haushalte sind kabelfähig
Anzahl der Testhaushalte	2.000 Haushalte mit GfK-Box, 1.000 Haushalte ohne GfK-Box
Markterfassungsgrad im Lebensmitteleinzelhandel	je nach Warengruppe bis zu 95 %
einsetzbare Medien	- alle relevanten TV-Sender - Tageszeitungen - Publikumszeitschriften - Plakate - Handelswerbung (Tageszeitung, Handzettel, Anzeigenblätter)
TV-Testspot	individuelle Ansteuerung einzelner Haushalte (z.B. der Zielgruppe) über alle Kanäle
Kontrollverfahren	individuell

Quelle: Berekoven/Eckert/Ellenrieder 2001, S. 167 f.
Abb. 4.13: Ein beispielhafter Minimarkttest

8. Markteinführung

Wenn ein Produkt vollständig entwickelt worden ist und die Produkt- und Markttests zu positiven Ergebnissen geführt haben, ist darüber zu befinden, in welcher Art und Weise das Produkt auf dem Gesamtmarkt einzuführen ist. Die möglichen Markteinführungsstrategien lassen sich als Erweiterungen der denkbaren preispolitischen Strategien darstellen. In Abb. 4.14 sind fünf **preispolitische Strategien** dargestellt.

Eine Marketing-Strategie auf der Basis der **preispolitischen Strategie I** (hoher Preis auf Dauer) lässt sich wie folgt charakterisieren: eine erste Voraussetzung ist eine hohe/führende Qualität. Des Weiteren muss eine Zielgruppe gefunden werden, die über eine entsprechende Zahlungsfähigkeit verfügt und welche die Produktmarke z.B. zum offensichtlichen (demonstrativen) Konsum heranzieht. Sowohl die Kommunikationspolitik als auch die Distributionspolitik müssen zielgruppen- und qualitätsorientiert erfolgen. Die zu produzierende Stückzahl ist vergleichsweise gering, da sonst die Exklusivität des Angebotes nicht aufrechterhalten bleiben kann. Eine derartige Marketing-Strategie ist z.B. für Sportwagen der Marken Lamborghini oder Porsche möglich.

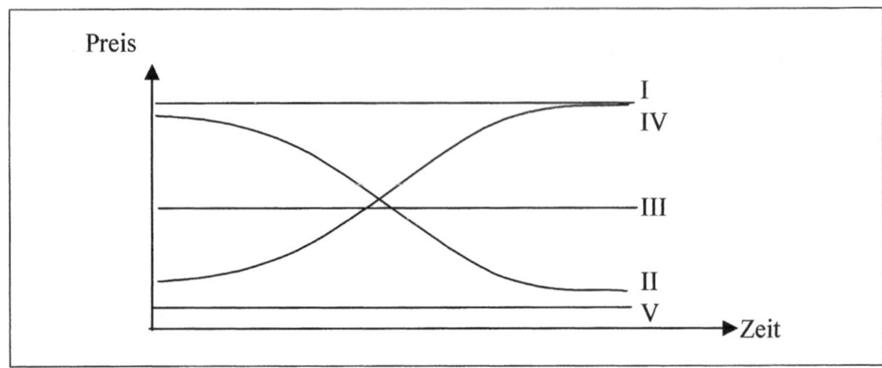

Abb. 4.14: Mögliche preispolitische Strategien für eine Produktinnovation

Die Idee der **Preisstrategie II** (hoher Einführungspreis; sukzessive Preissenkungen) besteht darin, die Zahlungsfähigkeit und –willigkeit des Marktes abzuschöpfen. Entsprechend ist die zugehörige Marketing-Strategie zielgruppenbezogen: Zunächst wird eine exklusive Zielgruppe umworben; dann wird die Exklusivität der Zielgruppe schrittweise gemildert. Die Kommunikationspolitik und Distributionspolitik erfolgen in angemessener Weise; z.B. ist zunächst eine exklusive Distribution über Fachgeschäfte, später auch über Warenhäuser usw. vorzunehmen. Ein typisches Anwendungsbeispiel dieser Marketing-Strategie ist bei der Unterhaltungselektronik (z.B. bei Video-Recordern) zu verzeichnen. Die Vorteile einer derartigen Preisstrategie sind offensichtlich: Es sind zunächst nur niedrige Kapazitäten erforderlich; die Beanspruchung finanzieller Ressourcen ist gering; mit dem hohen Preisniveau wird ein hohes Qualitätsniveau verbunden; ein preispolitischer Spielraum (nach unten) wird geschaffen. Ein möglicher Nachteil dieser Preisstrategie kann darin gesehen werden, dass die erreichbaren Gewinne Konkurrenten heranziehen, die zudem einen erheblichen preispolitischen Spielraum vorfinden. Andererseits besteht für den Innovator die Möglichkeit, einer Konkurrenzreaktion durch eine Preissenkung zu begegnen. Wesentliche Voraussetzungen für diese preispolitische Strategie sind, dass der Innovator eine "echte" Neuheit anbietet, er damit auch als erster am Markt ist und dass geeignete Zielgruppen (mit entsprechender Zahlungsfähigkeit und –willigkeit) gegeben sind.

Die **Preisstrategie III** (durchschnittliche Preislage auf Dauer) ist z.B. für nicht-exklusive Markenartikel durchführbar, die unter anderem in eingeführten Fachgeschäften vertrieben werden und bei denen eine dauerhafte "gute" Qualität gegeben ist.

Der **Preisstrategie IV** (niedrige Einführungspreis; sukzessive Preiserhöhungen) liegt typischerweise folgende Ausgangssituation zugrunde: Ein Anbieter verfügt über vergleichsweise hohe freie Kapazitäten; unter Umständen befürchtet er einen Konkurrenzeinstieg auf einem Markt; auf jeden Fall will er einen Markt vergleichsweise schnell durchdringen und gegenüber Konkurrenten abschotten. Wenn eine beachtliche, unter Umständen monopolartige Marktstellung erreicht ist, kann er dann Preiserhöhungen vornehmen. Ein typisches Beispiel für diese Marketing-Strategie ist die Einführung japanischer Personenkraftwagen in der EG. Bei einer Beurteilung dieser Strategie ist auf folgende Punkte hinzuweisen: Potenzielle Konkurrenten können vom Markteintritt abgehalten werden; hohe Absatz- und Produktionsmengen können zu vergleichsweise geringen Produktionskosten führen, andererseits sind hohe Kapazitäten erforderlich, ein preispolitischer Spielraum kann in der Regel nur geschaffen werden, wenn auch qualitative Verbesserungen gemacht werden.

Ein typischer Anwendungsbereich der **Preisstrategie V** (niedriger Preis auf Dauer) sind die Gattungsmarken (no names), die von Handelsbetrieben angeboten werden. Daneben ist hiermit auch die typische Preispolitik der Discounter gegeben.

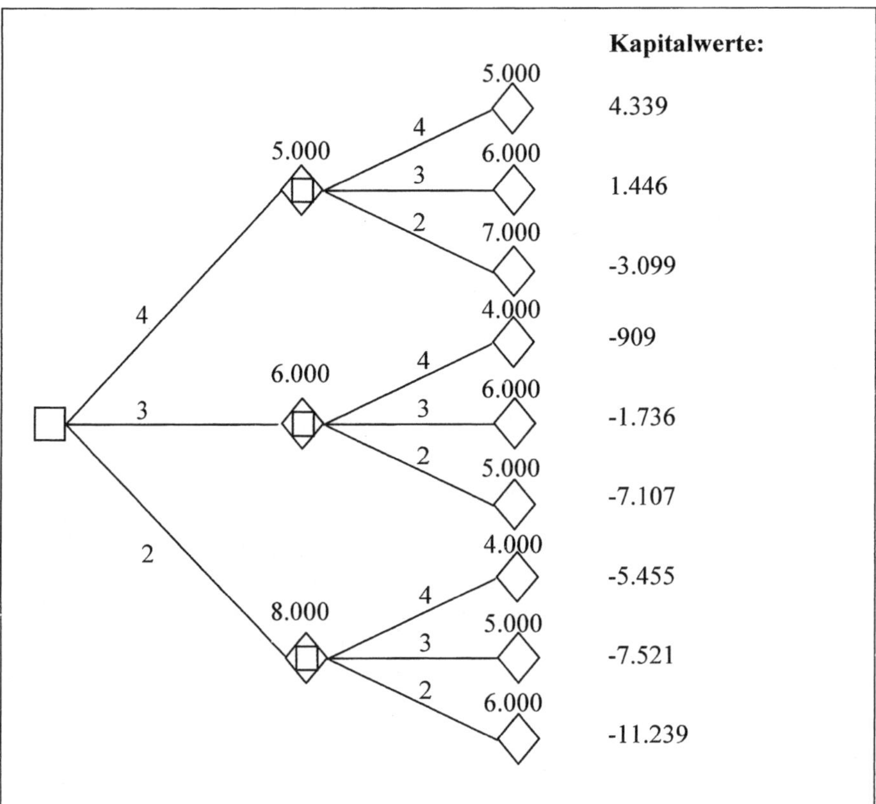

Abb. 4.15: Beispielhafte Ermittlung einer optimalen Preisstrategie bei Sicherheit

Bei Sicherheit kann eine **optimale Preisstrategie** bestimmt werden, indem für alternative, in Erwägung gezogene Preisstrategien die zugehörigen Kapitalwerte ermittelt werden. Dies soll anhand einer einfachen Entscheidungssituation erläutert werden (vgl. Abb. 4.15): In jeder der beiden Teilperioden kann entweder der Preis $p_1 = 4$, $p_2 = 3$ oder $p_3 = 2$ gewählt werden; die zugehörigen geschätzten Absatzmengen sind in Abb. 4.15 oberhalb der Ergebnisknoten abgetragen. Die variablen Stückkosten belaufen sich auf $k_v = 1{,}5$ und die Fixkosten pro Periode auf $K^F = 10.000$. Der Kalkulationszins betrage $i = 10\,\%$. Der mit einer Preisstrategie verbundene Kapitalwert ergibt sich dann allgemein als

$$C_0 = \sum_{t=1}^{2} \left[(p_t - k_v) \cdot x_t - K_t^F \right] \cdot \frac{1}{1{,}1^t} = \sum_{t=1}^{2} \left[(p_t - 1{,}5) \cdot x_t - 10.000 \right] \cdot \frac{1}{1{,}1^t}. \qquad (4.5)$$

Die Kapitalwerte der einzelnen Preisstrategien finden sich in der letzten (rechten) Spalte der Abb. 4.15. Als optimal erweist sich, in beiden Perioden den Preis in Höhe von 4 zu verlangen; es ist also eine Hochpreis-Strategie durchzuführen. Das Beispiel zur dynamischen Preisstrategie kann grundsätzlich erweitert werden, indem nicht nur alternative Preisstrategien, sondern alternative Marketing-Strategien zur Wahl stehen. Außerdem können entsprechende Entscheidungsmodelle für Risikosituationen herangezogen werden.

C. Preispolitik

I. Preispolitik im Rahmen der Kontrahierungspolitik

Die Kontrahierungspolitik umfasst alle Entscheidungstatbestände im Rahmen der Preispolitik und der Konditionenpolitik. Wesentliche Handlungsmöglichkeiten im Bereich der Preispolitik sind alternative Preishöhen, alternative Preisstrategien und Preisdifferenzierungen (Verkauf ein und desselben Produktes an verschiedene Nachfragegruppen zu unterschiedlichen Preisen). Gegenstand der betrieblichen Konditionenpolitik ist die Entscheidungsfindung hinsichtlich der Rabattgewährung, der einzuräumenden Zahlungs- und Lieferungsbedingungen sowie der Absatzfinanzierung; in den Allgemeinen Geschäftsbedingungen werden in der Praxis die gewährten Konditionen zusammengefasst.

II. Preisfindung in der Praxis

Zu den Verfahren der Preisfindung in der Praxis zählen

- die kostenorientierte Preisbestimmung,
- die nachfrageorientierte Preisbestimmung,
- die konkurrenzorientierte Preisbestimmung und

– die nutzenorientierte Preisbestimmung.

Im Rahmen einer kostenorientierten Preisbestimmung erfolgt eine Preiskalkulation, die auf Vollkosten- beziehungsweise Teilkostenbasis durchgeführt werden kann. Zur nachfrageorientierten Preisbestimmung ist eine Vielzahl an Preistests zu rechnen, im Rahmen derer Konsumenten in geeigneter Weise (z.B. nach Preisvorstellungen, angemessenen Preishöhen) befragt werden. Bei einer konkurrenzorientierten Preisbestimmung wird auf eine autonome Preissetzung verzichtet; vielmehr richtet sich ein Anbieter bei seiner Preisfindung z.B. nach einem dominierenden Konkurrenten. Im Rahmen einer nutzenorientierten Preisfindung leitet ein Anbieter seine Preisforderung aus den Nutzen seines angebotenen Produktes für den Nachfrager ab.

1. Kostenorientierte Preisfindung

Die Grundidee einer kostenorientierten Preisbestimmung ist die Preiskalkulation auf der Grundlage der Selbstkosten pro Stück (im Falle eines Industriebetriebes) beziehungsweise des Einkaufspreis eines Artikels (im Falle eines Handelsbetriebes) zuzüglich eines Gewinnzuschlages. Grundsätzlich können eine Preiskalkulation auf Vollkostenbasis und eine Preiskalkulation auf Teilkostenbasis unterschieden werden. Bei der Preiskalkulation auf Vollkostenbasis werden die Selbstkosten pro Stück (im Falle eines Industriebetriebes) beziehungsweise des Einkaufspreis eines Artikels (im Falle eines Handelsbetriebes) zuzüglich eines Gewinnzuschlages ermittelt. Bei der Preiskalkulation auf Vollkostenbasis werden die Selbstkosten eines Produktes unter Berücksichtigung sämtlicher (direkt zurechenbarer) Einzelkosten und – auf das betrachtete Produkt – aufgeschlüsselter Gemeinkosten bestimmt.

Materialeinzelkosten
\+ Materialgemeinkosten
= Materialkosten
\+ Lohneinzelkosten
\+ Lohngemeinkosten
= Herstellkosten
\+ Verwaltungs- und Vertriebsgemeinkosten
\+ Sondereinzelkosten des Vertriebs
= Selbstkosten

Abb. 4.16: Ermittlung der gesamten Selbstkosten eines Produktes auf Vollkostenbasis

Zur Ermittlung der (gesamten) Selbstkosten eines Produktes auf **Vollkostenbasis** kann das in Abb. 4.16 dargestellte Kalkulationsschema verwandt werden. Dabei ist die Höhe der einzelnen Kostenarten auf der Grundlage einer geplanten Produktionsmenge zu schätzen; entsprechend ergeben sich dann die Selbstkosten zunächst auf der Basis einer geplanten Menge. Die Selbstkosten pro Stück ergeben sich, indem die zuvor errechnete gesamten Selbstkosten durch die geplante Menge dividiert werden. Der Preis eines Produktes i ergibt sich als

$$p_i = k_{si}\left(1+\frac{g}{100}\right) \quad \text{(für alle i)} \tag{4.6}$$

mit

p_i : Preis des Produktes i,

k_{si} : Selbstkosten pro Stück des Produktes i,

g : Gewinnzuschlag, ausgedrückt als Prozentsatz der Selbstkosten pro Stück.

An der Preiskalkulation auf Vollkostenbasis können folgende Kritikpunkte genannt werden: Es fehlt eine Orientierung an einem verfolgten preispolitischen Ziel; die Nachfrage- und die Konkurrenzseite werden nicht in angemessener Weise berücksichtigt; die Zurechnung von Gewinnkosten auf einzelne Produkte bleibt – egal wie sie durchgeführt wird – willkürlich; die Festlegung des Gewinnaufschlages (z.B. in branchenüblicher Weise) ist problematisch.

Das Problem der Gemeinkostenaufschlüsselung kann umgangen werden, indem eine Preiskalkulation nur auf der Basis der (direkt zurechenbaren) **Einzelkosten** erfolgt. Dabei entsteht aber ein neues Problem: Wie sollen die Gewinnzuschläge für die einzelnen Produkte bestimmt werden, wenn Gemeinkosten nicht auf die Produkte aufgeschlüsselt werden, aber die gesamten Gemeinkosten eines Betriebes gedeckt werden sollen?

Eine Variante der kostenorientierten Preisfindung ist das **Target-Pricing**. Hier wird (1) die Absatzmenge x^* geschätzt, (2) ein erwünschter Mindestgewinn $\bar{G}$ vorgegeben, (3) die bei der Menge x^* anfallenden gesamten Kosten (fixe und variable Kosten) geschätzt. Es ist dann jener Preis herauszufinden, der – bei gegebener Menge x^* – zu einem Erlös führt, der gleich den Gesamtkosten bei dieser Menge zuzüglich dem Mindestgewinn $\bar{G}$ ist (vgl. Abb. 4.17; der optimale Preis ist dort p_3). Es gilt also:

$$E \overset{!}{=} k_v \cdot x^* + K^F + \overline{G} \quad \text{beziehungsweise} \tag{4.7}$$

$$p \cdot x^* = k_v \cdot x^* + K^F + \overline{G}\,, \tag{4.8}$$

woraus folgt

$$p = \frac{k_v \cdot x^* + K^F + \overline{G}}{x^*}. \quad (4.9)$$

Offensichtlich ist, dass das Target-Pricing als Preisfindungsverfahren nur herangezogen werden kann, wenn die Nachfragemenge unabhängig vom geforderten Preis ist (Beispiel: US-Benzin-Markt).

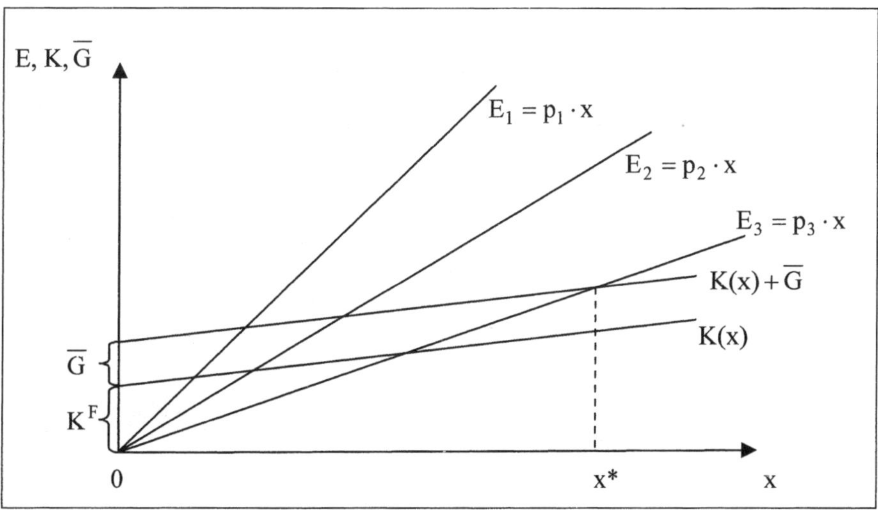

Abb. 4.17: Target-Pricing

2. Nutzenorientierte Preisfindung

Eine nutzenorientierte Preisfindung kann

- auf der Basis von Leistungsmerkmalen beziehungsweise
- auf der Basis ökonomischer Größen

erfolgen. Die nutzenorientierte Preissetzung **auf Basis von Leistungsmerkmalen basiert auf der Idee,** dass ein Nachfrager bei der Beurteilung eines Produktes Leistungsmerkmale heranzieht und seine Zahlungsbereitschaft an dem Erfüllungsgrad der betreffenden Kriterien ausrichtet. Bei Berücksichtigung nur eines **einzigen Leistungsmerkmals** können Verhältniszahlen gebildet werden, bei denen der Preis des betreffenden Produktes zu einer spezifischen Leistung in Beziehung gesetzt wird:

$$PLV_i = \frac{p_i}{l_{ij}} \quad \text{(für alle i)}, \quad (4.10)$$

wobei

PLV_i : Preis/Leistungs-Verhältnis von Produkt i;

p_i : Preis von Produkt i;

l_{ij} : Leistung j von Produkt i.

Gebräuchliche Preis/Leistungs-Verhältnisse in der Praxis sind z.B. €/PS bei Motoren oder €/qm bei Gebäuden. Eine Preisfindung für das betrachtete Produkt i findet nun statt, indem ein Anbieter seine Preisforderung p_i so setzt, dass das zugehörige (eigene) Preis/Leistungs-Verhältnis aus Nachfragersicht besser ist als jene der konkurrierenden Produkte. Dieses Preisfindungsverfahren kann aber dahingehend kritisiert werden, dass nur ein einziges Leistungsmerkmal Berücksichtigung findet.

Eine Möglichkeit zur Berücksichtigung **mehrerer Leistungsmerkmale** besteht in der Anwendung eines Punktbewertungsmodells (Scoring-Modells), welches mehrere entscheidungsrelevante (Leistungs-)Merkmale sowie deren Bedeutungsbeimessung (mittels Gewichtungsfaktoren) umfasst. Allgemein gilt

L_i : Leistungsindex von Produkt i (für alle i);

l_{ij} : Ausprägung des Leistungsmerkmals j von Produkt i (für alle j, i);

g_j : Gewichtungsfaktor des Leistungsmerkmals j (für alle j).

Das Preis/Leistungs-Verhältnis von Produkt i ergibt sich als

$$PLV_i = \frac{p_i}{L_i} = \frac{p_i}{\sum_j g_j \cdot l_{ij}} \quad \text{(für alle i).} \qquad (4.11)$$

Die Preisfindung des Anbieters findet dann wie im zuvor betrachteten Fall statt. Offensichtlich ist, dass bei dieser Vorgehensweise ein erheblicher Informationsbedarf besteht. Daneben besteht das Problem der Heterogenität der Nachfrager: Im Prinzip kann jeder Nachfrager aufgrund seiner spezifischen Präferenzen eine andere Produktbewertung vornehmen. Dies kann dazu führen, dass individuell unterschiedliche Bewertungen zu aggregieren sind beziehungsweise eine durchschnittliche Bewertung gefunden werden muss.

Eine nutzenorientierte Preissetzung kann auch **auf der Basis ökonomischer Größen** erfolgen; eine derartige Preissetzung besitzt in erster Linie für den Investitionsgüterbereich Relevanz. Betrachtet wird folgender Fall: Ein Nachfrager will ein Investitionsgut (eine Maschine) erwerben. Die Vorteilhaftigkeit eines angebotenen Investitionsgutes beurteilt er anhand eines investitionstheoretischen Kalküls; für seine Zielgröße Kapitalwert gilt:

$$C_0 = -A_0 + \sum_{t=1}^{T} E_t \cdot q^{-t} \tag{4.12}$$

mit

A_0: Anschaffungsausgabe,

E_t: Einzahlungsüberschuss in Periode t ($t = 1,..,T$),

q^{-t}: Diskontierungsfaktor für t Perioden.

Dabei entspricht der Angebotspreis des Anbieters der Anschaffungsausgabe des Nachfragers. Der betrachtete Anbieter hat nun seinen Angebotspreis so zu setzen, dass der mit dem von ihm angebotenen Investitionsgut zu erwirtschaftende Kapitalwert größer ist als jener Kapitalwert, den der Nachfrager bei Einsatz eines Konkurrenzproduktes erzielen könnte. Kritisch zu vermerken ist der erhebliche Informationsbedarf.

III. Ansätze der Preistheorie

1. Ein Grundmodell

Eine Vielzahl von theoretischen Ansätzen zur Preisbestimmung ist vorgeschlagen worden, die sich von den Praktikerverfahren zur Preisfindung insbesondere darin unterscheiden, dass gleichzeitig die verfolgten preispolitischen Ziele, die Nachfrage, die Kosten und (gegebenenfalls) die Kapazitätssituation berücksichtigt werden. Die theoretischen Ansätze können nach Kriterien wie

- zugrunde liegende Marktform,
- ein- beziehungsweise mehrstufige Märkte,
- zugrunde liegende(s) Ziel(e),
- vorliegende Informationssituation und
- statischer beziehungsweise dynamischer Ansatz

systematisiert werden. Im Folgenden wird ein **Grundmodell** der Preistheorie betrachtet, welches sich auf ein Monopol bezieht und eine Sicherheitssituation unterstellt. Zu ermitteln ist zunächst eine Preisabsatzfunktion, welche angibt, welche Absatzmengen zu verschiedenen Preishöhen realisiert werden können. Ausgegangen wird von einer linearen Preisabsatzfunktion (vgl. Abb. 4.18) der Form

$$p = p(x) = a - b \cdot x \tag{4.13}$$

Zur Menge $x = 0$ gehört ein Prohibitivpreis in Höhe von a; beim Preis $p = 0$ ergibt sich eine Sättigungsmenge in Höhe von $\frac{a}{b}$. Ein Überblick über die grundsätzlichen Möglichkeiten zur Bestimmung einer Preisabsatzfunktion sind in der Abb. 4.19 angeführt.

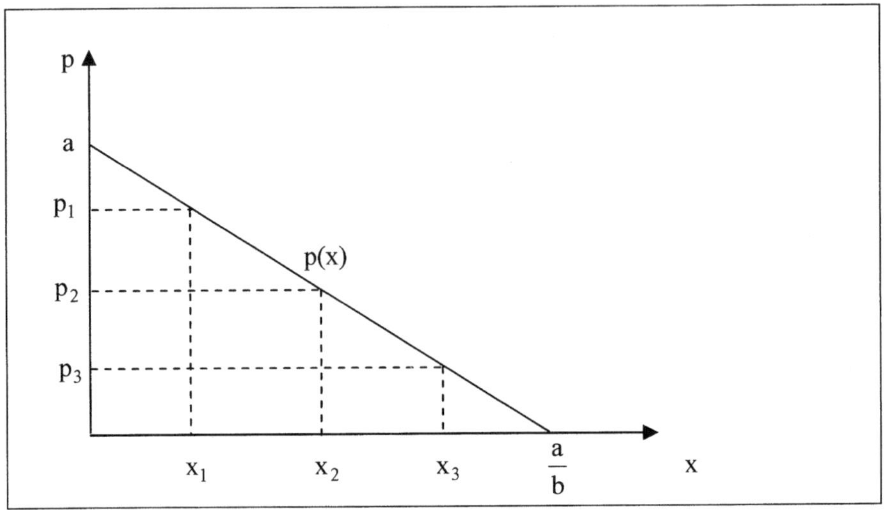

Abb. 4.18: Preisabsatzfunktion

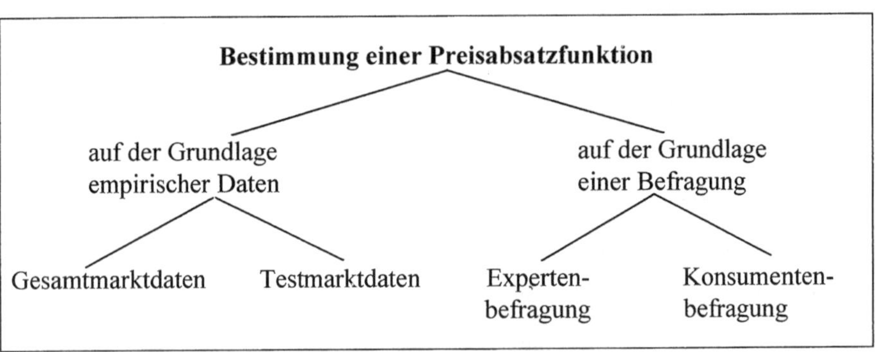

Abb. 4.19: Möglichkeiten zur Bestimmung einer Preisabsatzfunktion

Zur betrachteten Preisabsatzfunktion gehört die Erlösfunktion

$$E = E(x) = p \cdot x = (a - b \cdot x) \cdot x = a \cdot x - b \cdot x^2 . \qquad (4.14)$$

Offensichtlich ist, dass bei der Menge $x = 0$ und bei der Sättigungsmenge der Erlös gleich Null ist. Der maximale Erlös wird bei der halben Sättigungsmenge erreicht. In der Abb. 4.20 ist neben der Preisabsatzfunktion die zugehörige Erlösfunktion gegeben; außerdem ist die erlösmaximale Preis-Mengen-Kombination gekennzeichnet. Neben der Preisabsatz- und der Erlösfunktion muss die Kostenfunktion bekannt sein, welche auf der jeweils relevanten Produktionsfunktion basiert und die entscheidungsrelevanten Kosten in Abhängigkeit von der Menge wiedergibt (vgl. Teil 2); im einfachsten Fall gilt:

$$K = K(x) = k_v \cdot x + K^F. \tag{4.15}$$

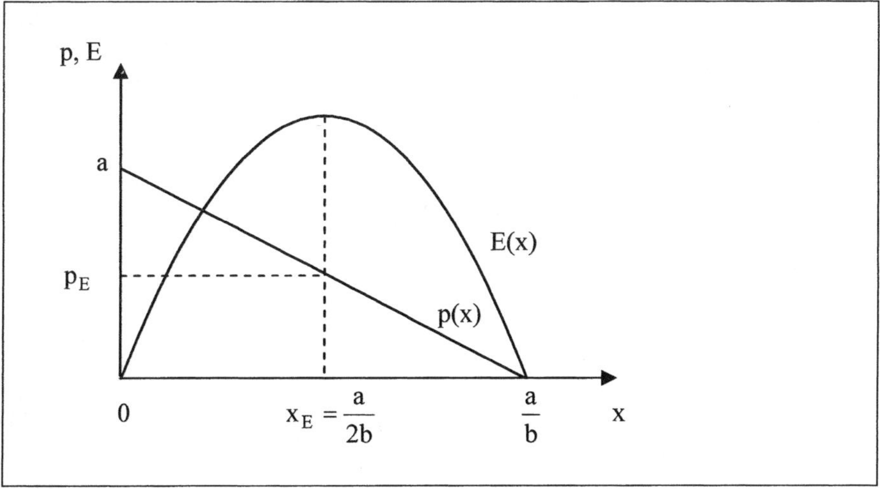

Abb. 4.20: Preisabsatz- und Erlösfunktion sowie erlösmaximale Preis-Mengen-Kombination

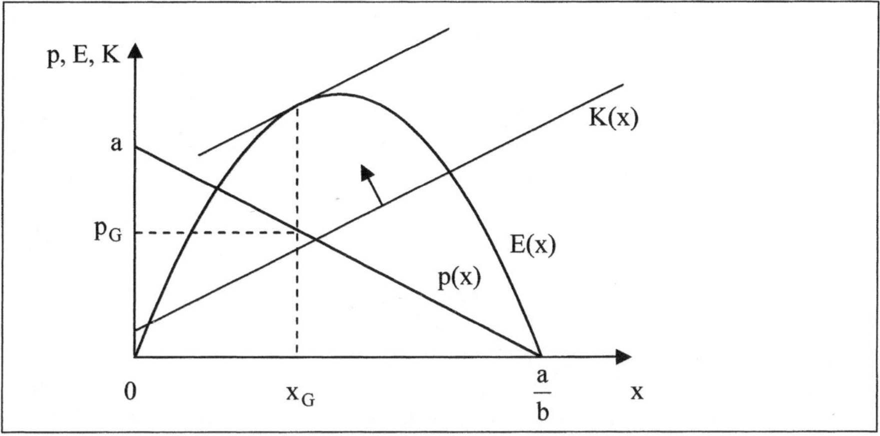

Abb. 4.21: Ermittlung der gewinnmaximalen Preis-Mengen-Kombination

Preisabsatzfunktion: $p = a - b \cdot x$ (1)

Prohibitivpreis: $x = 0 \rightarrow p = a$ (2)

Sättigungsmenge: $p = 0 \rightarrow x = \frac{a}{b}$ (3)

Erlösfunktion: $E = p \cdot x = (a - b \cdot x) \cdot x = a \cdot x - b \cdot x^2$ (4)

Nullstellen: $E(x = 0) = 0$ (5)

$$E(x = \frac{a}{b}) = a \cdot \frac{a}{b} - b \cdot \frac{a^2}{b^2} = 0 \quad (6)$$

Erlösmaximum: $\frac{dE}{dx} = a - 2b \cdot x \stackrel{!}{=} 0$ (7)

$$\rightarrow x = \frac{a}{2b} = \frac{a}{b} \quad (8)$$

$$\rightarrow p = \frac{1}{2} a \quad (9)$$

$$E(x = \frac{1}{2}\frac{a}{b}) = \frac{1}{4} \cdot \frac{a^2}{b} \quad (10)$$

Kostenfunktion: $K = k_V \cdot x + K^F$ (11)

Gewinnfunktion: $G(x) = (a - b \cdot x) \cdot x - k_V \cdot x - K^F$ (12)

$$\frac{dG}{dx} = a - 2bx - k_v \stackrel{!}{=} 0 \text{ oder} \quad (13)$$

$$\text{oder } a - 2bx \stackrel{!}{=} k_v \quad (14)$$

$$\rightarrow x_G = \frac{a - k_v}{2b} \quad (15)$$

$$\rightarrow p_G = \frac{a + k_v}{2} \quad (16)$$

$$\rightarrow E(x_G, p_G) = \frac{a^2 - k_v{}^2}{4b} \quad (17)$$

$$\rightarrow G(x_G, p_G) = \frac{(a - k_v)^2}{4b} - K^F \quad (18)$$

Abb. 4.22: Allgemeine Herleitung des optimalen Preises, der optimalen Menge, des optimalen Erlöswertes und des optimalen Gewinnwertes gemäß der Zielsetzung Gewinnmaximierung

In der Abb. 4.21 sind die Preisabsatz-, Erlös- und Kostenfunktion eingezeichnet. Diese Abbildung lässt nun erkennen, bei welcher Preis-Mengen-Kombination der maximale Gewinn (die maximale Differenz aus Erlös und Kosten) gegeben ist; diese optimale Kombination beläuft sich auf (x_G, p_G). Eine analytische Herleitung der gewinnmaximalen Preis-Mengen-Kombination zeigt die Abb. 4.22. Zu interpretieren ist die Beziehung (14). Sie besagt, dass im Gewinnoptimum der Grenzerlös gleich den Grenzkosten sein muss.

In der Abb. 4.23 findet sich die entsprechende grafische Grenzanalyse; deren Ergebnisse stimmen mit der entsprechenden Totalanalyse (Abb. 4.21) überein.

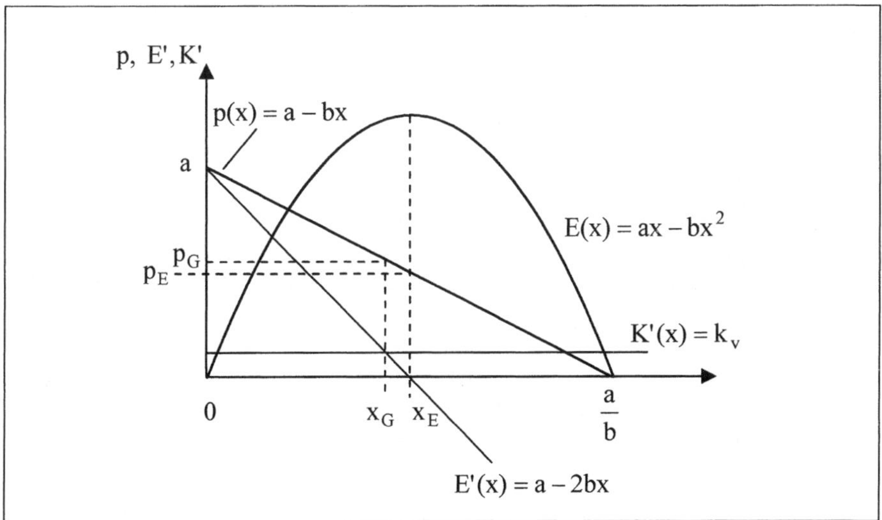

Abb. 4.23: Grenzanalyse zur Bestimmung der gewinnmaximalen Preis-Mengen-Kombination

2. Erweiterungen des Grundmodells

Das bisher betrachtete Grundmodell soll dahingehend modifiziert werden, dass von anderen, unterschiedlichen Zielsetzungen ausgegangen wird. Offensichtlich ist, dass

- bei der Menge x_E (mit dem zugehörigen Preis p_E) der Erlös maximal ist (vgl. Abb. 4.20, Abb. 4.22 und Abb. 4.23),
- die Absatzmenge bei der Sättigungsmenge am größten ist (mit einem Verlust in Höhe der Gesamtkosten bei der Sättigungsmenge (vgl. Abb. 4.21)),

– für die Zielsetzung "Absatzmengenmaximierung unter der Bedingung eines Mindestgewinnes in Höhe von G^{mind} " die Menge $x_{m,2}$ (mit den zugehörigen Preis $p_{m,2}$) optimal ist (vgl. Abb. 4.24). Bei der Menge $x_{m,1}$ wird auch der Mindestgewinn erreicht, aber das (beschränkte) Ziel der Absatzmengenmaximierung verfehlt.

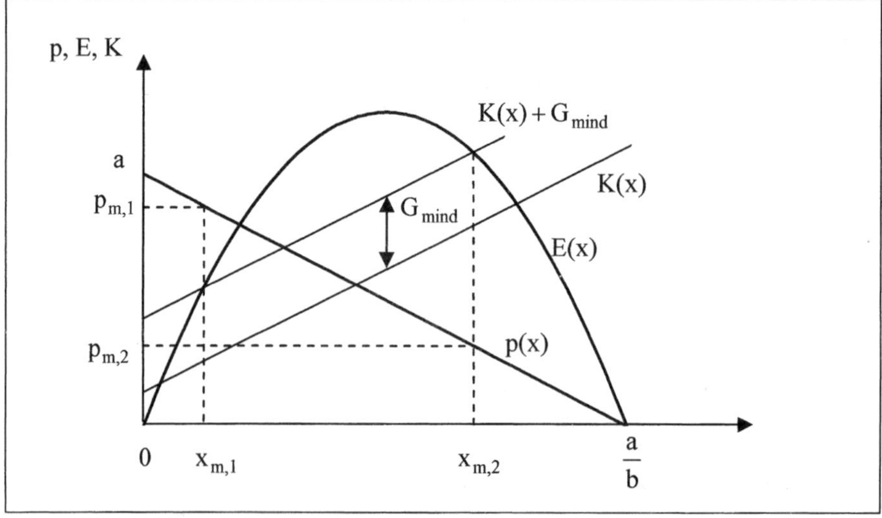

Abb. 4.24: Ermittlung optimaler Preis-Mengen-Kombinationen bei Verfolgung eines Mindestgewinnes

Auch soll untersucht werden, in welcher Weise maximale (Produktions-)Mengen, die aus kapazitativen Gründen nicht mehr erhöht werden können, sich auf die (z.B.) gewinnmaximale Preis-Mengen-Kombination auswirken. Ausgegangen wird von Abb. 4.25. Es werden zwei alternative maximale Mengen betrachtet. Ist die Menge auf $x_{max,2}$ begrenzt, so wirkt sich dies auf die (kleinere) optimale Menge und den zugehörigen Preis nicht aus. Im Falle einer Mengenbegrenzung auf $x_{max,1}$ hingegen ist die gewinnmaximale Menge nicht mehr realisierbar; in diesem Fall ist die optimale Preis-Mengen-Kombination mit $(x_{max,1}, p_{max,1})$ gegeben.

Weitere Erweiterungen des betrachteten Grundmodells sind möglich. So ist es z.B. möglich, die Prämisse eines Monopols fallen zu lassen und eine Konkurrenzsituation (ein Oligopol) zu betrachten. Formt man die (monopolistische) Preisabsatzfunktion um, indem man sie nach der Menge auflöst, so ist – bei Konkurrenz – die eigene Menge nicht nur vom eigenen Preis, sondern auch von den Preisen der Konkurrenten abhängig. Auf der Basis von Hypothesen über das Verhalten der Konkurrenten kann eine eigene optimale Preis- und Mengenpolitik ermittelt werden (vgl. im Einzelnen Berndt 1995a, S. 220 ff.). Auch ist es möglich, eine Ungewissheits- beziehungsweise eine Risikosituation zu unterstellen; in diesem Fall sind die im Teil 1, C. dargestellten Lösungskonzepte heranzuziehen. Auch ist es möglich, eine dynamische Analyse anzustellen. Jetzt ist für jede Teilperiode eine eigenständige Preisabsatzfunktion aufzustellen (herauszufinden), bei der dynamische Aspekte wie time lags oder carry-over-Effekte zu betrachten sind; auf der Grundlage der Zielgröße "Kapitalwert" können die optimalen Preis-Mengen-Kombinationen ermittelt werden (vgl. im Einzelnen Berndt 1995a, S. 204 ff.).

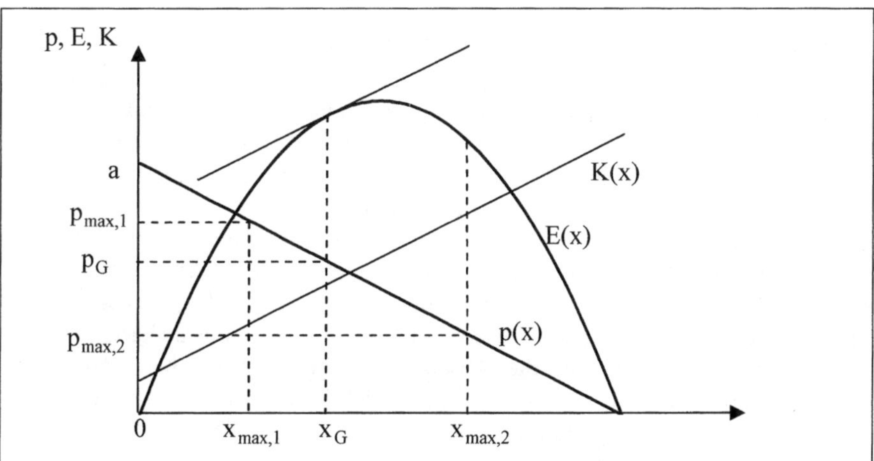

Abb. 4.25: Ermittlung der gewinnmaximalen Preis-Mengen-Kombination bei einer kapazitativen Restriktion

Bei einem **Vergleich** der dargestellten preistheoretischen Ansätze mit den Preisfindungsverfahren in der Praxis ist zunächst festzuhalten, dass im Rahmen der Preistheorie alle relevanten Aspekte (verfolgtes Ziel, Nachfrageseite, Kostensituationen, usw.) berücksichtigt werden können. Bei der kostenorientierten Preisfindung hingegen fehlt eine explizite Zielvorgabe, die Nachfrageseite wird nicht in angemessener Weise berücksichtigt, das Problem der Schlüsselung von Gemeinkosten ist nicht lösbar. Bei der nutzenorientierten Preisfindung findet zum einen die eigene Kostensituation, zum anderen eine eigenständige Preispolitik der Konkurrenz keine Beachtung.

D. Kommunikationspolitik

I. Die Instrumente der Marketing-Kommunikation

Die **Kommunikation** lässt sich allgemein als Austausch von Informationen kennzeichnen. Bei der Kommunikation können unter anderem unterschieden werden

- die einseitige und wechselseitige Kommunikation sowie
- die innerbetriebliche und außerbetriebliche Kommunikation.

Eine einseitige Kommunikation liegt vor, wenn z.B. Anzeigen in Zeitschriften geschaltet werden, ohne dass die Zielpersonen zu einer sofortigen Reaktion veranlasst werden sollen (also unter Verzicht auf einen Antwortmechanismus, z.B. Coupon). Das beste Beispiel für eine wechselseitige Kommunikation ist das Verkaufsgespräch. Eine außerbetriebliche Kommunikation kann sowohl in Bezug auf die Absatzmärkte als auch in Bezug auf die Beschaffungsmärkte erfolgen. Eine innerbetriebliche Kommunikation bezieht sich auf die Mitarbeiter eines Unternehmens; Mitarbeiter werden informiert, deren Verhalten wird (in Bezug auf verfolgte Ziele) beeinflusst. Die folgende Analyse wird auf die außerbetriebliche Kommunikation, welche auf die Absatzmärkte gerichtet ist, beschränkt. Die **Kommunikationspolitik** kann dann gekennzeichnet werden als Entscheidungen über die Gestaltung von Informationen und über die Art der Übermittlung von Informationen, die seitens eines Unternehmens auf den Absatzmarkt gerichtet sind, um vorgegebene kommunikationspolitische Ziele zu erreichen. Welche Instrumente im Rahmen der Marketing-Kommunikation eingesetzt werden können, zeigt Abb. 4.26.

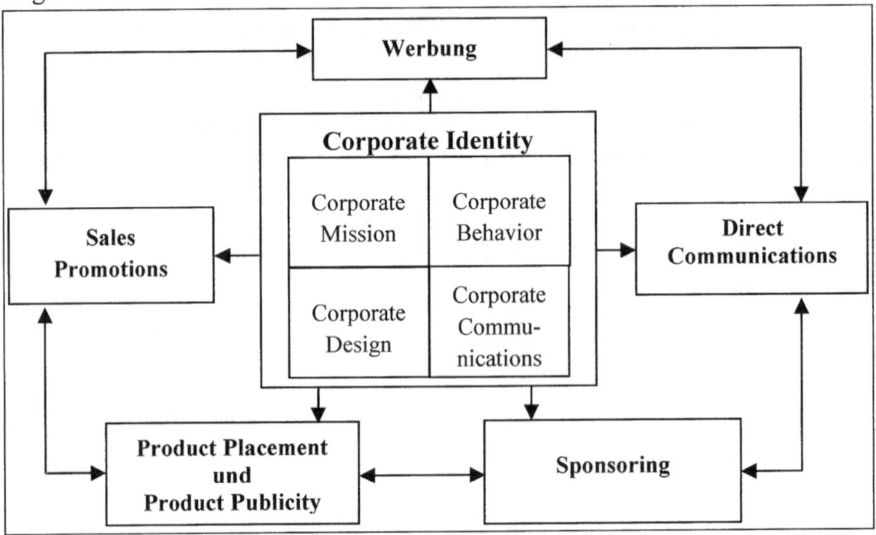

Abb. 4.26: Die Instrumente der Marketing-Kommunikation

Die **Corporate-Identity-Policy** lässt sich als übergeordnetes, integriertes Konzept der unternehmensbezogenen Kommunikationspolitik bezeichnen; sie stellt quasi das Dach für alle anderen Kommunikations-Instrumente dar. Eine **Corporate Identity** (Unternehmensidentität) ist dabei ein Ziel, eine Soll-Aussage, eine anzustrebende Eigenart/Einmaligkeit/Persönlichkeit eines Unternehmens, welche ein Unternehmen unverwechselbar macht; sie erlaubt es damit den relevanten Bezugsgruppen der Umwelt, das Unternehmen in seiner Eigenart und Einmaligkeit zu erkennen und den Mitarbeitern eines Unternehmens, sich mit dem Unternehmen zu identifizieren. Ausgangspunkt einer Corporate-Identity-Policy ist die **Corporate Mission.** Bei der Corporate Mission handelt es sich um die im Einzelnen festgelegten Unternehmensgrundsätze, um das Wert- und Normengefüge eines Unternehmens, das von den Mitarbeitern eines Unternehmens anerkannt und in den kommunikativen Maßnahmen umgesetzt werden soll.

Die Handlungsmöglichkeiten einer Corporate-Identity-Policy umfassen die Bereiche Corporate Design, Corporate Communications (Corporate Advertising und Public Relations) und Corporate Behavior. Gegenstand des **Corporate Design** ist eine unverwechselbare Gestaltung aller Elemente, die zum Erscheinungsbild eines Unternehmens gehören und die von den Zielgruppen optisch wahrgenommen werden können. Durch das Corporate Design soll ein Bild von der Identität (Persönlichkeit) eines Unternehmens vermittelt werden. Die wesentlichen Handlungsmöglichkeiten im Rahmen des Corporate Design sind Firmenname und Firmenzeichen, Schrifttyp, Satzspiegelraster, Unternehmens- (Architektur-) und Produkt-Design.

Corporate Communications können allgemein als unternehmensbezogene Kommunikationspolitik bezeichnet werden; hierzu gehören Corporate Advertising (Unternehmenswerbung) und Public Relations (Öffentlichkeitsarbeit). Gegenstand von **Corporate Advertising** ist nicht die produkt- bzw. produktgruppenbezogene, sondern die unternehmensbezogene Werbung. Darunter fallen Maßnahmen zur Verbesserung des Images, Erhöhung des Bekanntheitsgrades, Verteidigung gegenüber Beschuldigungen oder zur Korrektur falscher Einschätzungen. Zu beachten ist, dass verschiedene Zielgruppen einen unterschiedlichen Informationsbedarf aufweisen.

Public Relations haben die Aufgabe, Vertrauen gegenüber einem Unternehmen und Verständnis für das Unternehmen zu schaffen. Ziel ist es, ein positives Image bei den Zielgruppen zu erreichen. Zu den Handlungsmöglichkeiten im Rahmen der Öffentlichkeitsarbeit zählen allgemeine Informationen, Exklusivinformationen und Themenanregungen an Journalisten, Redaktionsbesuche, Pressedienste, Interviews, Vorträge, Pressekonferenzen, Bereitstellung von Bild- und Tonmaterialen, Filmen, Broschüren, Betriebsbesichtigungen, Stiftungen, Preisverleihungen. Da das Umfeld im weiteren Sinne eines Unternehmens im Allgemeinen heterogen ist, muss die Öffentlichkeitsarbeit zielgruppenbezogen durchgeführt werden.

Gegenstand des **Corporate Behavior** ist, die Verhaltensweisen der Mitarbeiter eines Unternehmens untereinander und gegenüber der Umwelt (insbesondere gegenüber Konsumenten und Lieferanten) gemäß der verfolgten Corporate Identity zu beeinflussen. Konkret werden Verhaltensweisen angestrebt, die nach außen die Eigenart und Einmaligkeit des Unternehmens erkennen lassen (z.B. charakteristische Vorgehensweisen beim persönlichen Verkauf) und die unternehmensintern die Integration der Mitarbeiter in das Unternehmen sowie die Identifikation mit dem Unternehmen fördern. Das Corporate Behavior ist durch die Personalpolitik und Führungspolitik eines Unternehmens beeinflussbar. Schon im Rahmen der Personalrekrutierung kann darauf geachtet werden, dass Personen ausgewählt und eingestellt werden, welche angemessene, zum Unternehmen passende Verhaltensweisen vermuten lassen. Gegenstand der Personalschulung und –entwicklung kann das Vermitteln und Einüben erwünschter Verhaltensweisen sein. Das erwünschte Corporate Behavior kann auch in der Organisation und der Führungspolitik eines Unternehmens verankert sein: Durch eine geeignete Organisationsform (z.B. Teamkonzept) und durch geeignete Führungskonzepte (z.B. Management-by-Exception oder Management-by-Objectives) kann das Verhalten aller Mitarbeiter spezifisch geprägt werden.

Werbung ist gekennzeichnet durch die Belegung von Werbeträgern mit Werbemitteln gegen ein leistungsbezogenes Entgelt, um vorgegebene Werbeziele zu erreichen. **Werbeträger** sind allgemein Streumedien, mit deren Hilfe (durch deren Belegung) die Werbemittel an die Zielpersonen herangeführt werden können. **Werbemittel** lassen sich allgemein als verbal und/oder visuell gestaltete, für die Verbreitung durch Werbeträger bestimmte Werbebotschaften kennzeichnen. Die Werbeträger der verschiedenen Werbeträgergruppen sind offensichtlich nur mit bestimmten Werbemitteln belegbar: Insertionsmedien mit Anzeigen, Elektronische Medien mit Werbe (-fernseh oder –funk-) spots, Medien der Außenwerbung mit Plakaten.

Verkaufsförderung (Sales Promotion) kann allgemein gekennzeichnet werden als Kombination mehrerer spezieller Instrumente des Marketing, die zeitlich befristet eingesetzt werden und welche die Wirkung der anderen Marketing-Instrumente unterstützen wollen. Verkaufsförderungsmaßnahmen können sich grundsätzlich auf die (Letzt-)Verbraucher, den Handel und/oder den Außendienst beziehen. Verkaufsförderungsmaßnahmen, die auf den (eigenen) **Außendienst** gerichtet sind, haben grundsätzlich eine kurzfristige Steigerung des Leistungswillens oder eine Erhöhung des Leistungsvermögens zum Ziel; hierdurch soll die Marktposition eines Unternehmens (gemessen z.B. am Marktanteil beziehungsweise am Umsatz) verbessert werden. Eine Steigerung des Leistungswillens soll dadurch bewirkt werden, dass die Motivation der Außendienstmitarbeiter erhöht wird; hierfür können z.B. Wettbewerbe zwischen den Außendienstmitarbeitern veranstaltet werden, im Rahmen derer bestimmte Leistungen (z.B. Mindestzahl neuer Kunden) erbracht werden müssen. Eine Steigerung des Leistungsvermögens kann durch spezielle Trainings- und Informationsmaßnahmen bewirkt werden.

Das Oberziel von Verkaufsförderungsmaßnahmen, die auf den **Handel** bezogen sind, besteht in einer Verbesserung der Marktposition des Herstellers; hierfür kann es erforderlich und nützlich sein, auch die Marktposition des Händlers (mit) zu verbessern. Eine Verbesserung der Marktposition kann zum einen durch eine Verbesserung des Distributionsgrades bewirkt werden; hierzu ist es erforderlich, neue Händler zu gewinnen und/oder Konkurrenzmarken zu verdrängen (durch Händlerwettbewerbe, Sonderkonditionen, Preisaktionen usw.). Zum anderen kann eine Verbesserung der Marktposition dadurch erreicht werden, dass der Handel in stärkerem Maße die Markenartikel des Herstellers fördert; dies kann durch Out-store-Maßnahmen (z.B. Aktionswerbung) oder durch In-store-Maßnahmen (z.B. verbesserte Regalplätze, attraktivere Produktpräsentation) bewirkt werden. **Verbrauchergerichtete Verkaufsförderungsmaßnahmen** können sowohl vom Hersteller als auch vom Handel oder von beiden gemeinsam durchgeführt werden. Dabei können Zielkonflikte auftreten, da der Hersteller an einer Verbesserung der Marktposition seiner Marke, der Handel hingegen an einer Verbessung seiner eigenen Marktpostion (gemessen am gesamten Sortiment) interessiert ist.

Neben unternehmensbezogenen Public Relations im Rahmen der Corporate-Identity-Policy können noch **produktbezogene Public Relations** durchgeführt werden. Die Zielgruppen der produktbezogenen Public Relations stammen insbesondere vom Absatzmarkt; typische Ziele sind in der Übermittlung produktbezogener Informationen, der Verbesserung des Produktimages und ähnliches zu sehen. Die Handlungsmöglichkeiten sind – wie bei den unternehmensbezogenen Public Relations – in der Information von Journalisten, Pressediensten, Redaktionsbesuchen, Interviews usw. zu sehen.

Das **Sponsoring** kann allgemein als zielbezogene Zusammenarbeit zwischen einem Sponsor und einem Gesponserten gekennzeichnet werden. Während der Sponsor dem Gesponserten Geld, Sachzuwendungen oder Dienstleistungen überlässt, gewährt der Gesponserte dem Sponsor eine vertraglich vereinbarte Gegenleistung. Der Unterschied zwischen einem Sponsoring und dem Mäzenatentum besteht in der – im Falle des Sponsoring – vereinbarten Gegenleistung. Vier Arten des Sponsoring lassen sich unterscheiden: das Sportsponsoring, das Kunstsponsoring, das Socialsponsoring und das Ökosponsoring. Eine **Öko- bzw. Socialsponsoring** liegt z.B. vor, wenn eine Umweltschutzorganisation oder ein Lehrstuhl an einer Universität gefördert wird und als Gegenleistung – z.B. im Rahmen von Publikationen – auf das Sponsorship hingewiesen wird. Im Rahmen eines **Kunstsponsoring** kann ein Museum oder ein Konzert unterstützt werden, wobei der Veranstalter der kulturellen Maßnahme z.B. in seinen Programmheften den Sponsor namentlich nennt. Beispiele für das **Sportsponsoring** sind die Förderung eines Sportvereins oder eines Sportlers, wobei der Name des Sponsors z.B. auf dem Trikot aufgeführt wird.

Product Placement kann als gezielt Platzierung eines Markenartikels als reales Requisit in der Handlung eines Spielfilmes, einer Fernsehsendung ohne Spielfilmcharakter (z.B. Unterhaltungssendung, Krimi) oder eines Videoclips, der im Rahmen einer Musiksendung im Fernsehen ausgestrahlt wird, gekennzeichnet werden, wobei der Markenartikel für den Betrachter des Filmes beziehungsweise der Fernsehsendung deutlich erkennbar ist. Ein weiteres typisches Merkmal des Product Placement ist die Entgeltlichkeit; das Spektrum der Gegenleistung erstreckt sich von der kostenlosen Überlassung der Produkte über die freie Gewährung von Dienstleistungen bis zur Zahlung von Geld. Zu den wesentlichen Branchen, die von Product Placement Gebrauch machen, zählen insbesondere die Automobil- und Reifenindustrie sowie die Foto-, Textil- und Elektronik-Industrie, der Tourismus-Sektor und der Genuss- und Nahrungsmittelbereich (insbesondere Zigaretten, alkoholische Getränke und Erfrischungsgetränke). Drei Formen des Product Placement können unterschieden werden: Product Placement i.e.S., Corporate Placement und Generic Placement. Während beim **Product Placement im engeren Sinne** Markenartikel platziert werden, erfolgt beim **Corporate Placement** eine Platzierung von Unternehmen, indem z.B. der Name beziehungsweise das Zeichen eines Unternehmens eingeblendet wird. Im Sonderfall eines **Image Placements** ist das Thema eines Filmes auf ein einziges Unternehmen oder nur auf ein Produkt zugeschnitten. Unter **Generic Placement** wird die Platzierung einer Produktart (wie z.B. Tee) in einem Film verstanden; Grundlage des Generic Placement ist eine – wie auch immer geartete – kooperative Kommunikationspolitik.

Direct Communications sind ein wesentliches Charakteristikum des Direct Marketing. Als **Direct Marketing** wird die direkte Ansprache von Zielpersonen über die verschiedenen Medien mit der Absicht, die Angesprochenen zu einer sofortigen Reaktion zu veranlassen, bezeichnet. Dabei können die im Rahmen des Direct-Marketing eingesetzten Medien mit jenen der Werbung übereinstimmen (z.B. im Falle eines Einsatzes von Insertionsmedien); der Unterschied zur traditionellen Medienwerbung besteht (nur) darin, dass bei einer Maßnahme des Direct-Marketing ein Antwortmechanismus in irgendeiner Form enthalten sein muss (z.B. ein Coupon in einer Anzeige, eine Aufforderungskarte als Beilage in einer Zeitschrift oder ein Überweisungsformular bei einem Spendensammelbrief). Als **Direktwerbung** (auch Direct-Mail-Advertising, Mail-Marketing beziehungsweise Mail-Order-Advertising genannt) werden alle Werbeansprachen durch selbständige Werbemittel, die gezielt an Zielpersonen gestreut werden mit der Absicht, die angesprochenen Personen zu einer sofortigen Reaktion zu veranlassen, bezeichnet. Als (selbständige) Werbemittel der Direktwerbung können Werbebriefe, Versandumschläge, Prospekte, Kataloge, Antwortkarten eingesetzt werden.

Selbstverständlich sind die einzelnen Instrumente der Marketing-Kommunikation nicht isoliert zu planen; vorgenommen werden muss eine gegenseitige Abstimmung im Rahmen einer **Integrierten Kommunikation**.

II. Werbung

1. Planungsprozess

Der **Prozess der Werbeplanung** beinhaltet folgenden Ablauf (vgl. Abb. 4.27): Nach einer Analyse der Ausgangssituation (Unternehmensziele, betriebsinterne Situation, Konkurrenzsituation) sind zunächst die Objekte der Werbung (wofür soll geworben werden?), die Ziele der Werbung und die Zielgruppen der Werbung festzulegen. Im Anschluss hieran ist das Werbebudget zu bestimmen. Hierbei ist zu beachten, dass begrenzte finanzielle Mittel zu einer Revision der Werbeziele und der Zielgruppen führen können. Im Anschluss hieran kann festgelegt werden, welche Medien (Werbeträger) belegt, welche Werbemittel eingeschaltet und welche Werbebotschaften (Slogans) in den Mittelpunkt der Werbemaßnahmen gestellt werden sollen. Nach Ablauf einer Werbekampagne ist unter anderem zu kontrollieren, in welchem Ausmaß die verfolgten Ziele erreicht worden sind; in diesem Zusammenhang ist eine ex-post-Bewertung der Werbemaßnahmen vorzunehmen.

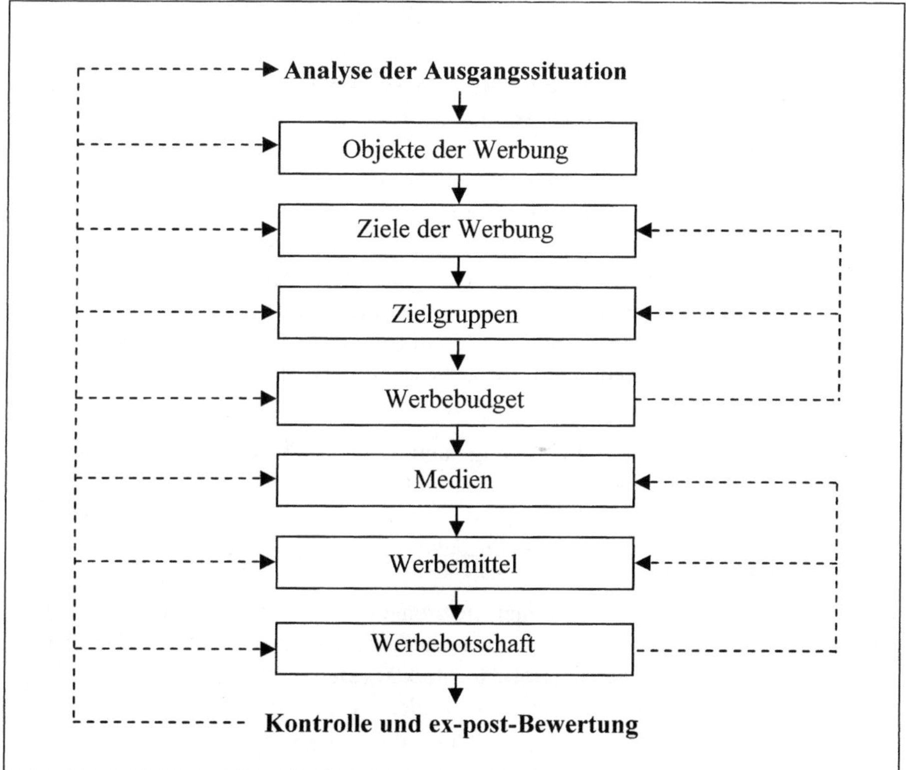

Abb. 4.27: Planungsprozess der Werbung

2. Zielgrößen der Werbung

Als Zielgrößen der Werbung lassen sich ökonomische Zielgrößen (wie Gewinn, Erlös, Absatzmenge, Marktanteil), psychologische Zielgrößen (wie Aufmerksamkeit, Bekanntheit, Einstellung (Image), Bevorzugung, Kaufabsicht) und streutechnische Zielgrößen (wie Zahl der erreichbaren Personen, Zahl der erzielbaren Ansprachen) unterscheiden. Die psychologischen und streutechnischen Zielgrößen basieren auf Modellen der individuellen Werbewirkung. Psychologische und streutechnische Ziele werden häufig in der Werbung (so im Bereich der Mediaplanung sowie der Werbemittelgestaltung) ersatzweise anstelle ökonomischer Ziele verfolgt. Der Grund hierfür ist in der besseren Messbarkeit und Kontrollierbarkeit der durch Werbemaßnahmen erzielbaren Wirkungen bezüglich psychologischer beziehungsweise streutechnischer Ziele zu sehen: Der Gewinn – als beispielhafte ökonomische Zielgröße – wird durch alle Marketing-Instrumente beeinflusst; eine psychologische Zielgröße wie z.B. die Bekanntheit eines Produktes wird wesentlich stärker als z.B. der Gewinn durch Werbemaßnahmen beeinflusst.

3. Zielgruppen und Marktbearbeitungsstrategien

Zielgruppen können allgemein als Personengruppen bezeichnet werden, welche in Bezug auf das Konsumverhalten homogen sind, welche also gleiche beziehungsweise sehr ähnliche Einkaufs- und Verbrauchsgewohnheiten aufweisen. Eine Bildung von Zielgruppen (vgl. Berndt 1996, S. 309 ff.) ist zumindest aus zwei Gründen notwendig: Zum einen ist die Menge aller potentiellen Käufer und Verwender eines bestimmten Produktes in aller Regel heterogen, so dass durch die Bildung von Zielgruppen ein gezielter Einsatz der Marketing-Instrumente ermöglicht wird; zum anderen erlaubt die Bildung von Zielgruppen und die Konzentration der Werbung auf besonders relevante Marktsegmente (z.B. Intensivverwender) eine Begrenzung der Marketingkosten. Eine Marktsegmentierung kann durch Anwendung der Cluster-Analyse durchgeführt werden.

Das Ergebnis einer Marktsegmentierung kann nun darin bestehen, dass ein homogener Markt, ein diffuser Markt bzw. ein gruppierter Markt vorliegt. Entsprechend lassen sich drei grundsätzliche **Marktbearbeitungsstrategien** voneinander abgrenzen: das undifferenzierte Marketing, das konzentrierte Marketing, das differenzierte Marketing. Das undifferenzierte Marketing beinhaltet das Anbieten eines einzigen Produktes für einen großen, heterogenen Gesamtmarkt. Eine derartige Marktbearbeitung kommt im Falle eines diffusen Marktes in Frage, der keine ausreichend große, voneinander isolierte Marktsegmente erkennen lässt. Ein konzentriertes Marketing bedeutet das Auswählen eines beziehungsweise weniger Marktsegmente, so genannte Marktnischen, die gezielt bearbeitet werden. Ein differenziertes Marketing ist gegeben, wenn eine Produktdifferenzierung derart betrieben wird, dass für verschiedene Marktsegmente jeweils ein spezifisches Produkt angeboten wird und für jedes Produkt ein spezifisches Marketing-

Konzept erarbeitet wird. Welche Marktbearbeitungsstrategie vorteilhaft ist, muss in jedem Fall festgelegt werden. Die Entscheidung z.B. zwischen einem konzentrierten Marketing und einem differenzierten Marketing wird beeinflusst durch die einzelnen Marktvolumina, durch die Marktbearbeitungskosten und die Gewinnerwartungen; die Entscheidung kann im einfachsten Fall auf der Grundlage von Gewinnvergleichsrechnungen getroffen werden.

4. Werbebudgetierung

Zur Entscheidung über das Werbebudget, also über die Höhe der finanziellen Mittel, die für Werbezwecke eingesetzt werden sollen, ist eine Vielzahl an Entscheidungsverfahren vorgeschlagen worden, die zum Teil aus der Werbepraxis stammen, zum Teil als theoretische Lösungskonzepte entwickelt worden sind. Zu den **Budgetierungsverfahren aus der Praxis** zählen die Verfahren

- Budget als Prozentsatz des Umsatzes (Gewinnes),
- Budget gemäß Werbeausgaben der Konkurrenz,
- Budget gemäß verfügbarer finanzieller Mittel,
- Budget gemäß Ziel und zu lösender werblicher Aufgabe.

Bei dem Budgetierungsverfahren "Werbebudget als Prozentsatz des Umsatzes (des Gewinnes)" existieren verschiedene Varianten: So kann vom Umsatz der letzten Periode beziehungsweise vom prognostizierten Umsatz der Planungsperiode ausgegangen werden; das Budget ergibt sich dann, indem der relevante Umsatzwert (Gewinnwert) mit einem zuvor zu bestimmenden Prozentsatz multipliziert wird. Obwohl entsprechende Budgetierungsverfahren häufig in der Praxis angewandt werden, weisen sie gravierende Mängel auf: Sie sind sachlogisch falsch, denn der Umsatz (Gewinn) wird als Bestimmungsfaktor der Werbung angesehen, nicht als deren Ergebnis. Das Problem der Bestimmung des anzuwendenden Prozentsatzes ist kaum lösbar: Der "richtige" Prozentsatz lässt sich nur durch Lösung eines entsprechenden Optimierungsmodelles feststellen; auf die Anwendung eines Optimierungsmodelles wird aber bei einer Budgetierung nach diesem Verfahren verzichtet. Des Weiteren weist das betrachtete Budgetierungsverfahren eine prozyklische Wirkung auf: Unter sonst gleichen Bedingungen führen hohe Umsätze (Gewinnwerte) zu hohen Werbebudgets, niedrige Umsätze (Gewinnwerte) hingegen zu niedrigen Budgets.

Eine Budgetierung gemäß den Werbeausgaben der Konkurrenz beinhaltet, dass das eigene Werbebudget so festgelegt wird, wie es die (Haupt-)Konkurrenten tun. Eine derartige Budgetierungspraxis weist zumindest zwei Probleme auf: zum einen ist das zukünftige Verhalten der Konkurrenz (in der Planungsperiode) nicht bekannt; es kann nur das Werbebudget der Konkurrenz in der Vorperiode festgestellt werden. Zum anderen werden bei diesem Budgetierungsverfahren Unterschiede zwischen Unternehmen einer Branche (wie z.B. unterschiedliche Ziele,

Kostenlagen, Ressourcen), die sich auf die angemessene Budgethöhe auswirken (können), nicht erfasst.

Bei der Werbebudgetierung gemäß verfügbarer Mittel wird folgende Vorgehensweise herangezogen: Zu Beginn der Planungsperiode ist festzustellen, welche finanziellen Mittel für die Werbung zu Verfügung stehen. Dies bedeutet, dass vorab geplant werden muss, welche finanziellen Mittel in der Planungsperiode (aufgrund des Absatzes) in ein Unternehmen fließen; außerdem ist zu schätzen, welche finanziellen Mittel in der Beschaffung, Produktion und in anderen Marketingbereichen eingesetzt werden müssen. Das Werbebudget ergibt sich dann als Differenz zwischen den eingehenden finanziellen Mitteln und den für andere betriebliche Maßnahmen einzusetzenden finanziellen Mitteln. Auch bei diesem Budgetierungsverfahren ist ein sachlogischer Fehler gegeben: Es ist nicht einzusehen, dass die resultierenden finanziellen Mittel ein geeigneter Bestimmungsfaktor für die Werbeausgaben sind, wenn eine Werbung zum Zwecke einer Beeinflussung der Erlöse und der damit in eine Unternehmung einfließenden finanziellen Mittel erfolgt. Außerdem ist in der Regel eine prozyklische Wirkung gegeben.

Den Ablauf des Budgetierungsverfahrens "Budget gemäß Ziel und zu lösender werblicher Aufgabe" (Objective and Task) zeigt die Abb. 4.28:

- Zunächst sind die Werbeziele für die Planungsperiode festzulegen.
- In einem zweiten Schritt sind dann jene Werbemaßnahmen herauszufinden, die erforderlich sind, um die verfolgten Werbeziele zu erreichen.
- Als nächstes sind die Kosten festzustellen, welche durch die erforderlichen Werbemaßnahmen verursacht werden.
- Die Summe dieser Werbekosten stellt das angestrebte (für die verfolgten Ziele erforderliche) Budget dar.
- Sollten die erforderlichen finanziellen Mittel die verfügbaren Mittel übersteigen, so sind die Werbeziele nicht erreichbar; sie müssen vielmehr modifiziert werden.
- Im Folgenden ist das Budgetierungsverfahren erneut zu durchlaufen.
- Das Werbebudget für die Planungsperiode ist dann herausgefunden, wenn sich ein finanzierbares Werbebudget ergibt.

Bei einer Beurteilung dieses Budgetierungsverfahrens ist auf zwei Punkte hinzuweisen: Im Vergleich mit den anderen Praktikermethoden zur Werbebudgetierung weist dieses Verfahren keine fehlerhaften Eigenschaften auf; es ist insbesondere sachlogisch richtig. Es muss jedoch darauf hingewiesen werden, dass der zweite Schritt (Herausfinden jener Werbemaßnahmen, die erforderlich sind, um die verfolgten Werbeziele zu erreichen) erhebliche Prognoseprobleme mit sich bringt: Für alternative, in Erwägung gezogene Werbemaßnahmen muss jeweils prognostiziert werden, in welchem Ausmaß die verfolgten Werbeziele erreicht werden.

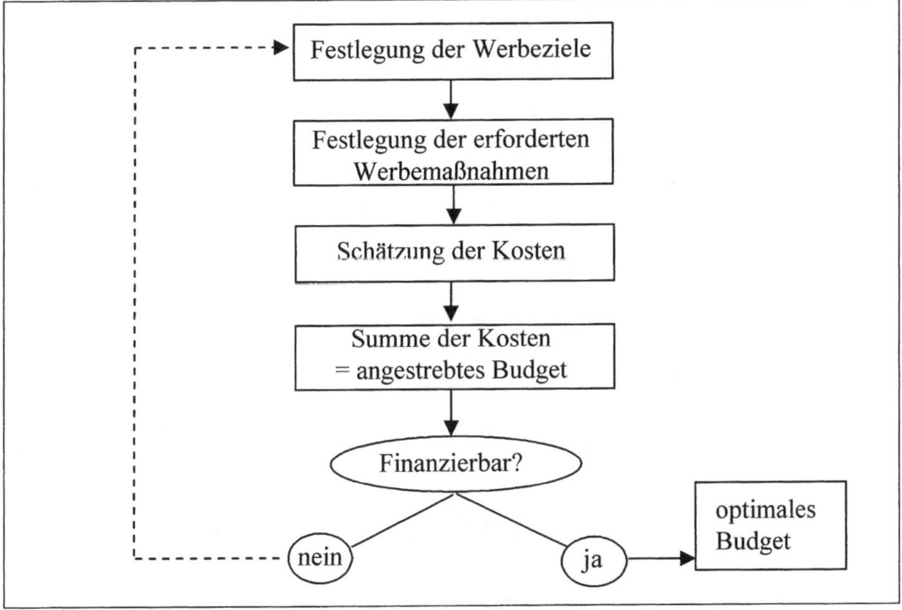

Abb. 4.28 Werbebudgetierung gemäß Objective and Task

Optimierungsmodelle zur Werbebudgetierung sind für die unterschiedlichsten Bedingungskonstellationen entwickelt worden. So existieren verschiedene statische und mehrere dynamische Ansätze, die zum Teil auf sicheren Erwartungen, zum Teil auf unsicheren Erwartungen bezüglich der entscheidungsrelevanten Daten beruhen (ausführliche Überblicke finden sich bei Schmalen 1992, S. 73 ff.). Beispielhaft wird der Fall eines grundsätzlich stetig variierbaren Werbebudgets betrachtet. Weiterhin werden eine statische Analyse vorgenommen und sichere Informationen über die entscheidungsrelevanten Daten unterstellt. Unter der Zielsetzung der Gewinnmaximierung soll für ein einzelnes Produkt das optimale Werbebudget bestimmt werden. In diesem Fall muss eine Werbeerfolgsfunktion bekannt sein, welche die Absatzmenge in Abhängigkeit von der Höhe des Werbebudgets angibt (vgl. Abb. 4.29). Diese Werbeerfolgsfunktion ist Ergebnis einer entsprechenden Wirkungsprognose, die z.B.

- auf der Grundlage von empirischen Daten aus der Vergangenheit, die regressionsanalytisch ausgewertet worden sind, oder
- auf der Grundlage von einwertigen Expertenschätzungen

erstellt werden kann. Um das gewinnmaximale Werbebudget bestimmen zu können, müssen sowohl die Kostenfunktion (auf der Basis der relevanten Produktionsfunktion; vgl. Teil 2) als auch die Werbeerfolgsfunktion in Abhängigkeit von der unabhängigen Variablen, dem Werbebudget, bekannt sein. Bezeichnet man allgemein die Werbeerfolgsfunktion mit $x = x(W)$ und die Funktion der Produktionskosten in Abhängigkeit vom Werbebudget mit $K^{Prod} = K(x(W))$, so erhält man die Gewinnfunktion in Abhängigkeit vom zu bestimmenden Werbebudget als

$$G(W) = p \cdot x(W) - K(x(W)) - W \tag{4.16}$$

Bildet man die erste Ableitung der Gewinnfunktion nach der unabhängigen Variablen W und setzt sie gleich Null, so ergibt sich die notwendige Bedingung für ein gewinnmaximales Werbebudget:

$$\frac{dG}{dW} = p \cdot \frac{dx}{dW} - \frac{dK}{dx} \cdot \frac{dx}{dW} - 1 \overset{!}{=} 0 \tag{4.17}$$

beziehungsweise

$$p \cdot \frac{dx}{dW} \overset{!}{=} \frac{dK}{dx} \cdot \frac{dx}{dW} + 1. \tag{4.18}$$

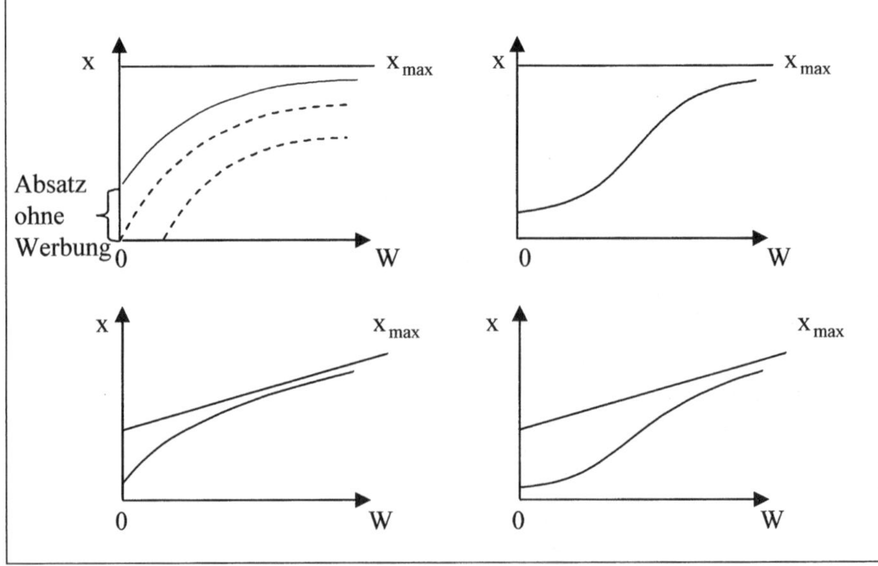

Abb. 4.29: Beispielhafte Verläufe von Werbeerfolgsfunktionen

Das optimale Werbebudget ist also gegeben, wenn der Grenzerlös in Bezug auf eine infinitesimal kleine Variation des Werbebudgets gleich den gesamten Grenzkosten (Grenzproduktionskosten und Grenzwerbekosten) in Bezug auf eine infinitesimal kleine Variation des Werbebudgets ist. In Abb. 4.30 findet sich die Herleitung des optimalen Werbebudgets, der optimalen Absatzmenge und des maximalen Gewinnes in allgemeiner Form.

Werbeerfolgsfunktion:

$$x(W) = a + b \cdot \sqrt{W}$$

Produktionskosten in Abhängigkeit von der Menge:

$$K^{Prod}(x) = k_V \cdot x + K^F$$

Produktionskosten in Abhängigkeit vom Werbebudget:

$$K^{Prod}(W) = k_V \cdot (a + b \cdot \sqrt{W}) + K^F$$

Gewinnfunktion:

$$G(W) = (p - k_v)(a + b \cdot \sqrt{W}) - K^F - W \rightarrow \text{Max!}$$

Notwendige Bedingung für ein gewinnmaximales Werbebudget:

$$\frac{dG}{dW} = p \cdot b \cdot \frac{1}{2} \cdot \frac{1}{\sqrt{W}} - k_V \cdot b \frac{1}{2} \cdot \frac{1}{\sqrt{W}} - 1 \overset{!}{=} 0$$

Optimales Werbebudget:

$$W_{opt} = \frac{1}{4} \cdot b^2 \cdot (p - k_V)^2$$

Optimale Absatzmenge:

$$x_{opt} = a + \frac{1}{2} \cdot b^2 \cdot (p - k_V)$$

Maximale Gewinnhöhe:

$$G_{opt} = a \cdot (p - k_v) + \frac{1}{4} \cdot b^2 \cdot (p - k_v)^2 - K^F$$

Abb. 4.30: Bestimmung des optimalen Werbebudgets

5. Mediaselektion

Die umfassende Entscheidungssituation oder Mediaselektion lässt sich wie folgt charakterisieren: Zu entscheiden ist, welche Medien zu welchen Zeitpunkten belegt werden sollen, um die Werbeziele zu erreichen. Offensichtlich ist, dass die umfassende Entscheidungssituation der Mediaselektion dynamische Planungsansätze erforderlich macht. Aufgrund der Komplexität derartiger Planungsansätze wird jedoch in der Regel folgende vereinfachte Entscheidungssituation der Mediaselektion betrachtet: Auf der Grundlage von statischen Planungsansätzen ist die Entscheidung darüber zu treffen, welche Medien wie häufig zu belegen sind, um die Werbeziele zu erreichen. Für die Mediaselektion empfiehlt sich zudem ein zweistufiger Auswahlprozess: Da die Zahl der verfügbaren Werbeträger zu groß ist, um zunächst jeden Werbeträger gesondert zu beurteilen, wird auf einer ersten Stufe eine Vorauswahl der zu berücksichtigenden Werbeträgergruppen vorgenommen (Intermediaanlayse, z.B. auf der Grundlage eines Scoring-Modells; vgl. Berndt 1995a, S. 363 ff.).

Für die folgende Intramediaanalyse sind in der Praxis heuristische Verfahren entwickelt worden, d.h. Verfahren, die vergleichsweise gute, aber nicht optimale Lösungen für komplexe Mediaselektionsprobleme liefern. Bei den **heuristischen Verfahren** (vgl. im Einzelnen Berndt 1995a, S. 381 ff.) der Mediaselektion lassen sich drei Modellarten unterscheiden: Rangreihungsprogramme, Evaluierungsprogramme, Konstruktionsprogramme. Mit Hilfe von Rangreihungsprogrammen können einzelne, vorgegebene Medien bewertet und in eine Rangfolge gebracht werden, wobei die für verschiedene mögliche Werbeziele relevanten Kontaktbewertungsfunktionen und Reichweiten sowie die anfallenden Belegungskosten berücksichtigt werden. Im Rahmen von Evaluierungsprogrammen werden nicht einzelne Werbeträger, sondern Werbeträgerkombinationen, d.h. alternative Streupläne, bewertet, wobei verschiedene Werbeträger nicht dieselben Belegungsfrequenzen aufweisen müssen. Dabei werden dieselben Inputgrößen wie bei den Rangreihungsprogrammen berücksichtigt. Gegenstand der Konstruktionsprogramme ist der Aufbau eines Streuplanes, wobei die durch jeweils eine zusätzliche Belegung erzielbaren Erfolgs- und Kostenzuwächse in vereinfachter Weise erfasst werden. Im Rahmen von Konstruktionsprogrammen wird von einem Basisplan ausgegangen, der dann schrittweise verbessert wird, wobei bei der Konstruktion von Mediabelegungsplänen externe Überschneidungen der Werbeträger nicht berücksichtigt werden; bei der Evaluierung konstruierter Pläne werden die externen Überschneidungen und deren Auswirkungen auf die erzielbare Werbewirkung beachtet.

Für vereinfachte Entscheidungssituationen, in denen insbesondere das Ziel der Ansprachenmaximierung verfolgt wird und Belegungsrabatte nicht zu berücksichtigen sind, können **Tausenderkontaktpreise** herangezogen werden; der Tausenderkontaktpreis für den Werbeträger i ist z.B. definiert als

$$\mathrm{TKP}_i = \frac{\text{Kosten pro Belegung des Werbeträgers i}}{\text{Reichweite des Werbeträgers i}} \cdot 1.000. \qquad (4.19)$$

Der Tausenderkontaktpreis ist eine Wirtschaftlichkeitskennziffer; er gibt an, welcher Kosteneinsatz erforderlich ist, um 1.000 Personen zu erreichen. Der Tausenderkontaktpreis kann in verschiedener Weise modifiziert werden; so können im Nenner von (4.19) zielgruppenspezifische Reichweiten, außerdem Zielgruppengewichtungsfaktoren und Mediagewichte berücksichtigt werden.

Offensichtlich ist, dass anhand des Tausenderkontaktpreises eines Werbeträgers allein das Mediaselektionsproblem nicht gelöst werden kann, da unter anderem eine Angabe des Werbebudgets sowie der maximalen Belegungszahlen der einzelnen Werbeträger fehlen. Auf der Grundlage des Tausenderkontaktpreises kann aber eine so genannte **Tausenderkontaktpreis-Planungsrechnung** (vgl. Berndt 1981) durchgeführt werden, methodisch gesehen ist sie mit der Deckungsbeitragsrechnung zur Ermittlung des optimalen Produktionsprogrammes vergleichbar. Bei der Tausenderkontaktpreis-Planungsrechnung sind

- die Planungsperiode,
- das Werbebudget,
- die in Frage kommenden Werbeträger,
- deren maximale Belegungszahlen (folgend aus der Definition der Planungsperiode),

bekannt; errechnet werden können die Tausenderkontaktpreise der einzelnen Werbeträger. Sie liefern eine Rangfolge der Werbeträger, so dass das knappe Budget

- gemäß der TKP-Rangfolge und
- unter Berücksichtigung der jeweils maximalen Belegungszahlen

auf die Werbeträger verteilt werden kann. Als Ergebnis erhält man die optimalen Belegungszahlen der Werbeträger. Kritisch zu beachten ist jedoch bei dieser Planungsrechnung, dass von einem spezifischen Werbeziel (Maximierung der Zahl der Zielgruppen–Ansprachen) ausgegangen wird, Werbeträgerreichweiten statt Werbemittelreichweiten herangezogen werden, keine Zeitplanung erfolgt, keine Belegungsrabatte berücksichtigt werden können und für den letzten ausgewählten Werbeträger eine nicht-ganzzahlige Belegungszahl resultieren kann.

6. Werbemittelgestaltung

Werbemittel können allgemein als verbal oder visuell gestaltete Werbebotschaften, die für eine Verbreitung durch Werbeträger vorgesehen sind, charakterisiert werden. Die wesentlichen Werbemittel sind: Anzeigen für Insertionsmedien, Fernsehspots für Fernsehsender, Funkspots für Hörfunksender, Plakate für die Medien der Außenwerbung, Werbebriefe für die postalische Direktwerbung. Die Werbebotschaft ist die eigentliche Werbeaussage, die den Umworbenen gegenüber kommuniziert werden soll. Mögliche **formale Gestaltungselemente** von Werbemitteln sind Text, Slogan, Headline von Anzeigen, Bild, Photo, Illustration, Farbe(n), Musik, Größe, Länge. Im Rahmen eines Anzeigen-Copytests des Stern (Verlagshaus Gruner + Jahr 1994), dem knapp 6.000 in der Zeitschrift Stern erschienenen Anzeigen zugrunde liegen, ist die Wirksamkeit der verschieden formalen Gestaltungselemente von Anzeigen ermittelt worden Sowohl bei einseitigen als auch bei zweiseitigen Anzeigen werden durch den Einsatz von Farben deutlich höhere Beachtungswerte erreicht. Damit kann die Anzeigenbeachtung durch eine geeignete Format- und Farbenwahl und eine angemessene Gestaltung des Bild-Text-Verhältnisses verbessert werden.

Neben den formalen Gestaltungselementen sind die **inhaltlichen Gestaltungsansätze** festzulegen. Für Fernsehspots können z.B. folgende Gestaltungsansätze herangezogen werden:

- Darstellung eines Produktes in normaler Nutzungssituation (inklusive seiner Nutzungsvorteile);
- Testimonial (positive Aussage über ein Produkt durch einen Verwender des Produktes, unter Umständen durch einen Film- oder Fernsehdarsteller);
- Slice-of-Life-Technik (Geschichte aus dem täglichen Leben; eine erste Person hat ein Problem, eine zweite Person bietet eine Problemlösung durch ein Produkt an; der besondere Produktnutzen wird dargestellt).

Für Anzeigen können z.B. folgende grundsätzliche Gestaltungsansätze herangezogen werden:

- Darstellung eines objektiven Produktnutzens (z.B. im Vergleich zur Problemlösung durch die bisherigen Produkte);
- Begründung eines besonderen Produktnutzens (z.B. durch Garantieerklärung, Ergebnisse der Stiftung Warentest).

Für die konkrete Werbemittelgestaltung sind häufig **Rahmenbedingungen** wie gesättigte Märkte, Wertewandel bei den Zielgruppen, Informationsüberlastung der Konsumenten, Low Involvement der Zielgruppen (kein besonderes Interesse an Produkt-Informationen, die durch die Werbung vermittelt werden sollen) gegeben. Für derartige Situationen sind **Grundsätze für die Werbemittelgestaltung** vorgeschlagen worden wie Vorrang der erlebnisorientierten Kommunikation, Dominanz der Bildkommunikation, Aufbau von Schlüsselbildern, Setzen visueller Präsenzsignale; Konstanz des Gestaltungsansatzes im Zeitablauf, Anstreben einer integrierten Kommunikation.

E. Distributionspolitik

Im Rahmen der Distributionspoltik sind alle betrieblichen Aktivitäten festzulegen, die darauf gerichtet sind, eine Leistung vom Ort ihrer Entstehung – unter Überbrückung von Raum und Zeit – an jene Stellen zu bringen, wo sie in den Verfügungsbereich der Nachfrager übergeht. Die betriebliche Distributionspolitik umfasst die Teilbereiche Vertriebspolitik und Verkaufspolitik. Gegenstand der Vertriebspolitik ist die Wahl der Absatzwege, die Wahl der Absatzmittler und die Marketinglogistik.

I. Vertriebspolitik

1. Wahl des Absatzweges

Unter einem Absatzweg versteht man die Gesamtheit aller Stufen, die ein Produkt durchläuft, um vom Hersteller an den Verbraucher zu gelangen, wobei die Zugehörigkeit einer Stufe – z.B. Handel – zum Absatzweg daran geknüpft ist, dass die Entscheidungsträger auf dieser Stufe auch das Eigentum dieses Produkts erwerben. Bei der Wahl des Absatzweges unterscheidet man grundsätzlich die beiden Handlungsalternativen direkter Absatz und indirekter Absatz. Beim **direkten Absatz** wird auf die Einschaltung des Handels verzichtet; der Hersteller liefert auf einem so genannten einstufigen Markt direkt an den Endverbraucher. Möglichkeiten hierzu sind eigene Verkaufsniederlassungen (WMF, Salamander), Vertreter (AVON, Vorwerk) oder Werksverkauf. Der Hersteller übernimmt die Funktion des Handels (Lagerung, Sortimentsbildung, Finanzierung u.ä.). Einstufige Märkte zeichnen sich dadurch aus, dass seitens eines Produzenten alle Marketing-Maßnahmen gegenüber dem Endverbraucher (Konsumenten) endgültig festgelegt werden können. Beim **indirekten Absatz** werden dagegen zwischen Hersteller und Endverbraucher weitere Stufen eingeschaltet (Großhandel, Einzelhandel, Handelskooperationen, z.B. Einkaufsgenossenschaften). In diesem Fall liegen mehrstufige Märkte vor; sie zeichnen sich typischerweise aus durch

- eine Vielzahl an Konsumenten (privaten Haushalten),
- eine begrenzte Anzahl an Handelsunternehmen (-ketten), welche Produkte in verschiedenen Kategorien (Warengruppen) anbieten und unter denen ein Konkurrenzkampf besteht,
- eine begrenzte Anzahl an Produzenten, welche Markenartikel aus verschiedenen (Produkt-) Kategorien anbieten und zwischen denen ebenfalls ein Wettbewerb besteht.

Im Vergleich zum Direktvertrieb auf einstufigen Märkten sind beim **indirekten Vertrieb** auf mehrstufigen Märkten einige Besonderheiten gegeben. In der Regel besteht für einen Produzenten nur die Möglichkeit einer unverbindlichen Preisempfehlung, welcher seitens des Handels nicht gefolgt werden muss. Die Preisbildung auf mehrstufigen Märkten lässt die Abb. 4.31 erkennen; wesentliche Einflussfaktoren der Abfolge "Kosten pro Stück" – "Abgabepreis an Handel" – "Einstandspreis des Handels" – "Verkaufspreis des Handels" sind aufgeführt. Offensichtlich ist ein Zielkonflikt zwischen Produzent und Handel: Ein Produzent ist tendenziell an einem hohen Abgabepreis an den Handel, der Handel dagegen an einem niedrigen Einstandspreis interessiert. Damit sind partnerschaftliche Verhandlungen zwischen Produzenten und Handel unumgänglich. Darüber hinaus kann ein Produzent Wettbewerbsvorteile erringen durch Reduktion der Produktionskosten, Optimierung von Sonderaktionen zum Vorteil von Handel und Produzenten, Preisbündelung bei Produktpaketen zur Stützung schwächerer Marken durch stärkere Marken und Kundenbindungsmaßnahmen (z.B. Miles & More).

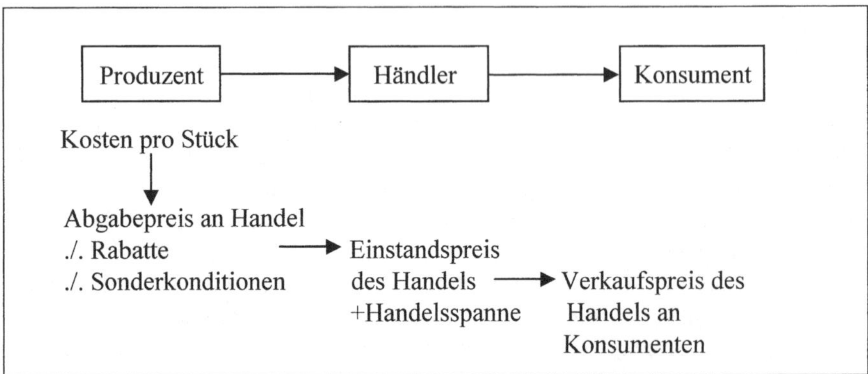

Abb. 4.31: Preisbildung auf mehrstufigen Märkten

Auf mehrstufigen Märkten können sowohl eine **Push-Strategie** (konzentrierte Marketing-Maßnahmen gegenüber dem Handel, der den Artikel ordern und seinen Konsumenten anbieten soll) oder eine **Pull-Strategie** (konzentrierte Marketing-Maßnahmen gegenüber den Konsumenten, die einen Artikel nachfragen und den Handel dazu bewegen sollen, den Artikel zu ordern) verfolgt werden, wobei Mischstrategien denkbar sind.

Bei der Absatzwegewahl sind **Zielgrößen** wie Marktausschöpfung und Sicherung der Marktpräsenz, Kontrollierbarkeit und Steuerbarkeit des Absatzweges, Flexibilität und Anpassungsfähigkeit des Absatzweges an nachfragemäßige Veränderungen, Image des Absatzweges, Vertriebskosten, Schaffung von Kundentreue sowie Einfluss auf den Endverkaufspreis typisch (vgl. Tietz 1993). Beim direkten Absatz ist die Kontrollierbarkeit des Absatzweges größer, der Endverkaufspreis kann unmittelbar festgelegt werden; allerdings ist die Anpassungsfähigkeit an Marktveränderungen beim indirekten Absatz größer, die Vertriebskosten und der erforderliche Marketingaufwand sind geringer. Die Entscheidung zwischen beiden Vertriebsformen ist jedoch stark situationsabhängig: Tendenzielle Vorteile weist der direkte Absatz dann auf, wenn die Produkte technisch kompliziert sind und damit eine hohe Erklärungsbedürftigkeit aufweisen, wenn eine vergleichsweise geringe Anzahl an Abnehmern vorliegt oder im Falle einer starken regionalen Konzentration der Abnehmer. Bei regional verteilter Nachfrage, bei unproblematischen Gütern des täglichen Bedarfs und bei zu hohen Kosten für den Aufbau einer eigenen Vertriebsorganisation ist der indirekte Absatz vorzuziehen. Wenn mehrere Zielgrößen gleichzeitig berücksichtigt werden sollen, so kann die Absatzwegewahl mit Hilfe eines Scoring-Modells geplant werden. Bei einer isolierten ökonomischen Bewertung können Kostenvergleichs- beziehungsweise Gewinnvergleichsrechnungen, beziehungsweise dynamische Planungsansätze wie eine Kapitalwertrechnung oder eine Risikoanalyse herangezogen werden (vgl. Berndt 1995a, S. 462 ff.).

2. Wahl des Absatzmittlers

Als Absatzmittler, d.h. als Verkaufsorgane, können grundsätzlich Reisende oder Handelsvertreter eingesetzt werden. Beide Arten von Absatzmittlern können zunächst auf der Grundlage der relevanten rechtlichen Regelungen des Handelsgesetzbuches (HGB) gekennzeichnet werden. So gilt als **Handelsvertreter** (§§ 84 – 92 HGB), wer als selbständiger Gewerbetreibender ständig damit betraut ist, Geschäfte für einen anderen Unternehmer zu vermitteln oder in dessen Namen und auf dessen Rechnung abzuschließen (vgl. § 84 HGB). Als Vergütung erhält ein Handelsvertreter in der Regel eine umsatzabhängige Provision; Vertretern, die nur für ein Unternehmen tätig sind, kann darüber hinaus ein Fixum gewährt werden. Nach Beendigung des Vertragsverhältnisses besitzt der Handelsvertreter einen Anspruch auf Ausgleichszahlung, es sei denn, der Handelsvertreter hat seine Kündigung selbst verschuldet. Der Ausgleich beträgt höchstens eine Jahresprovision; sie wird aus dem Durchschnitt der Provisionen der letzten fünf Jahre berechnet. Ein Handelsvertreter ist in der Regel in einem abgegrenzten Gebiet tätig. In welchem Maße er weisungsgebunden ist, hängt von der Vertragsgestaltung ab. Im Gegensatz zum Handelsvertreter ist der **Reisende** (§§ 59 – 75 HGB) Angestellter eines Unternehmens und damit "betriebseigenes" Absatzorgan. Damit ist er weisungsgebunden; im Einzelnen besitzt er ein Inkassorecht und kann Zahlungsziele festlegen; Mängelrügen ihm gegenüber sind rechtswirksam. Die Entlohnung des Reisenden besteht aus Fixum plus (umsatzabhängiger) Provision.

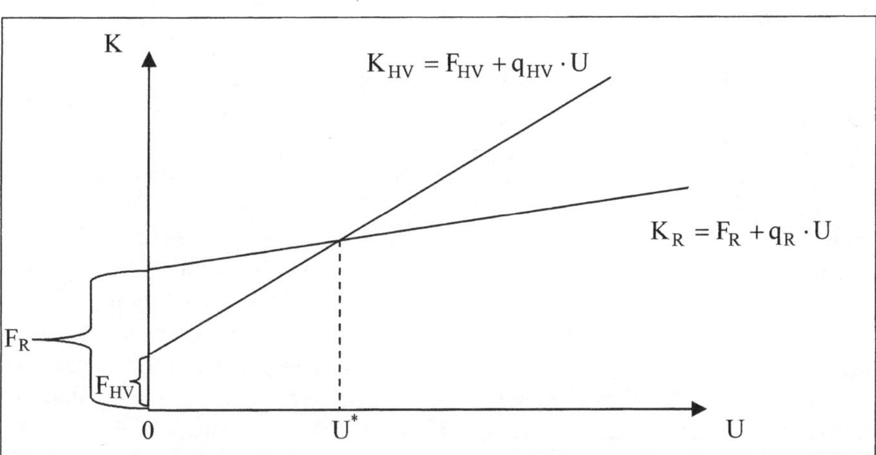

Abb. 4.32 Umsatzabhängige Kostenverläufe beim Einsatz eines Handelsvertreters beziehungsweise eines Reisenden

Ob Reisende oder Handelsvertreter von einem Unternehmen eingesetzt werden sollen, kann auf der Grundlage von Kostenvergleichsrechnungen, Gewinnvergleichsrechnungen, Kapitalwertansätzen oder Scoring-Modellen bestimmt werden, wobei sichere beziehungsweise unsichere Erwartungen bezüglich der Inputdaten gegeben sein können (vgl. im Einzelnen Berndt 1995a). Eine einfache Kostenrechnung zur Absatzmittlerwahl wurde von Gutenberg (1984) vorgeschlagen. Das Modell basiert auf der Überlegung, dass einem Unternehmen unterschiedliche Kosten anfallen, je nachdem, ob ein Handelsvertreter oder ein Reisender eingesetzt wird; unterstellt wird, dass beide Absatzmittler prinzipiell die gleichen Umsätze realisieren. Für den Reisenden fallen dem Unternehmen fixe Kosten in Form eines Gehalts an; daneben entstehen variable Kosten in Form von Provisionen. Die für einen Handelsvertreter anfallenden Kosten sind vor allem Provisionsbeträge; grundsätzlich ist der Provisionssatz für Handelsvertreter höher als für Reisende. Gegebenenfalls fallen auch fixe Kosten an, wenn dem Vertreter ein Fixum gewährt wird. Dieses Fixum ist jedoch in der Regel niedriger als beim Reisenden. Die umsatzabhängigen Kostenverläufe für einen Handelsvertreter beziehungsweise für einen Reisenden sind in Abb. 4.32 veranschaulicht. Daraus lässt sich der kritische Umsatzwert

$$U^* = \frac{F_R - F_{HV}}{q_{HV} - q_R} \tag{4.20}$$

ermitteln, d.h. derjenige Umsatz, bei dem Handelsvertreter und Reisende die gleichen Kosten verursachen (zu Erweiterungsmöglichkeiten vgl. Berndt 1995a, S. 470 ff.).

3. Marketing-Logistik

Gegenstand der Marketing-Logistik sind Entscheidungen über die Absatzlagergestaltung und die Wahl von Transportmitteln und –wegen. Im Rahmen der **Absatzlagergestaltung** sind insbesondere die Festlegung der Standorte der Lager, ihrer Größe sowie Entscheidungen hinsichtlich der Lagerhaltung und –bewirtschaftung von Bedeutung. Die Bestimmung der Anzahl, Größe und Standorte der Lager hat unter Berücksichtigung von Lieferzeit und Kosten zu erfolgen. Während die Lieferzeit mit der Anzahl der Lager sinkt, steigen die Lagerhaltungskosten insgesamt und es entstehen Kosten für den Betrieb der Lager (Systemkosten); aufgrund dieses Zielkonflikt wird in der Regel versucht, die Lieferzeit bei gegebenem Kostenniveau zu minimieren. Zu beachten ist, dass eine kurze Lieferzeit beziehungsweise eine hohe Liefer- und Servicebereitschaft eines Anbieters ein erhebliches akquisitorisches Potential darstellen kann. So stellt eine kurze Lieferzeit von Waren (z.B. Rohstoffe) für einen Abnehmer eine Möglichkeit zur Reduktion des durchschnittlichen Lagerbestandes, eine höhere Lagerumschlagshäufigkeit und damit ein niedrigeres gebundenes Kapital dar. Im Bereich der Lagerbewirtschaftung wurden zahlreiche Entscheidungsmodelle entwickelt, die sich insbesondere hinsichtlich ihres Komplextitätsgrades unterscheiden (einen Überblick über die verschiedenen Lagerhaltungsmodelle gibt Teil 3, Kapitel C.).

Bei der Entscheidung über die einzusetzenden **Transportmittel** (Bahn, LKW, Schiff, Flugzeug) können zunächst im Rahmen eines Verfahrensvergleichs die Kosten der einzelnen Transportmittel in Abhängigkeit von der zu versendenden Menge ermittelt werden. Zu berücksichtigen sind jedoch produktspezifische Anforderungen (z.B. Kühlbedürftigkeit), die in bestimmter Weise ausgerüstete Transportmittel erfordern. Auch die Geschwindigkeit, mit der die Waren befördert werden können, spielt u. U. eine Rolle. Daher sind die Transportkosten nicht isoliert zu betrachten; nur bei ganzheitlicher Berücksichtigung von Transport-, Lagerhaltungs-, Verwaltungs-, Verpackung- und Versicherungskosten kann eine Entscheidung über die einzusetzenden Transportmittel gefällt werden. Im Rahmen der Transportmittelwahl ist des Weiteren darüber zu entscheiden, ob und gegebenenfalls in welchem Umfang ein eigener Fuhrpark unterhalten werden soll. Der Fuhrpark ist so zu dimensionieren, dass eine gleichmäßige Auslastung der Fahrzeuge im Zeitablauf gewährleistet ist; in Engpasssituationen ist auf spezialisierte Aufgabenträger (z.B. Speditionen) zurückzugreifen oder die Lieferfrist entsprechend auszudehnen, sofern dies unter akquisitorischen Gesichtspunkten vertretbar erscheint.

Bei der Festlegung der **Transportwege** ist zu bestimmen, auf welchen Wegen welche Mengen eines Produktes zu den einzelnen Nachfragepunkten gelangen sollen. Das Ziel hierbei ist die Wegstrecken- beziehungsweise Transportkostenminimierung. Besteht die Möglichkeit, sämtliche Aufträge im Rahmen einer einzigen Tour zu erledigen, so ist lediglich die optimale Rundreise (Travelling-Salesman-Problem) zu ermitteln; überschreitet das Transportvolumen jedoch die Kapazität, die im Rahmen einer Tour zu bewältigen ist, so ist festzulegen welche Abnehmer zu einer Tour zusammenzufassen sind und in welcher Reihenfolge die Abnehmer einer Tour zu beliefern sind. In diesem Zusammenhang sind Tourenplanungsprobleme unter deterministischen Bedingungen, bei denen die Anzahl der Aufträge die jeweilige Abnahmemenge und die Bestimmungsorte vorab bekannt sind, von Tourenplanungsproblemen unter stochastischen Bedingungen zu unterscheiden (vgl. Tempelmeier 1983, s. 253 ff.). Bei letzteren sind insbesondere die nachgefragten Mengen an den einzelnen Absatzpunkten als Zufallsvariable anzusehen. Als Lösungsverfahren für Tourenplanungsprobleme werden überwiegend Verfahren der linearen Programmierung herangezogen (vgl. Tempelmeier 1983, S. 251 ff.).

II. Verkaufspolitik

Gegenstand der Verkaufspolitik sind alle betrieblichen Aktivitäten im Zusammenhang mit dem persönlichen Verkauf durch Mitarbeiter eines Unternehmens an die Nachfrager. Der **Prozess der Verkaufsplanung** lässt sich in verschiedene Teilphasen untergliedern (vgl. Abb. 4.33). Nach einer Analyse der Ausgangssituation

(Unternehmensziele, betriebsinterne Situation, Konkurrenzsituation) sind zunächst die Ziele und die Zielgruppen der Verkaufspolitik festzulegen. Im Anschluss hieran ist dann das Verkaufsbudget, d.h. die Höhe der finanziellen Mittel, die für Verkaufszwecke eingesetzt werden sollen, zu bestimmen. Begrenzte verfügbare finanzielle Mittel können eine Revision der verfolgten Ziele und der beabsichtigten Zielgruppen bewirken. Im Anschluss hieran können der Umfang des Außendienstes und die Verkaufsbezirke festgelegt werden. Im Folgenden ist eine Akquisition, Selektion und Schulung der Außendienstmitarbeiter vorzunehmen; außerdem sind die Steuerungsinstrumente zu planen. Sind die entsprechenden Entscheidungen (zum Teil konstitutiver Art) getroffen, so können Außendienstbesuche geplant werden.

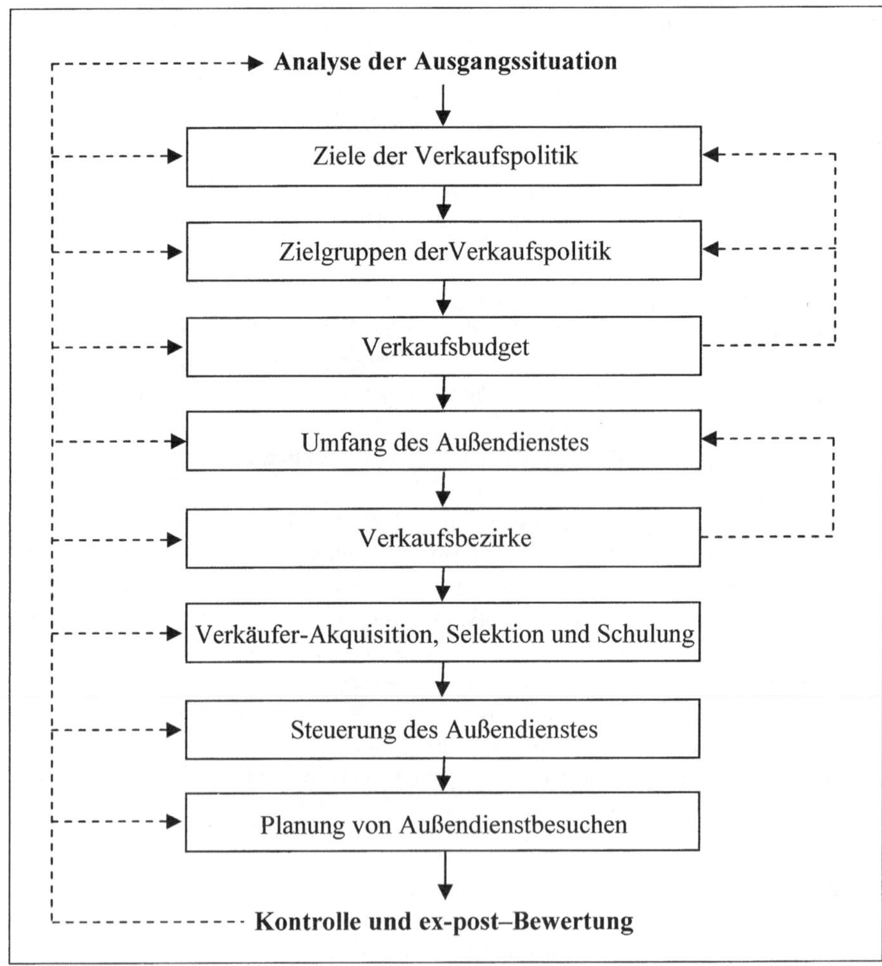

Abb. 4.33: Prozess der Verkaufsplanung

Bei den **Zielen der Verkaufspolitik** können grundsätzlich unternehmensbezogene Ziele und verkäuferbezogene Ziele unterschieden werden. Die verkäuferbezogenen Ziele haben eine besondere Bedeutung im Rahmen der Steuerung des Außendienstes. Zu den unternehmensbezogenen verkaufspolitischen Zielen lassen sich Gewinn-, Erlös-, Marktanteils- und Absatzmengen-Ziele wie z.B. die Gewinnmaximierung beziehungsweise –steigerung um einen gewissen Prozentsatz in der Planungsperiode zuordnen. Daneben sind Ziele wie Erlangung der relevanten Marktinformationen oder Erkennen, Information und Überzeugung des potentiellen Kundenkreises zu nennen.

Zur Entscheidung über die Höhe der **Verkaufsbudgets,** also der finanziellen Mittel, die im Rahmen der Verkaufspolitik eingesetzt werden sollen, sind Praktikerverfahren sowie theoretische Ansätze entwickelt worden; sie entsprechen jenen, die zur Werbebudgetierung vorgeschlagen worden sind.

Um den **Umfang des Außendienstes** zu planen, können Praktikerverfahren wie das Potenzialverfahren (Breakdown Method) beziehungsweise das Arbeitslastverfahren (Workload Method) herangezogen werden. Das Potenzialverfahren (Churchill/Ford/Walker 1985, S. 180 f.) lässt sich folgendermaßen charakterisieren:

- In einem ersten Schritt ist das Umsatzpotenzial des Unternehmens in der Planungsperiode zu prognostizieren.
- Zweitens ist zu ermitteln, welchen Umsatz ein Außendienstmitarbeiter im Durchschnitt erzielen kann.
- Die erforderliche Zahl der Außendienstmitarbeiter resultiert dann, indem das prognostizierte Umsatzpotenzial durch den durchschnittlichen Umsatz pro Außendienstmitarbeiter dividiert wird.

Offensichtlich ist, dass bei diesem Verfahren von der Prämisse ausgegangen wird, dass jeder Außendienstmitarbeiter dieselbe Leistung erbringt, d.h. denselben Umsatz erzielt. Hiervon unabhängig ist das Verfahren aber sachlogisch falsch: Der Umsatz wird als Bestimmungsfaktor für die Zahl der Außendienstmitarbeiter und nicht als deren Resultat angesehen.

Das Arbeitslastverfahren (Churchill/Ford/Walker 1985, S. 181 ff.) umfasst folgende Schritte:

- Zunächst ist die für die Bearbeitung des Gesamtmarktes in der Planungsperiode erforderliche gesamte Arbeitszeit festzustellen.
- Zweitens ist die verfügbare Arbeitszeit pro Außendienstmitarbeiter in der Planungsperiode zu bestimmen.
- Die erforderliche Zahl der Außendienstmitarbeiter lässt sich dann ermitteln, indem die erforderliche gesamte Arbeitszeit durch die verfügbare Arbeitszeit pro Person dividiert wird.

Diesem Verfahren liegt die Prämisse zugrunde, dass auf alle Außendienstmitarbeiter dieselbe Arbeitslast entfallen soll. Dabei werden unterschiedliche individuelle Leitungsfähigkeiten der Außendienstmitarbeiter vernachlässigt. Unberücksichtigt bleibt auch die Abhängigkeit des erzielbaren Umsatzes vom Umfang des Außendienstes. Positiv zu vermerken ist hingegen, dass eine detaillierte Ermittlung der mit der Bearbeitung eines Gesamtmarktes verbundenen Arbeitslast möglich ist, indem unterschiedliche Kundengruppen, die in unterschiedlicher Weise bearbeitet werden sollen, beachtet werden.

Den einzelnen Außendienstmitarbeitern sind **Verkaufsbezirke** zuzuordnen, die sie allein zu bearbeiten haben. Bei der Planung der Bezirke können zwei Vorgehensweisen herangezogen werden:

- Bildung von Verkaufsbezirken mit demselben Umsatzpotential oder
- Bildung von Verkaufsbezirken mit derselben Arbeitslast.

Eine Bildung von Verkaufsbezirken mit demselben Umsatzpotenzial hat verschiedene Vorteile: Für alle Außendienstmitarbeiter bestehen dieselben Verdienstmöglichkeiten. Die Bewertung der Leistungen der Außendienstmitarbeiter ist vergleichsweise einfach; unterschiedliche Verkaufsergebnisse basieren insbesondere auf unterschiedlichen Einsätzen/Fähigkeiten. Damit wird eine Konkurrenzsituation zwischen den Außendienstmitarbeitern geschaffen. Dieses Verfahren findet aber gewisse Grenzen, wenn die Bezirke deutliche unterschiedliche regionale Ausdehnungen besitzen und damit deutlich unterschiedliche Arbeitslasten gegeben sind. Werden hingegen Verkaufsbezirke mit derselben Arbeitslast gebildet, so resultieren in der Regel unterschiedliche Umsatzpotentiale bei den verschiedenen Bezirken. Dies kann zu unterschiedlichen Einkommen der Außendienstmitarbeiter führen, wenn eine provisionsabhängige Einkommenszahlung vereinbart wird. Als Ergebnis ist festzuhalten, dass bei der Planung der Verkaufsbezirke sowohl die Arbeitslast als auch das Umsatzpotential, als auch die Art und Weise der Außendienstentlohnung beachtet werden müssen.

Die Planung von Verkaufsbezirken kann folgendermaßen strukturiert werden (vgl. Churchill/Ford/Walker 1985, S. 187 f.): Ausgangspunkt ist die Festlegung der Basisbezirke (z.B. Stadtteile, Städte, Landkreise, Bundesländer), die – unter Beachtung der geplanten Zahl an Außendienstmitarbeitern und des Marktpotenzials pro Basisbezirk – zu vorläufigen Verkaufsbezirken zusammenzufassen sind. Die im Folgenden durchzuführende Arbeitslastanalyse kann zu Anpassungen der vorläufigen Verkaufsbezirke aufgrund von Arbeitslastunterschieden führen. Schließlicht sind den endgültigen Verkaufsbezirken die Außendienstmitarbeiter zuzuordnen; dabei sind die relevanten Fähigkeiten der Außendienstmitarbeiter zu berücksichtigen.

Die **Suche nach Außendienstmitarbeitern** kann grundsätzlich unternehmensintern oder –extern erfolgen. Möglichkeiten der internen Mitarbeiteranwerbung sind beispielsweise innerbetriebliche Stellenausschreibungen oder die gezielte Ansprache von potenziellen Mitarbeitern aus anderen Abteilungen. Zu den Möglichkeiten der externen Mitarbeitersuche zählen insbesondere Stellenanzeigen.

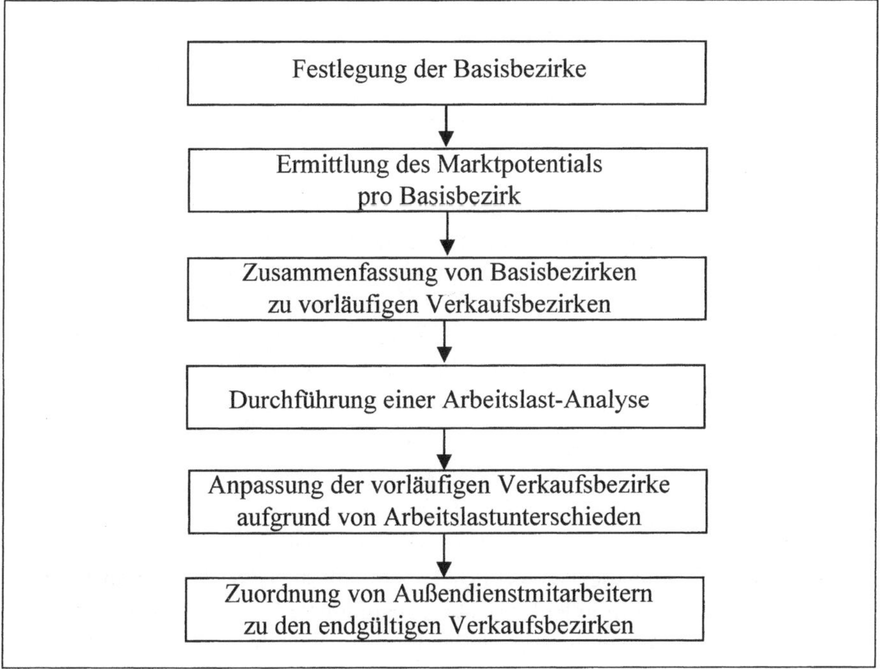

Quelle: Churchill/Ford/Walker 1985, S. 188.
Abb. 4.34: Prozessmodell zur Planung von Verkaufsbezirken

Die **Selektion** von Außendienstmitarbeitern wird üblicherweise anhand der Kriteriengruppen fachliche Eignung, persönliche Eignung und Persönlichkeitsmerkmale vorgenommen. Die persönliche Eignung eines Mitarbeiters für eine Stellung im Außendienst umfasst Kriterien wie Selbständigkeit, Ambitionen, organisatorisches Talent, Überzeugungskraft, Verkaufserfahrungen. Relevante Persönlichkeitsmerkmale sind zum einen demographische Charakteristika wie Geschlecht und Alter, zum anderen sozio- beziehungsweise psychographische Merkmale wie Ausbildung, familiäre Situation, Lebensstil. Die konkrete Auswahl der Bewerber kann auf der Basis verschiedener Methoden erfolgen. Zum einen kommen persönliche Methoden wie Vorstellungsgespräche, psychologische Tests und Assessment Centers zur Anwendung, wobei dem Vorstellungsgespräch die größte Bedeutung beigemessen wird; zum anderen kann die Auswahl auf der Basis unpersönlicher Methoden erfolgen, wie beispielsweise die Sichtung der Bewerbungsunterlagen, Referenzen und graphologische Gutachten.

Nach erfolgter Einstellung von Außendienstmitarbeitern sind deren Fähigkeiten entsprechend den Verkaufsanforderungen gezielt weiterzuentwickeln und zu schulen. Dies erfolgt in der Regel durch **Verkaufstraining.** Als Ziele eines Verkaufstrainings lassen sich insbesondere die Verbesserung der Verkaufsproduktivität, die Verbesserung der Verkaufsmoral, die Verbesserung der Kundenbeziehungen sowie die Verringerung der Mitarbeiterfluktuation nennen. Die konkrete Durchführung eines Verkaufstrainings kann auf der Basis verschiedener Methoden erfolgen. Dabei unterscheidet man persönliche Methoden (wie Vortrag, Diskussion, Rollenspiel), unpersönliche Methoden (wie Bücher, Lehrbriefe, Ton- und Videokassetten), Training on the Job.

Neben der Festlegung der konstitutiven Entscheidungen im Rahmen der Verkaufspolitik ist noch generell darüber zu befinden, in welcher Weise der Außendienst gesteuert werden soll. Mittels einer geeigneten Steuerung des Außendienstes soll gewährleistet werden, dass die unternehmensbezogenen Ziele der Verkaufspolitik erreicht werden. Mögliche **Steuerungsinstrumente** sind: individuelle Zielvorgaben, materielle (in der Regel finanzielle) und immaterielle Leistungsanreize, Verkaufsrichtlinien und dienstvertragliche Regelungen.

F. Marketing-Mix

Im Rahmen der Planung des Marketing-Mix sind alle absatzpolitischen Instrumente so aufeinander abzustimmen, dass sich eine optimale Kombination im Hinblick auf die verfolgten Marketingziele ergibt. Ein optimales Marketing-Mix ist dann realisiert, wenn das Gesamtergebnis weder durch die Umgestaltung eines Marketinginstrumentes noch durch die Hinzunahme eines bisher noch nicht eingesetzten Instrumentes verbessert werden kann. Eine **Vorauswahl von Marketing-Instrumenten** (vgl. Berndt 1995a, S. 514 ff.) im Rahmen des Marketing-Mix kann vorgenommen werden, indem

- eine Orientierung an der (eigenen) Branche erfolgt,
- eine sukzessive, instrumentalorientierte Vorgehensweise gewählt wird,
- eine Orientierung am Lebenszyklus eines Produktes erfolgt oder
- eine produktspezifische Vorgehensweise gewählt wird.

Im Anschluss an die Vorauswahl möglicher Marketing-Mixes ist endgültig die **optimale absatzpolitische Kombination** herauszufinden. Die Handlungsalternativen sind dabei die im Rahmen der Vorauswahl ermittelten, relevanten Ausprägungen der einzelnen Marketinginstrumente. Eine Optimierung des Marketing-Mix kann insbesondere unter der Zielsetzung der Gewinnmaximierung in der Planungsperiode, aber auch auf der Grundlage anderer ökonomischer Ziele erfolgen. Grundsätzlich können verschiedenartige Planungsansätze, so

- Gewinnvergleichsrechnungen und Break-Even-Analysen,

- marginalanalytische Ansätze,
- Ansätze der linearen Programmierung,
- Decision-Calculus-Ansätze,
- Ansätze der Entscheidungsfindung bei Risiko

herangezogen werden (vgl. im Einzelnen Berndt 1995a, S. 520 ff.). Hier wird zunächst folgender Fall betrachtet: Erstens soll die optimale Preis-Mengen-Kombination bestimmt werden, und zweitens ist darüber zu entscheiden, ob eine bestimmte Werbekampagne durchgeführt werden soll oder nicht. Wird die Werbekampagne nicht durchgeführt, so gelte die Preisabsatzfunktion

$$x = x(p) \tag{4.21}$$

und die zugehörige Gewinnfunktion

$$G_1 = p \cdot x(p) - K(x(p)), \tag{4.22}$$

welche zu maximieren ist. Im Falle einer Durchführung der Werbekampagne, welche Kosten in Höhe von $\overline{W}$ verursacht, gelte die Marktreaktionsfunktion

$$x = x(p, \overline{W})\,; \tag{4.23}$$

für die zu maximierende Gewinnfunktion gilt dann

$$G_2 = p \cdot x(p, \overline{W}) - K(x(p, \overline{W})) - \overline{W}\,. \tag{4.24}$$

Ein Vergleich der beiden optimalen Gewinnwerte G_1^{opt} und G_2^{opt} erlaubt dann eine Entscheidung über die Durchführung der Werbekampagne.

Die zugehörige grafische Analyse findet sich in Abb. 4.35. Die Wirkung der Werbekampagne besteht zunächst darin, dass sich die Gestalt der Preisabsatzfunktion verändert (z.B. Parallelverschiebung, siehe Abb. 4.35). Entsprechend resultiert eine andere Erlöskurve. Unter zusätzlicher Berücksichtigung der (neuen) Gesamtkostenkurve kann die neue optimale Preis-Mengen-Kombination identifiziert werden.

Die bisherige Analyse soll noch verallgemeinert werden. Für ein gegebenes Produkt soll neben der optimalen Preis-Mengen-Kombination (p, x) das optimale Werbebudget W und das optimale Verkaufsbudget V bestimmt werden; Preis, Werbebudget und Verkaufsbudget seien kontinuierlich variierbar. Die Marktreaktionsfunktion ergibt sich dann als

$$x = x(p, W, V) \tag{4.25}$$

und die Gewinnfunktion als

$$G(p, W, V) = p \cdot x(p, W, V) - K^{Prod}(x(p, W, V)) - W - V \tag{4.26}$$

Das optimale Marketing-Mix lässt sich bestimmen, indem die Gewinnfunktion nach den drei unabhängigen Variablen p, W und V partiell abgeleitet wird, die drei Ableitungen gleich Null gesetzt und simultan gelöst werden; es ergeben sich dann die notwendigen Bedingungen für ein Gewinnmaximum:

$$x + p \cdot \frac{\partial x}{\partial p} \overset{!}{=} \frac{dK^{Prod}}{dx} \cdot \frac{\partial x}{\partial p} \tag{4.27}$$

$$p \frac{\partial x}{\partial W} \overset{!}{=} \frac{dK^{Prod}}{dx} \frac{\partial x}{\partial W} + 1 \tag{4.28}$$

$$p \frac{\partial x}{\partial V} \overset{!}{=} \frac{dK^{Prod}}{dx} \frac{\partial x}{\partial V} + 1 \tag{4.29}$$

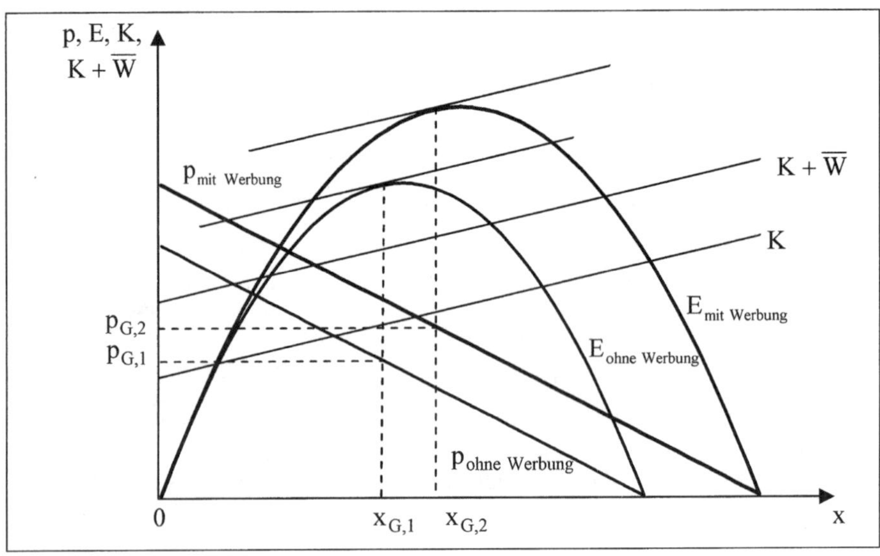

Abb. 4.35: Gewinnmaximalen Preis-Mengen-Kombinationen ohne beziehungsweise mit Werbung

Auf mehrstufigen Märkten sind **kooperative Marketing-Mixes,** in welche sowohl die Produzenten als auch der Handel einbezogen sind, zu finden. In der Praxis sind kooperative Systeme wie

- Category Management oder
- Efficient Consumer Response

entwickelt worden. **Category Management** (vgl. z.B. Milde 1998, S. 219 ff.; Holzkämper 1999) beinhaltet das konsequente Management einer Warengruppe durch ein Handelsunternehmen, wobei kompetente Produzenten sowohl als Lieferant als auch als Berater einbezogen werden. Während ehemals separate Vorstellungen dominierten (für den Key-Account-Manager eines Produzenten die optimale Platzierung seiner Markenartikel, für den Zentraleinkäufer eines Handelsunternehmens der möglichst große Deckungsbeitrag einer (jeden) Warengruppe), wird im Rahmen des Category Management eine gemeinsame Zielsetzung, die Optimierung einer Warengruppe des Handels, in der ein Markenartikel eines Produzenten enthalten ist, verfolgt.

Der **Prozess des Category Management** (vgl. z.B. Milde 1998, S. 294) umfasst fünf Teilphasen, welche immer wieder durchlaufen werden sollten:

- die Analyse der Categories (Warengruppen) beim einzelnen Handelsunternehmen, deren Stärken und Schwächen; Ermittlung der relevanten Trends,
- die Analyse des Kundenpotentials (detaillierte Bestimmung des Kundenverhaltens beim Handelspartner und bei konkurrierenden Handelsunternehmen in Abhängigkeit von der jeweiligen Marketingpolitik),
- Planung der angemessenen Merchandising-Strategie (sowohl aus Handels- als auch aus Produzentensicht),
- Implementierung der ausgewählten Merchandising-Strategie (auf der Basis vorab durchgeführter Tests),
- Ergebniskontrolle (in Form von Soll-Ist-Vergleichen sowohl aus Handels- als auch aus Produzentensicht und Einleitung von Änderungsmaßnahmen).

Auf allen Stufen des Planungs-, Realisierungs- und Kontrollprozesses des Category Management sind angemessene Verfahren der Informationsgewinnung und Informationsverarbeitung einzusetzen;

- auf der ersten Stufe sollte ein (repräsentatives) Handelspanel befragt werden,
- auf der zweiten Stufe kann auf ein geeignetes Konsumentenpanel zurückgegriffen werden.
- Simulationsverfahren sind auf der dritten Stufe hilfreich,
- geeignete Testkonstruktionen und varianzanalytische Auswertungsverfahren kennzeichnen die vierte Stufe,
- Soll-Ist-Vergleiche und darauf basierende Abweichungsanalysen können auf der fünften Stufe eingesetzt werden.

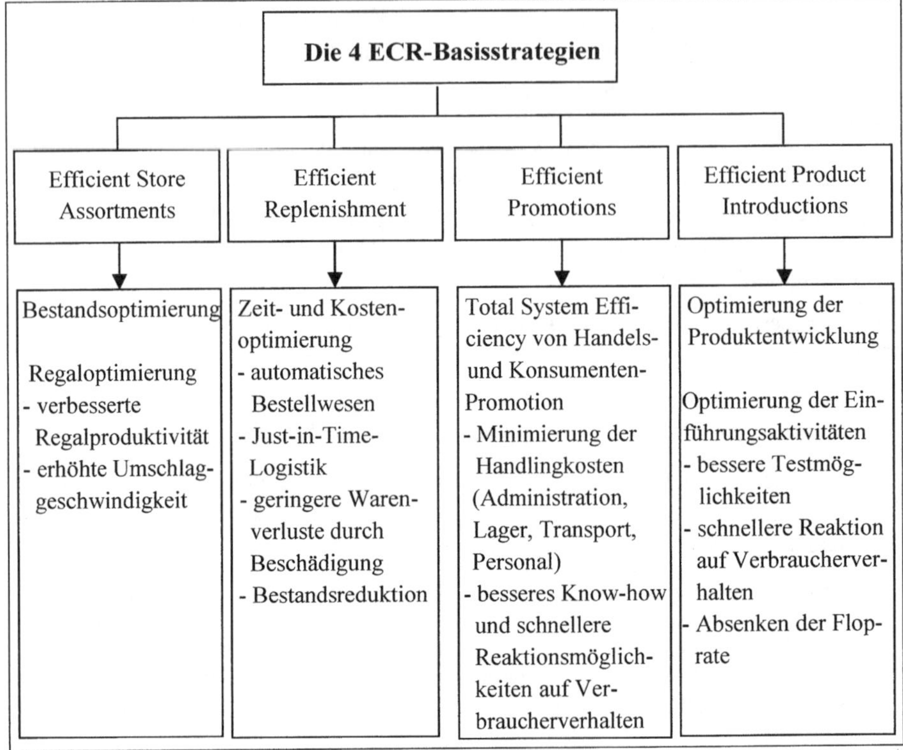

Quelle: Pretzel 1996, S. 22
Abb. 4.36: Basisstrategien des Efficient Consumer Response

Das Konzept des **Efficient Consumer Response** (vgl. z.B. Cansier; 2001, Brettschneider 2000; Heydt 1998) beinhaltet eine intensive Zusammenarbeit auf allen Stufen einer Warenflusskette zwischen Produzent und Konsument auf der Grundlage einer genauen Kenntnis des Konsumentenverhaltens; es ist durch integrierte Steuerungs- und Rationalisierungskonzepte sowohl der Waren- als auch der Informationsprozesse gekennzeichnet (grundsätzlich lässt sich das Efficient Consumer Response-Modell mit den Just-in-Time-Konzepten zwischen Zulieferern und Herstellern in der Automobilbranche vergleichen).

Im Rahmen des Efficent Consumer Response-Ansatzes wird die traditionelle Push-Strategie auf mehrstufigen Märkten durch eine Pull-Strategie ersetzt. Zwei gleichzeitig verfolgte Zielsetzungen kennzeichnen das Konzept,

– extern die Maximierung der Kundenzufriedenheit,

– intern die Minimierung der Kosten auf allen Stufen der Warenflusskette.

Der Efficient Consumer Response-Ansatz umfasst zum einen Category Management, zum anderen das Supply Chain Management; die erstgenannte Zielsetzung ist im Rahmen des Category Management, die zweitgenannte Zielsetzung im Rahmen des Supply Chain Management relevant. Die Basisstrategien des Efficient Consumer Response-Ansatzes sind in Abb. 4.36 skizziert.

G. Vertiefende Literatur Teil 4

Ahlert, D., Borchert, S. (2000), Prozessmanagement im vertikalen Marketing: Efficient Consumer Response (ECR) in Konsumgüternetzen, Berlin u.a. 2000

Ahlert, D. Schröder, H. (1996), Rechtliche Grundlagen des Marketing, 2. Aufl., Stuttgart u. a. 1996

Berekoven, L., Eckert, W., Ellenrieder, P. (2001), Marktforschung, 9. Aufl., Wiesbaden 2001

Berndt, R. (2005), Marketingstrategie und Marketingpolitik, 4. Aufl. Berlin u. a., 2005

Berndt, R. (1995a), Marketing 2, Marketing-Politik, 3. Aufl., Berlin u. a. 1995

Berndt, R. (1995b), Marketing 3, Marketing-Management, 2. Aufl., Berlin u. a. 1995

Berndt, R. (1996), Marketing 1, Käuferverhalten, Marktforschung und Marketing-Prognosen, 3. Aufl., Berlin u. a. 1996

Brettschneider, G. (2000), Beschaffung im Handel unter besonderer Berücksichtigung der Auswirkungen von Efficient Consumer Response, Frankfurt a. M. 2000

Busse von Colbe, W., Hammann, P., Laßmann, G. (1992), Betriebswirtschaftslehre, Band 2, Absatztheorie, 4. Aufl., Berlin u. a. 1992

Cansier, A. (2005), Spezialprobleme der internationalen Werbebudgetierung, Wiesbaden 2005

Cansier, A. (2001), Efficient Consumer Response aus kooperationstheoretischer Sicht, Wiesbaden 2001

Cansier, D. (1996), Umweltökonomie, 2. Aufl., Stuttgart 1996

Churchill, G. A., Ford, N. M., Walker, O. C. (1985), Sales Force Management, 5. Aufl., Homewood, III. 1985

Dantzer, U. (1996), Efficient Consumer Response, Von der Teiloptimierung zum echten Erfolg, in: Logistik heute, 1996, Nr. 10, S. 56-58

Diller, H. (1984), Das Zielsystem der Verkaufsförderung, in: Wirtschaftswissenschaftliches Studium, 1984, S. 494ff

Hahne, H. (1998), Category Management aus Herstellersicht: ein Konzept des Vertikalen Marketing und dessen organisatorischen Implikationen, Kön 1998

Hertel, J. (2005), Supply-Chain-Management und Warenwirtschaftssysteme im Handel, Berlin 2005

Heydt, A. (1998), Efficient Consumer Response (ECR), Basisstrategien und Grundtechniken, zentrale Erfolgsfaktoren sowie globaler Implementierungsplan, 3. Aufl., Frankfurt u.a. 1998

Holzkämper, O. (1999), Category Management: Strategische Positionierung des Handels, Göttingen 1999

Kotler, P. (2000), Marketing Management, 10. Aufl. Englewood Cliffs 2000

Lilien, G. L., Kotler, P. (1983), Marketing Decision Making, New York u. a. 1983

Milde, H. (1998), Category Management aus der Perspektive eines Marktforschungsinstitutes, in: Ahlert, D., Becker, J., Schütte, R. (Hrsg.), Informationssysteme für das Handelsmanagement, Konzepte und Nutzung in der Unternehmenspraxis, Berlin u.a. 1998, S. 219-303

Ott, A. E. (1997), Grundzüge der Preistheorie, 3. Aufl., Göttingen 1997

Pretzel, J. (1996), Gestaltung der Hersteller-Handel-Beziehung durch Category Management, in: Markenartikel, 1996, Nr. 1, S. 21ff

Schmalen, H. (1992), Kommunikationspolitik: Werbeplanung, 2. Aufl., Stuttgart 1992

Seifert, D. (2004), Efficient Consumer Response : Supply Chain Management (SCM), Category Management (CM) and Collaborative Planning, Forecasting and Replenishment (CPFR) als neue Strategieansätze, 3., erw. Aufl., Mering 2004

Simon, H. (1992), Preismanagement. Analyse-Strategie-Umsetzung, 2. Aufl., Wiesbaden 1992

Tempelmeier, H. (1983), Quantitative Marketing-Logistik, Berlin u. a. 1983

Tietz, B. (1993), Der Handelsbetrieb, 2. Aufl., München 1985

Verlagshaus Gruner+Jahr (Hrsg.) (1994), 6.000 Anzeigen-Copytests im Stern, Hamburg 1994

H. Übungsaufgaben Teil 4

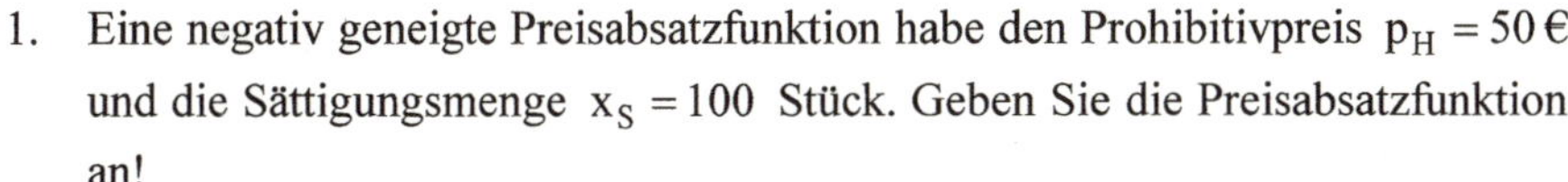

1. Eine negativ geneigte Preisabsatzfunktion habe den Prohibitivpreis $p_H = 50$ € und die Sättigungsmenge $x_S = 100$ Stück. Geben Sie die Preisabsatzfunktion an!

2. Ein Monopolunternehmen hat folgende Absatz- und Kostenfunktionen:
   Absatz: $x = 100 - p$,

   Kosten: $K = 10 + 0{,}2x^2$.

   2.1. Bei welchem Preis wird der Gewinn maximiert?

   2.2. Wie hoch ist die Produktionsmenge im Gewinnmaximum?

   2.3. Wie hoch ist der Gewinn?

3. Eine Unternehmung bietet ein Produkt an, für das folgende Preis-Absatzfunktion gilt: $p = 1610 - x$. Die Kostenfunktion ergibt sich zu: $K = 20.000 + 10x + 3x^2$. Welchen Preis soll die Unternehmung fordern, und welche Menge soll sie absetzen, wenn die Unternehmung ihre Absatzmenge unter der Bedingung maximieren will, dass sie einen Gewinn von 100.000 € erzielt?

4. Ein nach Gewinnmaximierung strebendes Einproduktunternehmen will für die kommende Planperiode den Absatzpreis p, die Absatzmenge x und das Werbebudget W für sein Erzeugnis bestimmen. Die Absatzmenge kann durch folgende Funktion prognostiziert werden: $x = 602 + 2\sqrt{W} - 2p$. Für die Produktionskosten gilt folgende Beziehung: $K(x) = 30x + 2150$. Mit über die betrachtete Planperiode hinausreichenden Werbewirkungen ist nicht zu rechnen. Bestimmen Sie den optimalen Absatzpreis, die optimale Absatzmenge und das optimale Werbebudget, und ermitteln Sie den Gewinn!

5. Die Werbeabteilung eines Unternehmens hat sich zu entscheiden, in welchem Werbeträger sie eine ½-seitige Anzeige in Schwarz-Weiß schaltet. Zur alternativen Entscheidung stehen die Medien "Schwäbische Rundschau", "Stuttgarter Echo" und die "Neckar-Nachrichten". Folgende Daten sind den Werbeplanern bekannt:

   Preise für eine halbseitige Anzeige in Schwarz-Weiß:
   Schwäbische Rundschau (4.100 €); Stuttgarter Echo (4.860 €), Neckar-Nachrichten (3.795 €);

   Verkaufsauflagen:
   Schwäbische Rundschau (145.000 Stück); Stuttgarter Echo (125.000 Stück); NeckarNachrichten (110.000 Stück);

   Durchschnittliche Anzahl von Lesern pro Exemplar:

Schwäbische Rundschau (1,4 Leser); Stuttgarter Echo (1,7 Leser); Neckar-Nachrichten (2,0 Leser).

Zu welcher Entscheidung gelangt die Werbeabteilung mit Hilfe des Tausend-Leser-Preises? Zu welcher Entscheidung würde man gelangen, wenn man das Medium mit der höchsten Reichweite (Leserzahl pro Ausgabe) wählen würde?

6. Gegeben sind folgende Daten:

Werbeträger	durchschnittliche Nutzerschaft	Preis pro Belegung in €	maximale Belegungszahl
A	100.000	10.000	4
B	500.000	40.000	8
C	80.000	9.000	4
D	150.000	16.000	4
E	70.000	9.000	2

Ermitteln Sie mit Hilfe der Tausenderkontaktpreis-Planungsrechnung, welche Werbeträger in welcher Häufigkeit belegt werden sollen, wenn ein Budget in Höhe von maximal 460.000 € zur Verfügung steht!

7. Das Problem der Mediaselektion soll mit Hilfe der Tausenderkontaktpreis-Planungsrechnung gelöst werden. Folgende Daten einer Mediaplanung sind gegeben:

Zeitschrift	durchschnittliche Zahl der Leser (pro Ausgabe)	Belegungspreis (pro Belegung)	Höchstzahl an Belegungen
I	30.000	3.000 €	5
II	20.000	2.400 €	5
III	40.000	3.800 €	10
IV	20.000	2.500 €	10
V	10.000	1.500 €	5
VI	30.000	2.700 €	10
VII	10.000	1.300 €	5

7.1. Stellen Sie mit Hilfe der Tausenderkontaktpreis-Planungsrechnung fest, welche Zeitschriften wie häufig zu belegen sind, wenn ein Werbebudget in Höhe von 80.000 € zur Verfügung steht!

7.2. In welcher Weise ändert sich die unter 7.1 gefundene Lösung, wenn verlangt wird, dass die Zeitschrift IV mindestens sechsmal belegt wird?

8. Ein Unternehmer bietet ein Produkt an, für das folgende Werbeerfolgsfunktion gilt: $x = 50 \cdot \sqrt{W} + 10.000$, die Kostenfunktion lautet: $K = 2x + 15.000$, der Produktpreis beträgt 50 €.

Bestimmen Sie die gewinnmaximalen Werte für die Absatzmenge und das Werbebudget! Wie hoch ist der zugehörige Gewinn? Wie hoch ist der gewinnmaximale Anteil der Werbung am Umsatz?

9. Ein Unternehmer möchte sein neues innovatives Produkt auf dem Markt einführen. Er unterstellt eine Monopolstellung bei einer Sicherheitssituation. Er weiß, dass der Höchstpreis seines Produktes 300 € beträgt und das Produkt eine Sättigungsmenge von 5.000 ME aufweist. außerdem geht er davon aus, dass der Zusammenhang zwischen dem Preis und der abgesetzten Menge linear ist.

   Bei der Kostenfunktion handelt es sich um eine Funktion zweiten Grades. Die Steigung dieser Kostenfunktion bei einer Produktion von 100 ME beträgt 50. Es entstehen Fixkosten in Höhe von 1.600 €. Eine Produktion von 40 ME ist mit Gesamtkosten pro Stück in Höhe von 70 € verbunden.

   9.1. Stellen Sie die Preisabsatzfunktion und die Kostenfunktion auf!

   9.2. Bestimmen Sie die gewinnoptimale Menge, den gewinnoptimalen Preis sowie den maximal erzielbaren Gewinn des Unternehmens!

10. Ein Monopolist möchte sein neues Produkt auf dem Markt einführen und für dieses Produkt den optimalen Preis bestimmen. Er geht von einer Sicherheitssituation aus und weiß, dass der Höchstpreis dieses Produktes 150 € beträgt und das das Produkt eine Sättigungsmenge von 2.000 ME aufweist. Außerdem geht er davon aus, dass der Zusammenhang zwischen dem Preis und der abgesetzten Menge linear ist.

    Bei der Kostenfunktion handelt es sich um eine Funktion zweiten Grades. Die Steigung dieser Kostenfunktion bei einer Produktion von 50 ME beträgt 100. Es entstehen Fixkosten in Höhe von 600 €. Eine Produktion von 20 ME ist mit durchschnittlichen Gesamtkosten in Höhe von 110 € verbunden.

    10.1. Stellen Sie die Preisabsatzfunktion und die Kostenfunktion auf!

    10.2. Bestimmen Sie den gewinnoptimalen Preis, die gewinnoptimale Menge sowie den maximal erzielbaren Gewinn des Unternehmens!

11. Es sei nun für ein gewinnmaximierende Unternehmen die folgende Werbeerfolgsfunktion gegeben:

    $x = 20.000 + 50 \cdot \sqrt{W}$

    Der geforderte Preis für das Produkt beträgt $p = 40\,€$, die variablen Kosten belaufen sich auf $k_v = 25\,€$. Weiterhin fallen fixe Kosten in Höhe von 15.000 € an. Wie lautet der optimale Prozentsatz des Werbebudgets am Gewinn, wenn ein Optimierungsmodell angewandt wird?

12. Ein Unternehmer möchte eine Werbekampagne für sein Unternehmen starten.

12.1. Im Rahmen der Intermediaanalyse kommen für ihn als mögliche Werbeträgergruppen das Fernsehen, der Hörfunk, Zeitungen sowie Zeitschriften in Frage. Zur Bestimmung der am besten geeigneten Werbeträgergruppe zieht er fünf Kriterien heran, die er unterschiedlich gewichtet. Je Kriterium werden für die Werbeträgergruppen Punkte vergeben, wobei die jeweils beste Ausprägung 4 Punkte, die zweitbeste 3 Punkte, die drittbeste 2 Punkte und die schlechteste noch 1 Punkt erhält.

Kriterium	**Gewicht**	**Fernsehen**	**Hörfunk**	**Zeitungen**	**Zeitschriften**
Darstellungsmöglichkeiten	0,3	sehr gut	gut	ausreichend	befriedigend
Verfügbarkeit	0,1	5 mal wöchentlich	täglich	6 mal wöchentlich	14-tägig
Nutzungssituation	0,1	3 Stunden(n)/ Tag	0,5 Stunden(n)/ Tag	1 Stunde(n)/ Tag	0,25 Stunde(n)/ Tag
Belegungspreise	0,25	sehr hoch	realtiv niedrig	hoch	hoch bis sehr hoch
Reichweiten	0,25	5.000.000 Personen	500.000 Personen	600.000 Personen	550.000 Personen

Berechnen Sie für jede Werbeträgergruppe die gewichtete Gesamtpunktzahl. Für welche Werbeträgergruppe wird der Unternehmer sich entscheiden?

12.2. Das anschließende Problem der Intramediaanlayse soll mit Hilfe der Tausenderkontaktpreis-Planungsrechnung gelöst werden. Folgende Daten einer Mediaplanung sind gegeben:

Werbeträger	**Reichweiten (Personen)**	**Kosten (€)**	**Höchstzahl an Belegungen**
I	5.000.000	50.000	4
II	4.500.000	40.000	6
III	3.200.000	62.000	5
IV	3.800.000	57.000	6
V	1.750.000	30.000	8
VI	2.400.000	45.000	10

Welche Werbeträger sind wie häufig zu belegen, wenn ein Werbebudget in Höhe von 1.000.000 € verteilt werden soll und dabei der Werbeträger I zumindest zweimal belegt werden muss?

13. Ein Einproduktunternehmen, das auf einem Markt eine Monopolstellung einnimmt, möchte für sein Produkt den optimalen Preis ermitteln. Die in der untenstehenden Tabelle verzeichneten Preisalternativen kommen in Frage. Weiterhin sind die zu jedem Preis gehörenden Absatzmengen geschätzt worden und die variablen und fixen Kosten bekannt.

Preis (in €)	**Absatzmenge**	**variable Kosten (in €)**	**fixe Kosten (in €)**
29,50	575.000	15	80.000
32,70	490.000	15	80.000
41,30	380.000	15	80.000
45,20	330.000	15	80.000
28,70	550.000	15	80.000
25,60	625.000	15	80.000

13.1. Welcher Preis ist optimal, wenn der Monopolist das Ziel der Gewinnmaximierung verfolgt?

13.2. Welche Break-Even-Mengen werden bei den jeweiligen Preisalternativen erreicht?

14. Die lineare Preisabsatzfunktion eines Einpropduktunternehmens hat den Prohibitivpreis $p_h = 80$ € und die Sättigungsmenge $x_s = 250$. Berechnen Sie die Preisabsatzfunktion! Die Kostenfunktion lautet: $K = 0{,}1x^2 + 60x + 80$.

14.1. Welcher Preis und welche Menge ist optimal, wenn als Ziel die Maximierung der Absatzmenge unter der Bedingung verfolgt wird, dass genau ein Gewinn in Höhe von 100 € erzielt wird?

14.2. Durch Werbung verändert sich die Preis-Absatz-Funktion zu $p = -0{,}04x + 0{,}5\sqrt{W} + 80$. Sollte unter diesen Voraussetzungen Werbung betrieben werden?

14.3. Wie hoch ist der gewinnmaximale Anteil der Werbung am Umsatz?

15. Zur Diskussion steht die Entscheidung zwischen Handelsvertretern und Reisenden im Rahmen der Absatzmittlerwahl!

15.1. Ein Unternehmen stellt drei Produkte her, die zu $p_1 = 50$ €, $p_2 = 30$ € und $p_3 = 30$ € angeboten werden. Es können alternativ 4 Handelsvertreter oder 4 Reisende eingesetzt werden, die jeweils die gleichen Mengen $x_1 = 500$, $x_2 = 700$ und $x_3 = 1.100$ der betrachteten 3 Produkte absetzen. Die Reisenden erhalten ein Fixum von je 3.000 € und 2% umsatzabhängige Provision, während die Handelsvertreter kein Fixum bekommen, jedoch eine umsatzabhängige Provision von 10%. Welche Alternative ist vorteilhaft, wenn ein Kostenvergleich durchgeführt wird?

15.2. Nunmehr gelte folgender Preis-Mengen-Zusammenhang gemäß Preis-Absatz-Funktion: $p(x) = 1.000 - 0,1 \cdot x$.

Jetzt steht das Unternehmen vor der Wahl einen Handelsvertreter oder einen Reisenden zu ersetzen. Der umsatzabhängige Provisionssatz für den Handelsvertreter beläuft sich auf 8%, und er erhält ein Fixum von 2.000 €. Der umsatzabhängige Provisionssatz des Reisenden beträgt 5%, sein Fixum wird auf 4.000 € festgesetzt. Welches ist in dieser Situation die optimale Alternative, wenn abermals ein Kostenvergleich durchgeführt wird? Interpretieren Sie das Ergebnis im Hinblick darauf, ob ein Handelsvertreter oder ein Reisender einzusetzen ist!

16. Ein nach Gewinnmaximierung strebender Monopolist möchte den Preis für ein von ihm neu entwickeltes Produkt nunmehr anhand eines Optimierungsmodells festlegen. Auf der Basis ausführlicher Marktexperimente fand heraus, dass für das Produkt eine lineare Preis-Absatz-Funktion zugrunde gelegt werden kann. Der Prohibitivpreis wird auf $p_p = 100$ € geschätzt. Um einen Absatz von 50 Stück zu erreichen, müsste ein Preis in Höhe von $p = 75$ € gefordert werden. Auch bezüglich der Kostenfunktion unterstellt der Anbieter einen linearen Verlauf. Bei der Produktion des Gutes fallen variable Kosten je produziertem Stück in Höhe von 5 € sowie fixe Kosten in Höhe von 1.000 € an. Bestimmen Sie die gewinnmaximale Preis-Mengen-Kombination sowie den zugehörigen Gewinn!

17. Gegeben sei eine Kostenfunktion 3. Grades, wobei x die Ausbringungsmenge darstellt. Der Wendepunkt der Kostenfunktion liegt bei einer Ausbringungsmenge von $x = 3$. Die Steigung im Wendepunkt beträgt 3. Die Stückkosten im Wendepunkt betragen 23 €. Es fallen Fixkosten in Höhe von 33 € an.

17.1. Berechnen Sie die Kostenfunktion!

17.2. Bei welcher Ausbringungsmenge hat die Grenzkostenkurve ihr Minimum?

17.3. Bei welcher Ausbringungsmenge stimmen die variablen Durchschnittskosten mit den Grenzkosten überein?

17.4. Ermitteln Sie die optimale Ausbringungsmenge für den Fall, dass für das Produkt ein Preis von 25 € erzielt werden kann und das Unternehmen nach Gewinnmaximierung strebt! Wie hoch ist der maximale Gewinn?

18. Im Rahmen einer Produktinnovation sollen 3 verschiedene Produktideen A,B und C anhand eines probabilistischen Scoring-Modells bewertet werden. Folgender Kriterienkatalog, zugehörige Gewichtungsfaktoren g_z und zu vergebende Punkte wurden dafür aufgestellt:

z	Kriterien	g_z	Punkte		
			3	2	1
1	Gewinn (in €)	0,4	> 15.000	8.000-15.000	< 8.000
2	Integration in CI	0,2	positiv	neutral	Negativ
3	Interdependenzen mit vorhandenen Produkte	0,2	komplementär	unabhängig	substitutional
4	Dauer des Produktlebenszyklus	0,1	> 10 Jahre	5 – 10 Jahre	< 5 Jahre
5	Dauer der Exklusivität	0,1	> 3 Jahre	1 – 3 Jahre	< 1 Jahr

Für die drei Produktideen ist folgende Risikosituation gegeben:

z	Kriterien	Produktideen					
		A		B		C	
		P_1=0,3	P_2=0,7	P_1=0,3	P_2=0,7	P_1=0,3	P_2=0,7
1	Absatzmengen PAF Kostenfunktion	x=150 p(x)=200-0,5x K(x)=25x+200	x=300	x=250 p(x)=300-0,6x K(x)=55x+400	x=350	x=100 p(x)=150-0,4x K(x)=10x+50	x=200
2	Integration in CI	neutral		negativ		Positiv	
3	Beziehung zu vorhandenen Produkten	substitutional	unabhängig	komplementär	komplementär	komplementär	Substitutional
4	Dauer des Produktlebenszyklus	11 Jahre	9 Jahre	6 Jahre	4 Jahre	8 Jahre	7 Jahre
5	Dauer der Exklusivität	2 Jahre	½ Jahr	4 Jahre	2 Jahre	1 Jahr	½ Jahr

Welche Produktideen kommen für eine Produktinnovation in Frage, wenn nach dem Entscheidungskriterium $E(GGPZ_i) \geq 2$ gehandelt werden soll?

19. Ein amerikanischer Unternehmer erwägt die Ausweitung seines Absatzmarktes auf den deutschen Raum. Aufgrund verschiedener Markttests erwartet er bei einem Preis von 600 € pro Palette eine Absatzmenge von 500 Paletten und bei einem Preis von 400 € eine Absatzmenge von 1.000 Paletten. Zur Entscheidung für den optimalen Absatzmittler zieht er folgende Informationen heran:

- Ein Reisender bekäme ein fixes Grundgehalt von 4010 € und einen Provisionssatz von 5% auf den von ihm erzielten Umsatz.
- Ein Handelsvertreter würde zwar nur ein Fixum von 2490 € erhalten, dafür aber zusätzlich einen umsatzabhängigen Provisionssatz von 7%.

Ermitteln Sie die kritischen Absatzmengen, bei welchen Indifferenz bezüglich des Absatzmittlers herrscht und interpretieren Sie kurz das Ergebnis!

Gehen Sie davon aus, dass die realisierbare Absatzmenge unabhängig vom Absatzmittler ist, dass also ein Reisender und ein Handelsvertreter die gleichen Umsätze realisieren.

20. Hein Muschel-Mies hat ein neues Verfahren zur Züchtung hochwertiger Bio-Muscheln erfunden. Er möchte nun überprüfen, ob er mit dem Verkauf der Muschel Gewinn machen kann. Die Muscheln werden in Mengeneinheiten (ME) zu je 10 kg verkauft.

20.1. Muschel-Mies weiß aus Erfahrung, dass er maximal 225 ME seiner Bio-Muschel verkaufen kann. Außerdem ist er sich sicher, dass zu einem Preis von 675 Euro pro Mengeneinheit keine Muscheln mehr verkauft werden können.
Bestimmen Sie die Preis-Absatz-Funktion!

20.2. Die Kosten für die Produktion der Muscheln sind abhängig von deren Absatzmenge. Die Kostenfunktion lautet:

$$K = 2x^2 + 10x + 4500$$

Welchen maximalen Gewinn kann Muschel-Mies mit dem Verkauf der Muscheln erzielen? Bestimmen Sie außerdem die optimale Absatzmenge und den optimalen Preis!

20.3. Muschel-Mies überlegt sich, ob er mit dem Einsatz von Werbung seinen Gewinn steigern könnte. Seiner Ansicht nach, würde sich die Preis-Absatz-Funktion durch den Einsatz von Werbung folgendermaßen verändern:

$$p = 690 - 3x + 2\sqrt{W}$$

Die Kostenfunktion ändert sich nicht.
Bestimmen Sie das optimale Werbebudget, den optimalen Preis und die sich ergebende optimale Absatzmenge! Würde sich der Einsatz von Werbung für Muschel-Mies lohnen?

20.4. Von dem ihm zur Verfügung stehenden Werbebudget möchte Muschel-Mies einen Teil in Anzeigen in Fachzeitschriften investieren. Sein Sohn studiert BWL an der Uni-Tübingen und empfiehlt ihm, die Mediaselektion mit Hilfe der Tausenderkontaktpreis-Planungsrechnung vorzunehmen.

20.4.1. Nach eingehender Recherche stehen Muschel-Mies folgende Informationen über die in Frage kommenden Zeitschriften zur Verfügung:

	Zeitschrift	Durchschnitt-liche Leserzahl (pro Ausgabe)	Belegungs-preis (pro Belegung)	Höchstzahl an Belegungen
I.	Die Krabbe (K)	10.000	370	2
II.	Der Meeres – Gourmet (M)	20.000	550	4
III.	Fisch – Delikat (F)	9.500	190	5
IV.	Watt – Spei-sen (W)	15.000	450	3
V.	Seafood – Aktuell (S)	16.000	500	4

Muschel-Mies möchte 5.600€ in die Anzeigenwerbung investieren. Bestimmen Sie, welche Zeitschriften unter den gegebenen Umständen wie häufig zu belegen sind!

20.4.2. Da die Seafood – Aktuell (S) als die renommierteste unter den Zeitschriften gilt, möchte Muschel - Mies die maximale Belegungszahl dieser Zeitschrift unbedingt ausschöpfen. Wie ändert sich hierdurch die erzielbare Bruttoreichweite?

21. Der Monopolist *Brunnen Minerali* stellt das Süßgetränk *Arfi Cola* auf Weizenbasis her. Bei der Herstellung dieses Getränkes fallen folgende Einzelkosten an:

Materialeinzelkosten:	0,50 Euro pro Mengeneinheit
Lohneinzelkosten:	1,30 Euro pro Mengeneinheit
Sondereinzelkosten des Vertriebs:	0,30 Euro pro Mengeneinheit

Zudem ermittelt das Unternehmen folgende Zuschlagssätze:

Materialgemeinkostenzuschlagssatz: (Bezugsgröße: Materialeinzelkosten)	8%
Lohngemeinkostenzuschlagssatz: (Bezugsgröße: Lohneinzelkosten)	23%
Verwaltungsgemeinkostenzuschlagssatz: (Bezugsgröße: Herstellkosten)	5%
Vertriebsgemeinkostenzuschlagssatz: (Bezugsgröße: Herstellkosten)	15%

Das Unternehmen möchte zumindest einen Gewinnaufschlag von 16,5 % auf die Selbstkosten realisieren. In einer - mit der Geschäftsleitung von *Brunnen Minerali* nicht abgesprochenen Pressemitteilung - kündigt der Produktmanager „Davide“ den Preis von 3,49 Euro pro Mengeneinheit an. Erfüllt dieser

Preis unter Zugrundelegung der Preiskalkulation auf Vollkostenbasis die Forderung?

22. Nachdem man sich für die Einführung eines Produktes entschieden hat soll dieses mit Hilfe kommunikativer Unterstützung am Markt eingeführt werden. *Kobias Troll* wird beauftragt zu entscheiden, welche Medien hierzu belegt werden sollen. Ihm steht ein Budget von 8.000 € zur Verfügung. Folgende Informationen stehen *Kobias Troll* bezüglich der relevanten Medien zur Verfügung:

Zeitschrift		Durchschnittliche Leserzahl (pro Ausgabe)	Belegungspreis (pro Belegung)	Höchstzahl an Belegungen
I.	**Tip Top PC (T)**	10.000	370	6
II.	**Compukenner (C)**	20.000	470	3
III.	**Giga-Game (G)**	18.000	504	5
IV.	**PCInside (P)**	12.000	450	3
V.	**Der Silberne Rechner (S)**	8.000	320	4

22.1. Bestimmen Sie, welche Zeitschriften unter den gegebenen Bedingungen wie häufig zu belegen sind. Welches Verfahren ziehen Sie dabei heran?

22.2. Abschließend muss *Kobias Troll* entscheiden, ob der neue PC über Handelsvertreter oder Reisende vertrieben werden soll. *Troll* geht davon aus, dass beide den gleichen Umsatz erzielen. Der Reisende erhält ein Fixum in Höhe von 1.500 € pro Monat und eine Provision von 0,2% auf den Jahresumsatz. Sollte ein Handelsvertreter eingesetzt werden, so erhält dieser kein Fixum, jedoch eine Provision von 1% des Jahresumsatzes.

Kobias Troll geht für das zu planende Jahr von folgender Preis-Absatz-Funktion aus:
$p = 2.500 - 0{,}02x$.

Im ersten Jahr soll für den PC ein Preis von 2.000 € verlangt werden. Sollte unter diesen Umständen ein Handelsvertreter oder ein Reisender eingesetzt werden, wenn die kostengünstigste Alternative gewählt werden soll?

Teil 5: Abstimmung von Produktion und Absatz

A. Simultane Planung und sukzessive Planung

Die beiden bisher isoliert betrachteten betrieblichen Funktionsbereiche "Produktion" und Absatz" müssen noch **untereinander abgestimmt** werden. Sinnvoller Ausgangspunkt ist dabei die für privatwirtschaftliche Unternehmen relevante **Zielgröße Gewinn**, die bekanntlicher Weise wie folgt definiert ist:

$$G = E - K = p \cdot x - K^{Prod} - K^{Ma} \quad \text{mit} \tag{5.1}$$

G: Gewinn,

E: Erlös,

K: Gesamtkosten,

p: Preis,

x: Absatzmenge,

K^{Ma}: Marketingkosten,

K^{Prod}: Produktionskosten.

Zum betrieblichen Absatzbereich sind die Größen Preis, Marketingkosten und Absatzmenge, zum betrieblichen Produktionsbereich die Produktionskosten zu rechnen.

Wünschenswert wäre es, eine **simultane Planung** der Entscheidungstatbestände in den Bereichen Produktion und Absatz vorzunehmen. In der Gleichung (5.1) ist nur eine Definition des Gewinnes auf der Grundlage seiner Einflussfaktoren vorgenommen worden. Für eine betriebswirtschaftliche Entscheidungsfindung sind zusätzlich die funktionalen Abhängigkeiten zwischen den Inputgrößen zu beachten; z.B. ist es denkbar, dass die drei Größen Preis, Marketingkosten und Menge als Variablen betrachtet werden. Im Falle dreier Variablen sind zwei unabhängiger, eine abhängiger Art. Wird davon ausgegangen, dass Preis und Marketingkosten die unabhängigen Variablen bilden und die Absatzmenge eine abhängige Variable darstellt, also

$$x = x(p, K^{Ma}), \tag{5.2}$$

so ergibt sich für die Gewinnfunktion

$$G(x(p,K^{Ma})) = p \cdot x(p,K^{Ma}) - K^{Prod}(x(p,K^{Ma})) - K^{Ma}. \tag{5.3}$$

Um die optimale Produktions- und Absatzpolitik herauszufinden, muss die Gewinnfunktion nach den unabhängigen Variablen partiell abgeleitet werden:

$$\frac{\partial G}{\partial p} = x + p \cdot \frac{\partial x}{\partial p} - \frac{dK^{Prod}}{dx} \cdot \frac{\partial x}{\partial p} \overset{!}{=} 0 \tag{5.4}$$

und

$$\frac{\partial G}{\partial K^{Ma}} = p \cdot \frac{\partial x}{\partial K^{Ma}} - \frac{dK^{Prod}}{dx} \cdot \frac{\partial x}{\partial K^{Ma}} - 1 \overset{!}{=} 0 \tag{5.5}$$

Durch einfache Umformungen erhält man:

$$x + p \cdot \frac{\partial x}{\partial p} = \frac{dK^{Prod}}{dx} \cdot \frac{\partial x}{\partial p} \quad \text{und} \tag{5.6}$$

$$p \frac{\partial x}{\partial K^{Ma}} = \frac{dK^{Prod}}{dx} \cdot \frac{\partial x}{\partial K^{Ma}} + 1. \tag{5.7}$$

Die notwendigen Bedingungen für eine gewinnmaximale Produktions- und Absatzpolitik lassen sich wie folgt interpretieren: Gleichung (5.6) besagt, dass der Grenzerlös gleich den Grenzproduktionskosten in Bezug auf eine infinitesimal kleine Variation des Preises sein muss. (5.7) beinhaltet die Gleichheit von Grenzerlös und Grenzproduktions- sowie Grenzmarketingkosten in Bezug auf eine infinitesimal kleine Variation der Marketingkosten.

Die Komplexität der entsprechenden Entscheidungssituation kann aber eine Simultanplanung unmöglich machen; dann muss eine **sukzessive Planung** erfolgen: Nach Gutenberg (1983, S. 163) ist als Ausgangspunkt der sukzessiven Planung der Engpassbereich zu suchen, der hier im Bereich Absatz beziehungsweise im Bereich Produktion liegen kann. Der Engpassbereich ist dann als Dominanzsektor für die Unternehmensplanung anzusehen. Stellt z.B. der Absatz den Engpassbereich dar, so sind - in einem ersten Schritt - Preis und Marketingkosteneinsatz zu planen (hieraus folgt die Absatzmenge). In einem zweiten Schritt ist dann die kostenminimale Produktion der (vorgegebenen) Menge zu suchen (vgl. in erweiterter Betrachtung Abb. 5.1). Dabei basiert die

Abhängigkeit insbesondere von der Menge auf der jeweils zugrunde liegenden Produktionsfunktion.

Stellt hingegen die "Produktion" den Engpassbereich dar, so muss - als Ausgangspunkt - eine Kostenfunktion ermittelt werden, welche die jeweils minimalen Gesamtkosten für alternative Mengen angibt, dieser liegt wiederum die durch die Produktionsverhältnisse bedingte Produktionsfunktion zugrunde. Es hat dann eine Optimierung des Absatzbereiches zu erfolgen.

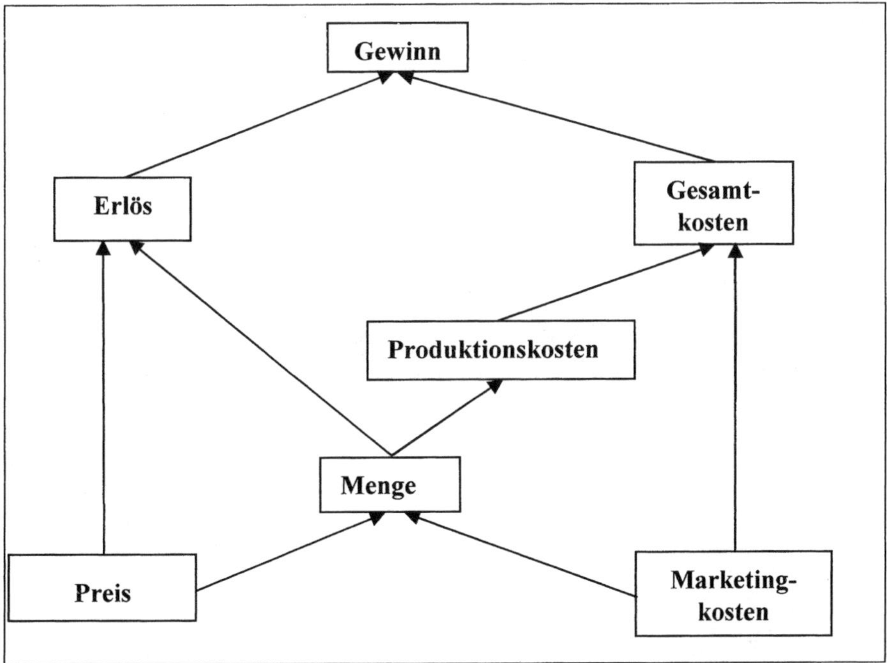

Abb. 5.1: Die Bestimmungsfaktoren des Gewinnes und deren Abhängigkeiten

B. Vertiefende Literatur Teil 5

Busse von Colbe, W., Hammann, P., Laßmann, G. (1992) Betriebswirtschaftstheorie 2, Absatztheorie, 4. Aufl., Berlin u.a. 1992

Gutenberg, E. (1983), Grundlagen der Betriebswirtschaftslehre, Bd. 1, Die Produktion, Berlin u.a. 1983

Kilger, W. (1973), Optimale Produktions- und Absatzplanung: Entscheidungsmodelle für den Produktions- und Absatzbereich industrieller Betriebe, Opladen 1973

Lücke, W. (1976), Produktions- und Kostentheorie, Würzburg 1976

Pohmer, D., Bea, F. X. (1994), Produktion und Absatz, 3. Aufl., Göttingen 1994

Kurzlösungen zu den Übungsaufgaben

Kurzlösungen zu den Übungsaufgaben von Teil 1

1. 1.1. a_3

   1.2. a_1

2. 2.1. $GGPZ_A = 3{,}1$
   $GGPZ_B = 2{,}7$

   2.2. Entscheidungsregeln:
   a) Maximierung der GGPZ: Produktidee A ist optimal.
   b) Maximierung der GGPZ unter der Nebenbedingung, daß eine vorgegebene Mindestpunktzahl eingehalten wird: Falls beispielsweise eine Mindestpunktzahl von 3 Punkten eingehalten werden soll, ist Produktidee A optimal.
   c) Maximierung unter der Nebenbedingung, daß pro Kriterium eine vorgegebene Mindestpunktzahl eingehalten wird: Falls beispielsweise pro Kriterium eine Mindestpunktzahl von 2 Punkten eingehalten werden soll, ist Produktidee B optimal.

3. 3.1. a_2 dominiert a_5
   a_1 dominiert a_3

   3.2. a_2

4. 4.1. a_2

   4.2. a_1

   4.3. a_2

4.4. a_2

4.5. a_1

5. 5.1. $p^{opt} = p_2 = 90\,€$

5.2. $p^{opt} = p_3 = 100\,€$

6. 6.1. Entscheidungsbaum:

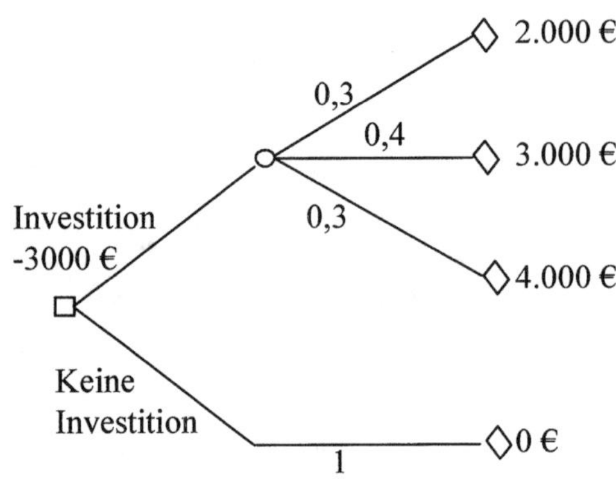

6.2. Keine Investition durchführen, da $E(C_0) \approx -272{,}7\ € < 0\ €$

7. 7.1. Entscheidungsbaum:

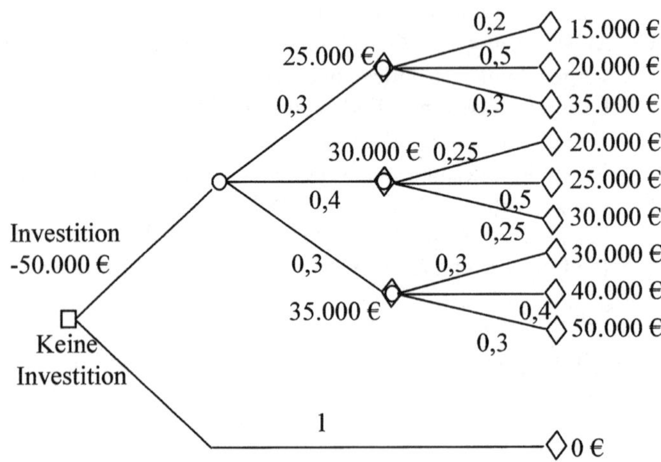

7.2. Investition ist vorteilhaft, da $E(C_0) \approx 1.281\,€ > 0\ €$

8. 8.1. Entscheidungsbaum:

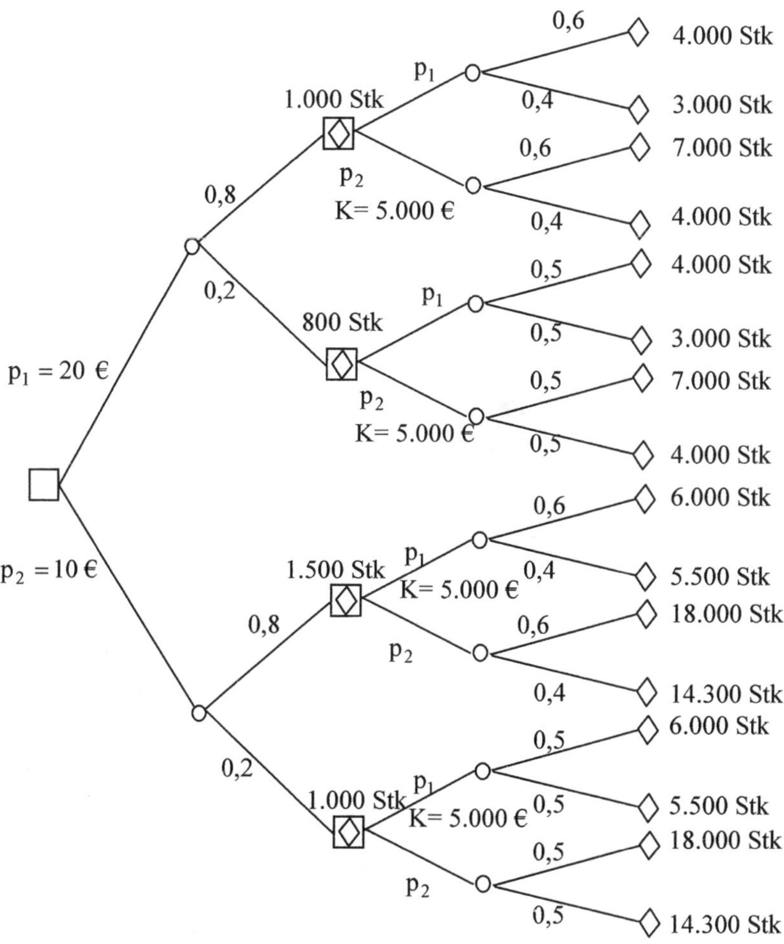

Lösung mittels Roll-back-Verfahren:

In der 1. Periode ist der Preis $p_2 = 10$ € optimal.

Das optimale Ergebnis der 2. Periode wird bedingt durch das Ergebnis der 1. Periode: Bei günstiger (ungünstiger) Gesamtmarktentwicklung in der 1. Periode ist in der 2. Periode der Preis $p_2 = 10$ € ($p_1 = 20$ €) optimal.

8.2. Entscheidungsbaum (mit p_{1P} : Preis in der 1. Periode (in €), p_{2P} : Preis in der 2. Periode (in €)):

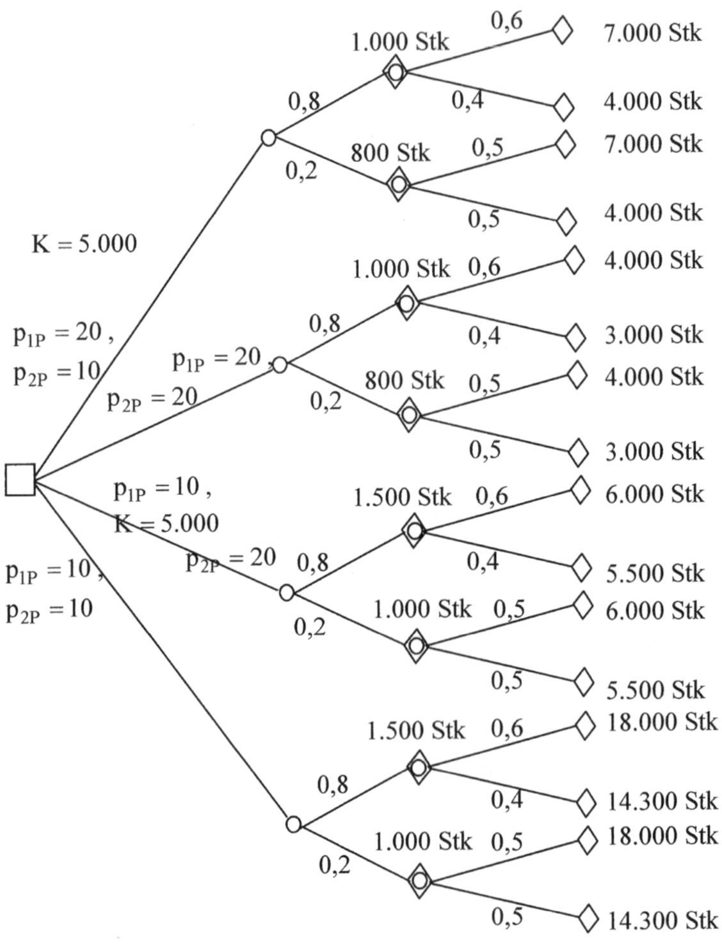

Die optimale Preisstrategie gemäß Gewinnerwartungswert lautet:
1.Periode: 10 € und
2.Periode: 10 €.

9. 9.1. **Gesamtkosten:**

a_i \ z_j	z_1 (geringe Nachfrage): x = 1.750	z_2 (mittlere Nachfrage): x = 2.500	z_3 (hohe Nachfrage): x = 3.250
a_1: *W*	3.412,5 €	4.750 €	6.012,5 €
a_2: *M*	3.525 €	4.650 €	5.650 €

Durchschnittskosten:

a_i \ z_j	z_1 (geringe Nachfrage): x = 1.750	z_2 (mittlere Nachfrage): x = 2.500	z_3 (hohe Nachfrage): x = 3.250
a_1: *W*	1,95 €	1,9 €	1,85 €
a_2: *M*	2,01 €	1,86 €	1,74 €

9.2. Maximax-Regel: a_2
Minimax-Regel: a_1
Laplace-Regel: a_2

9.3. a_2

10. 10.1. $GGPZ_A$=2,03; $GGPZ_B$=1,93; $GGPZ_C$=2,34
A und C kommen in Betracht!

10.2. 10.2.1. Periode 1: G_2(5€)=13.500 €
G_2(7 €)=17.500 €
G_2(10 €)=20.500 €

Periode 2: p=5€ in der 1. Periode: G_2(5€)=13.500 €
G_2(7 €)=22.500 €
G_2(10 €)=24.500 €

p = 7€ in der 1. Periode: G_2(5 €)=4.500 €
G_2(7 €)=22.500 €
G_2(10 €)=28.500 €

p=10 € in der 1. Periode: G_2(5 €)=-1.500 €
G_2(7 €)=17.500 €
G_2(10 €)=24.500 €

10.2.2. **Entscheidungsbaum:**

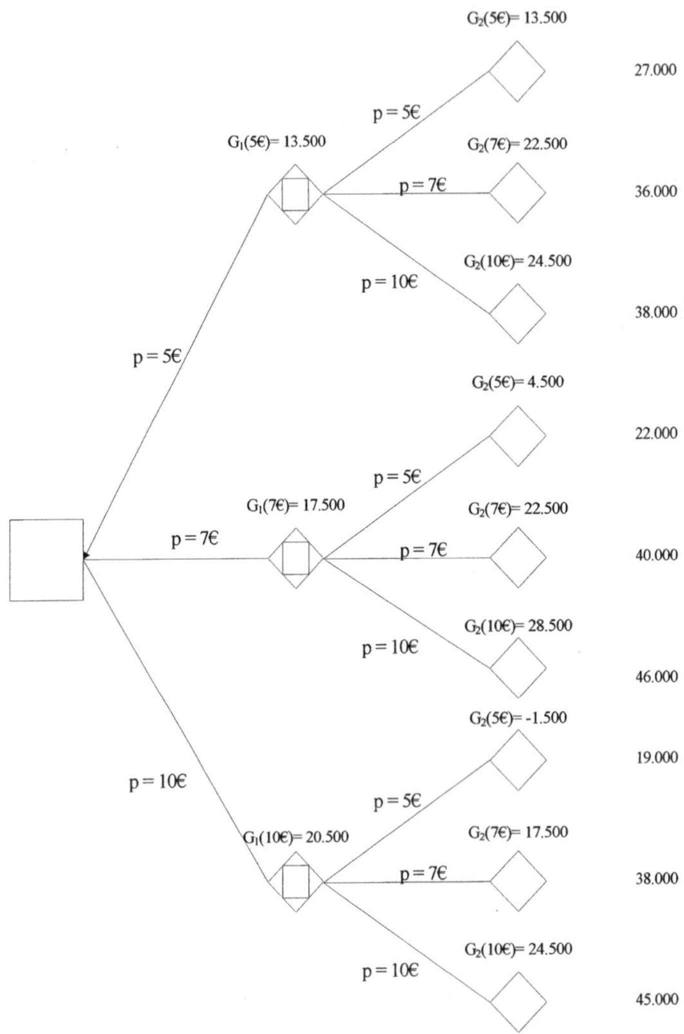

Optimales Ergebnis: 1. Periode: p=7€ und 2. Periode: p=10 €.

11. Einstellungsmessung nach Trommsdorff (E_{ij}=Einstellung von Proband i (i=1,..,4) zu Unternehmen j 1=*SOAP*!; 2=*FUCCI*):
j=1: E_{11}=2; E_{21}=4; E_{31}=1; E_{41}=3.
j=2: E_{12}=3; E_{22}=4; E_{32}=3; E_{42}=4.

12. 12.1. $u_1(e_{ij})$ ist die geeignete Nutzenfunktion bei Risikoaversion!

12.2. p_1 : 2,22; p_2: 2,97; p_3: 2,87 $\Rightarrow$ p_2 opt. Preisforderung!

13. 13.1. Maximales Bedauern beim zyklischen Bestellsystem: 0,6.
Maximales Bedauern beim zyklisch kontrollierten Bestellsystem: 0,9.
Damit ist das zyklische Bestellsystem optimal!

13.2. 1. Periode: Werbebudget von 3.500.000 € ist optimal

2. Periode: Wenn in der 1. Periode eine Absatzmenge von 500.000 Stück erzielt wird, ist in der 2. Periode ein Budget in Höhe von 3.500.00 € optimal. Wenn in der 1. Periode eine Absatzmenge von 700.000 Stück erzielt wird, ist in der 2. Periode ein Budget in Höhe von 4.500.00 € optimal.

14. 14.1. a_1 hat mit p=0,25 die geringste Verlustwahrscheinlichkeit!

14.2. GGPZ(BeWeEl Two)=2,08>1,8; GGPZ(Ka VauVau 05-06)=1,98>1,8

Beide Produkte erreichen die Mindestpunktzahl. Da jedoch nur ein Produkt eingeführt werden soll, wird BeWeEL Two mit der höheren GGPZ eingeführt!

15. 15.1. Rad aufwendig ausstatten!

15.2. 1. Periode: Preis in Höhe von 1.000e ist optimal!

2. Periode: Im Falle einer positiven (negativen) Entwicklung in der 1. Periode sollte der Preis um 5% erhöht (gesenkt) werden!

16. 16.1. Produktidee 1 ist optimal!

16.2. Produktidee 3 ist optimal!

16.3. Produktidee 2 ist optimal!

16.4. Produktidee 2 ist optimal!

16.5. 16.5.1. Alternative 1 ist optimal!
16.5.2. Alternative 2 ist optimal!

Kurzlösungen zu den Übungsaufgaben von Teil 2

1. Durchschnittsertragsfunktion: $e = \frac{x}{r} = -\frac{1}{2}r^2 + 4r$,

Grenzertragsfunktion: $\frac{\partial x}{\partial r} = -\frac{3}{2}r^2 + 8r.$

2. 2.1. $x(r_1,\bar{r}_2,\bar{r}_3) = 120r_1 - 5r_1^{\ 2} - 200$

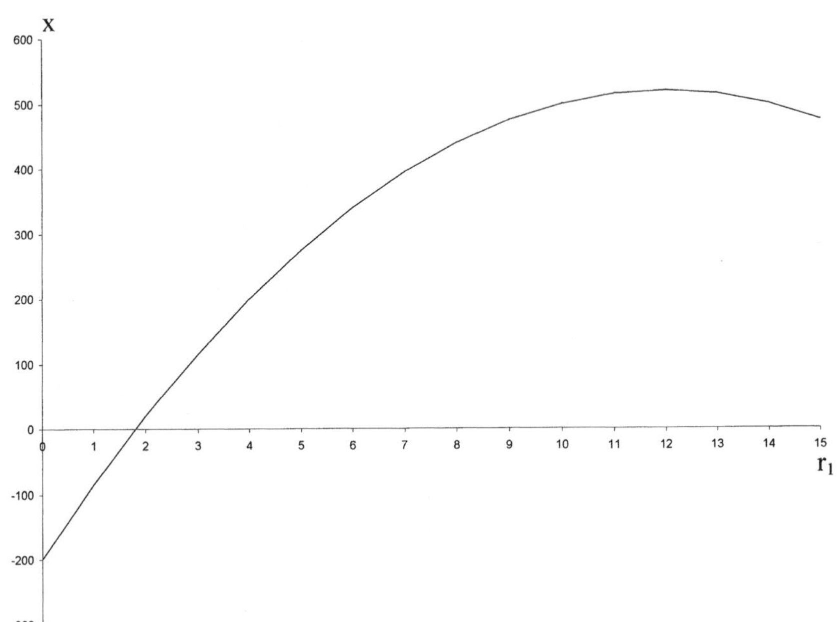

2.2. Ansatz: $x = 120r_1 - 5r_1^{\ 2} - 200 \rightarrow \text{Max!}$

$$\Rightarrow \frac{dx}{dr_1} = 120 - 10r_1 \overset{!}{=} 0 \Rightarrow r_{1,max} = 12\,.$$

2.3. Ansatz: $12r_1r_2 - 5r_1^{\ 2} - 2r_2^{\ 2} = 200$

$$\Rightarrow r_1 = \pm\sqrt{r_2^{\ 2}\cdot\frac{26}{25} - 40} + \frac{6}{5}\cdot r_2$$

3. 3.1. 3.1.1. $x(40,640) = 80\,.$

3.1.2. bezüglich Faktor 1: $\frac{\partial x}{\partial r_1}(40,640) = 1{,}5\,,$

bezüglich Faktor 2: $\frac{\partial x}{\partial r_2}(40,640) = \frac{1}{32}\,.$

Für das betrachtete Einsatzverhältnis gilt, dass die Erhöhung der Einsatzmenge des Faktors 1 um eine (infinitesimale) Einheit bei konstantem Einsatz von Faktor 2 die Ausbringungsmenge um das eineinhalbfache der zusätzlichen Faktoreinsatzmenge erhöht, während eine infinitesimale Erhöhung von Faktor 2 bei Konstanz von Faktor 1 die Ausbringungsmenge nur um $\frac{1}{32}$ Infinitesimaleinheit erhöht.

3.2. 3.2.1. Ansatz: $L(r_1, r_2, \lambda) = 30r_1 + 10r_2 - \lambda \cdot (r_1^{0,75} r_2^{0,25} - 80) \rightarrow Min!$
Ergebnis: $r_1 = r_2 = 80$ ME.
Minimale Produktionskosten K* = 3.200 €

3.2.2. Ansatz: $L(r_1, r_2, \lambda) = r_1^{0,75} r_2^{0,25} - \lambda \cdot (30r_1 + 10r_2 - 7.600) \rightarrow Max!$
Ergebnis: $r_1 = r_2 = 190$ ME.
Erzielbare Ausbringung: x = 190 ME.

3.2.3. Kosten/Produktionsmenge in der Ausgangssituation:
$K^0 = 7.600$ €; $x^0 = 80$ ME.
Der Vergleich mit den Lösungen zu 3.2.1. und 3.2.2. zeigt, dass es sich um einen nicht-optimalen Produktionsplan handelt. Denn
- entweder kann die gleiche Ausbringungsmenge mit Kosten von nur 3.200 € erstellt werden (vgl. 3.2.1.)
- oder es kann bei gleichen Kosten eine erheblich größere Ausbringungsmenge erzielt werden, nämlich 190 ME, wie 3.2.2. zeigt.

4. Ansatz: $L(r_1, r_2, \lambda) = \sqrt{r_1 \cdot r_2} - \lambda \cdot [(r_1 \cdot 1 + r_2 \cdot 2) - 100] \rightarrow Max!$
Ergebnis: $r_1 = 50$, $r_2 = 25$.

5. $L(r_1,r_2,\lambda) = 2r_1 + 3r_2 - \lambda \cdot (12r_1^{0,5} r_2^{0,75} - 48) \rightarrow Min!$
Ergebnis: $r_1 = r_2 = \sqrt[5]{256} \approx 3$
Höhe der minimalen Gesamtkosten: $K^{Min} \approx 3 \cdot 2 + 3 \cdot 3 = 15$ €

6. 6.1. Grenzkostenkurve: $K' = \frac{3}{4} \cdot x^2 - 8x + 28$

Minimum: $K'' = \frac{6}{4} \cdot x - 8 \overset{!}{=} 0 \rightarrow x = 5\frac{1}{3}$

6.2. Durchschnittskostenkurve der variablen Kosten:
$\frac{k_v}{x} = \frac{1}{4} \cdot x^2 - 4x + 28.$

Minimum: $\frac{1}{2} \cdot x - 4 \overset{!}{=} 0 \rightarrow x = 8.$

6.3. x = 0 oder x = 8

7. 7.1. Cobb-Douglas-Produktionsfunktion

7.2. Ansatz: $L(r_1, r_2, \lambda) = q_1 r_1 + q_2 r_2 - \lambda(r_1^{0,75} \cdot r_2^{0,25} - \overline{x}) \rightarrow Min!$

$$\frac{\partial L}{\partial r_1} = q_1 - \frac{3}{4}\lambda r_1^{-0,25} \cdot r_2^{0,25} \overset{!}{=} 0 \quad \text{(I)}$$

$$\frac{\partial L}{\partial r_2} = q_2 - \frac{1}{4}\lambda r_2^{-0,75} \cdot r_1^{0,75} \overset{!}{=} 0 \quad \text{(II)}$$

$$I = II: \; \frac{r_1}{r_2} - \frac{3q_2}{q_1}$$

7.3. $x = r_1^{3/4} \cdot r_2^{1/4} \Rightarrow r_1 = x^{4/3} \cdot r_2^{-1/3}$

In Ergebnis von 7.2 eingesetzt: $r_2 = x \cdot \left(\frac{q_1}{3q_2}\right)^{3/4}$ (I)

Genauso resultiert: $r_1 = x \cdot \left(\frac{q_1}{3q_2}\right)^{-1/4}$ (II)

(I) und (II) in $K = q_1 r_1 + q_2 r_2$ eingesetzt:

$K(x) = c \cdot x$ mit der Konstanten $c = 4 \cdot \left(\frac{q_1}{3}\right)^{\frac{3}{4}} \cdot q_2^{\frac{1}{4}}$ (linearer Verlauf).

8. 8.1. Keine Annahme einer (beliebigen, stetigen) Teilbarkeit der Faktorarten; das Faktoreinsatzmengenverhältnis bleibt gleich!

8.2. Linear limitationale Produktionsfunktion (z.B. Leontief).
Werte der Produktionskoefizienten im Punkt A:

- für Faktor 1: $\frac{1}{1} = 1$,
- für Faktor 2: $\frac{1,5}{1} = 1,5$.

Werte der Produktionskoefizienten im Punkt im Punkt D:

- für Faktor 1: $\frac{2}{2} = 1$,
- für Faktor 2: $\frac{3}{2} = 1,5$.

8.3. A: $\frac{\partial x}{\partial r_1} = 0$, $\frac{\partial x}{\partial r_2} = 0$, B: $\frac{\partial x}{\partial r_1} = 0$, $\frac{\partial x}{\partial r_2} > 0$ C: $\frac{\partial x}{\partial r_1} > 0$, $\frac{\partial x}{\partial r_2} = 0$.

9. 9.1. Fall: $r_2 \overset{!}{=} 16 \Rightarrow r_1 = 2,25$.

Fall: $r_2 \overset{!}{=} 32 \Rightarrow r_1 = 0,125$.

9.2. $\frac{\partial x}{\partial r_1}(2{,}25;16) = \frac{16}{3}$, $\frac{\partial x}{\partial r_2}(2{,}25;16) = \frac{7}{4} \Rightarrow \frac{dr_2}{dr_1}(2{,}25;16) = -3{,}05$.

Entsprechend: $\frac{dr_2}{dr_1}(0{,}125;32) = -28{,}44$.

10. 10.1. $r_{1j} = 4 + \frac{1}{5}d_j \rightarrow$ Min!

$\frac{dr_{1j}}{dd_j} = \frac{1}{5} \overset{!}{=} 0$, d.h. es gibt hier kein Minimum; höchstens bei $d_j = 0$; der Mengenverbrauch steigt mit zunehmender Intensität, d.h. hier: $d_{j,min} = 3$ ist optimal!

10.2. $\frac{dr_{2j}}{dd_j} \overset{!}{=} 0 \Rightarrow d_j \rightarrow \infty$, siehe r_{2j}: Wahl der oberen Grenze des Intensitätsintervalles $d_{j,max} = d_{j,opt} = 25$.

10.3. $d_{j,max} = d_{j;\,opt} = 25$.

10.4. $d_{j,opt} = 5$.

10.5. $r_{5j} = 0{,}02dj^2 - 3d_j + 16 \rightarrow$ Min!

$d_j = 75$ (unzulässige Lösung!)

$r_{5j}(75) = -96{,}5$

$\Rightarrow$ obere Intervallgrenze $d_{jmax} = 25$?!: $r_{5j}(25) = -46{,}5$!

Grenze zum positiven Verbrauchswert liegt etwa bei $d_j = 5{,}5$:

$r_{5j}(5{,}55) \approx 0$.

10.6. 1. Bereich: $d_{opt} = d_{jmin} = 3$.
2. Bereich: $d_j = -5 \Rightarrow$ nicht zulässig!

11. Kosten pro Produkt-ME: $k = \sum_i r_i \cdot q_i = 1{,}5 \cdot d^2 - 36 \cdot d + 382 \rightarrow$ Min!

$d = 12$ opt. Aggregatleistung (zulässige Lösung)!
$k(d = 12) = 166$

12. 12.1. Aggregat 2: $t_2 = 0$; $d_2 = 0$.
Aggregat 1: $t_1 = t_1^{max} = 5$ ZE/PE, $d_1 = 12$.

12.2. Aggregat 1. $t_1 = t_1^{max} = 5$, $d_1 = {}^*d_1 = 15{,}2$.
Aggregat 2: $t_2 = 3$, $d_2 = d_2^{opt} = 4$.

12.3. Aggregat 2: keine Beschäftigung
Aggregat 1: $d_1 = d_1^{opt} = 10$, $t_1 = 4{,}5$ ZE/PE.

13. 13.1. 551 Produkteinheiten pro Tag können nicht hergestellt werden!

13.2. Aggregat 1: $d_1 = d_1^{opt} = 8$, $t_1 = 7{,}5$
Aggregat 2: $t_2 = 0$ $d_2 = 0$.

13.3. Aggregat 2: $d_2 = d_2^{opt} = 18$; $t_2 = 5$
Aggregat 1: $d_1 = d_1^{opt} = 10$; $t_1 = t_1^{max} = 10$

Kurzlösungen zu den Übungsaufgaben von Teil 3

1. 1.1. $x_{opt} = 500$

1.2. Anzahl der Bestellungen: 11,25

1.3. $K^{ges} = 396\,750$ €

2. 2.1. $x_{opt} = 241{,}5$

2.2. Anzahl der Bestellungen: 5,8

2.3. $K^{ges}(x) = 72\,500 + \frac{8\,750\,000}{x} + 150 \cdot x$

$K^{ges}(241{,}5) = 144\,957$ €

3. 3.1. $x_{opt} = 80$

3.2. Anzahl der Bestellungen: 6
Bestellhäufigkeit: 5

3.3. $K^{ges} = 328\,050$ €

4. 4.1. Lagerbestandsentwicklung:
t_1 : 1200 Stück – 200 Stück = 1000 Stück
t_2 : 1000 Stück – 350 Stück = 650 Stück
t_3 : 650 Stück – 250 Stück = 400 Stück
t_4 : 400 Stück – 100 Stück = 300 Stück
t_5 : 300 Stück – 500 Stück = -200 Stück → Bestellung von 600 Stück
t_6 : 400 Stück – 300 Stück = 100 Stück → Bestellung von 600 Stück
t_7 : 700 Stück – 100 Stück = 600 Stück

4.2. Lagerbestandsentwicklung
t_1 : 1200 Stück – 200 Stück = 1000 Stück
t_2 : 1000 Stück – 350 Stück = 650 Stück
t_3 : 650 Stück – 250 Stück = 400 Stück
t_4 : 400 Stück – 100 Stück = 300 Stück

t_5 : 300 Stück – 500 Stück = -200 Stück → Bestellung von 1400 Stück

t_6 : 1200 Stück – 300 Stück = 900 Stück

t_7 : 900 Stück – 100 Stück = 800 Stück

4.3. Die Lieferzeit muss 0 ZE betragen, was in der Praxis jedoch problematisch ist!

5. 5.1. $1000 \cdot 4 + 2000 \cdot 3 + 500 \cdot 1 + 800 \cdot 2 = 12100\,\text{KE} > 10000\,\text{KE}$

Es liegt ein Engpass vor!

5.2. $d_1^{rel} = \frac{120-80}{4} = 10$ €, $d_2^{rel} = 15$ €, $d_3^{rel} = 30$ €, $d_4^{rel} = 25$ €.

Produktionsprogramm:

Produkt	**Menge in Stück**
1	475
2	2 000
3	500
4	800

6. 6.1. Absolute Deckungsbeiträge:
$d_1^{abs} = 4$ €, $d_2^{abs} = 4$ €, $d_3^{abs} = 8$ €, $d_4^{abs} = 10$ €, $d_5^{abs} = -1$ €
Produkt 5 fällt weg!

Engpassbestimmung:
Maschine I: $4 \cdot 400 + 2 \cdot 300 + 2 \cdot 100 + 3 \cdot 100 = 2700 > 1600 \Rightarrow$ Engpass!
Maschine II: $2 \cdot 400 + 2 \cdot 300 + 2 \cdot 100 + 1 \cdot 100 = 1700 < 2000$
$\Rightarrow$ kein Engpass!

Relative Deckungsbeiträge:
$d_1^{rel} = 1$ €, $d_2^{rel} = 2$ €, $d_3^{rel} = 4$ €, $d_4^{rel} = 3{,}33$ €.

Produktionsplan:

Produkt	**Menge**
1	125
2	300
3	100
4	100

Gewinn: $G = 4 \cdot 125 + 4 \cdot 300 + 8 \cdot 100 + 10 \cdot 100 = 3500$ €

6.2. Um eine Änderung des Produktionsprogramms zu erreichen, müsste der relative DB von Produkt 5 mindestens gleich dem geringsten relativen DB der anderen Produkte sein; hier: $d_1^{rel} = 1$ €:

$\frac{p_5 - 7}{4} \overset{!}{\geq} 1 \Rightarrow$ Für $p_5 \geq 11$ ändert sich das Produktionsprogramm!

Vorsicht: Jetzt besteht auch bei Maschine 2 ein Engpass:

$2 \cdot 400 + 2 \cdot 300 + 2 \cdot 100 + 1 \cdot 100 + 3 \cdot 500 = 3200 > 2000$

$\Rightarrow$ 2 Engpässe $\Rightarrow$ LP-Ansatz heranziehen!

7. 7.1. Absolute Deckungsbeiträge:
$d_1^{abs} = 22$ €, $d_2^{abs} = 46$ €, $d_3^{abs} = -12$ €, $d_4^{abs} = 19$ €, $d_5^{abs} = 28$ €
Produkt 3 fällt weg!

Engpassbestimmung:
Maschine I: $1 \cdot 550 + 7 \cdot 300 + 2 \cdot 400 + 6 \cdot 250 = 4950 > 4500$ $\Rightarrow$ Engpass!
Maschine II: $3 \cdot 550 + 2{,}5 \cdot 300 + 5 \cdot 400 + 4 \cdot 250 = 5400 < 5800$
$\Rightarrow$kein Engpass!

Relative Deckungsbeiträge:
$d_1^{rel} = 22$ €, $d_2^{rel} = 6{,}57$ €, $d_4^{rel} = 9{,}5$ €, $d_5^{rel} = -4{,}7$ €.

Produktionsprogramm:

Produkt	**Menge**
1	550
2	300
4	400
5	175

7.2. $\frac{73 - k_{v3}}{6} \overset{!}{\geq} 4{,}7$ $\Rightarrow$Für $k_{v3} \leq 44{,}8$ ändert sich das Produktionsprogramm!

7.3. t_1 : 2300 Stück – 450 Stück = 1850 Stück

t_2 : 1850 Stück – 500 Stück = 1350 Stück

t_3 : 1350 Stück – 630 Stück = 720 Stück

t_4 : 720 Stück – 730 Stück = -10 Stück $\rightarrow$ Bestellung von 1000 Stück !

t_5 : 990 Stück – 480 Stück = 510 Stück

t_6 : 510 Stück – 350 Stück = 160 Stück $\rightarrow$ Bestellung von 1000 Stück !

Prämisse: Lieferzeit beträgt 0 ZE

8. 8.1. Absolute Deckungsbeiträge:
$d_1^{abs} = 28$ €, $d_2^{abs} = 37$ €, $d_3^{abs} = -35$ €, $d_4^{abs} = -8$ €
Produkt 4 fällt weg!

Engpassbestimmung:
Maschine I: $2 \cdot 1800 + 3 \cdot 1350 + 2{,}5 \cdot 3400 = 16150 < 18000$
$\Rightarrow$ kein Engpass!
Maschine II: $\cdot 0{,}5 \cdot 1800 + 1 \cdot 1350 + 2 \cdot 3400 = 9050 > 8500$ $\Rightarrow$ Engpass!
Maschine III: $\cdot 6 \cdot 1800 + 8 \cdot 1350 + 5{,}5 \cdot 3400 = 40300 < 42000$
$\Rightarrow$kein Engpass!

Relative Deckungsbeiträge:
$d_1^{rel} = 56$ €, $d_2^{rel} = 37$ €, $d_3^{rel} = 17{,}5$ €.

Produktionsprogramm:

Produkt	Menge
1	1800
2	1350
3	3125

Gewinn:
$G = 28 \cdot 1800 + 37 \cdot 1350 + 35 \cdot 3125 - 125.300 = 84425$ €

8.2. Produktionsprogramm:

Produkt	Menge
1	1800
2	1000
3	3300

Gewinn:
$G = 28 \cdot 1800 + 37 \cdot 1000 + 35 \cdot 3300 - 125.300 = 77600$ €
Der Gewinn verringert sich gegenüber 8.1. um 6 825 €.

8.3. $\frac{(85 - k_{v4}}{1} \overset{!}{\geq} 17{,}5 \Rightarrow$ Für $k_{v4} \leq 67{,}5$ ändert sich das Produktions-programm! Die variablen Stückkosten müssten mindestens um 25,5 € sinken.

9. 9.1. $x^* = \sqrt{\frac{F \cdot Q \cdot 200}{p \cdot z \cdot T}}$

9.2. $x^* = 1.000$

9.3. Anzahl Bestellungen: 2,7
Zeitabstand: 11,11

9.4. $K^{ges} = 126.750$

10. 10.1. Bademittelzusatz mit Limettenaroma
Duschgel mit Orangenaroma
Shampoo mit Ananasaroma
Haarkur mit Pfirsicharoma
mit ihren maximalen Absatzmengen

10.2. I. Duschgel mit Orangenaroma: 3000 ME
II. Körpercreme mit Melonenaroma: 3500 ME
III. Shampoo mit Ananasaroma: 3000 ME
IV. Haarkur mit Pfirsicharoma: 2500 ME
V. Bademittelzusatz mit Limettenaroma: 2000 ME
VI. Duschgel mit Orangenaroma: 125 ME

11. 11.1. Mehl: 950 ME; Zucker: 890 ME; Speisesalz: 970 ME.

11.2. $G_{opt.} = 1767$; 0,3%: 0,003*1678 = 5,034

Neues Produktionsprogramm:
Speisesalz: 985 ME; Mehl: 950 ME; Zucker: 870 ME.
G_{neu}= 1758,5; Differenz: 8,5;
Gewinnveringerung ist > 0,3% → Maßnahme nicht empfehlen!

Kurzlösungen zu den Übungsaufgaben von Teil 4

1. $p = 50 - 0{,}5x$

2. 2.1. $p = 58{,}\overline{3}$ €

   2.2. $x = 41{,}\overline{6}$

   2.3. $G = 2073{,}\overline{3}$ €

3. $x_2 = 300$, $p = 1310$ €

4. $p = 301$ €, $W = 73.441$ €, $x = 542$, $G = 71.291$ €.

5. Neckar-Nachrichten mit dem $TKP = 17{,}25$ und der höchsten Reichweite von 220.000.

6.

Werbeträger	Belegungsanzahl
A	4
B	8
C	4
D	4
E	0

7. 7.1.

Werbeträger	Belegungsanzahl
VI	10
III	10
I	5

7.2.

Werbeträger	Belegungsanzahl
IV	6
VI	10
III	10

8. $W = 1.440.000$ €, $x = 70.000$, $G = 1.905.000$ €, gewinnmaximale Anteil der Werbung am Umsatz: 41,14 %.

9. 9.1. $p = 300 - 0{,}06x$, $K(x) = 0{,}125x^2 + 25x + 1600$

   9.2. $x^{opt} = 743{,}24$, $p^{opt} = 255{,}41$ €, $G^{opt} = 100.595{,}2$ €

10. 10.1. $p = 150 - 0{,}075x$, $K(x) = 0{,}25x^2 + 75x + 600$.

    10.2. $x = 115{,}38$, $p = 141{,}35$ €, $G = 3726{,}92$ €

11. 33%

12. 12.1. $GGPZ_{TV} = 3{,}05 \rightarrow$ Entscheidung für das Medium TV

    $GGPZ_{Hörfunk} = 2{,}75$

    $GGPZ_{Zeitungen} = 2{,}4$

    $GGPZ_{Zeitschriften} = 1{,}8$

    12.2.

Medium	Anzahl der Belegungen
I	4
II	6
III	0
IV	6
V	7
VI	0

Restbudget: 8.000 €

13. 13.1. Der Preis in Höhe von 41,30 € ist optimal.

    13.2.

Preis (in €)	Break-Even-Menge
29,5	5517,2
32,7	4519,7
41,3	3041,8
45,2	2649
28,7	5839,4
25,6	7547,2

14. 14.1. $x = 35{,}57$, $p = 68{,}62$ €,

14.2. $G_{Werbung} = 1210{,}32$ € > 100 € → Werbung betreiben!

14.3. 9%

15. 15.1. 4 Reisende sind einzusetzen. Die Kosten betragen hierbei 16.560 €.

15.2. Die Kosten für Handelsvertreter und Reisenden stimmen für Absatzmengen in der Höhe von $x_1 = 67{,}12$ und $x_2 = 9932{,}88$ überein. Interpretation: Für eine Absatzmenge $x < 67{,}12$ und $x > 9932{,}9$ ist der Handelsvertreter vorteilhaft. Für $67{,}1 < x < 9932{,}9$ ist der Reisende vorteilhaft.

16. $p = 100 - 0{,}5x$, $K(x) = 5x + 1000$, $G = 3512{,}5$ €

17. 17.1. $K(x) = x^3 - 9x^2 + 30x + 33$

17.2. $x = 3$

17.3. $x_1 = 0$; $x_2 = 4{,}5$.

17.4. $x_{opt} = 5{,}71$, $G_{opt} = 5{,}72$ €

18. $E(GGPZ_A) = 1{,}62$,
$E(GGPZ_B) = 2{,}08$,
$E(GGPZ_C) = 2{,}05$.

Ergebnis: Die Alternativen B und C können für eine Produktinnovation in betracht gezogen werden.

19. Kritische Absatzmengen: $x_1 = 100$ und $x_2 = 1.900$

Interpretation:

- Falls die zu realisierende Absatzmenge < 100: Wahl des Handelsvertreters.
- Falls die zu realisierende Absatzmenge zwischen 100 und 1900 liegt: Wahl des Reisenden.
- Falls die zu realisierende Absatzmenge > 1.900: Wahl des Handelsvertreters.

20. 20.1. $p = 675 - 3x$

20.2. $G^* = 17.611{,}25$ €, $x^* = 66{,}5$, $p^* = 475{,}5$ €.

20.3. $W^* = 7.225$ €, $x^* = 85$, $p^* = 605$ €.

20.4. 20.4.1. $TKP_K = 37$, $TKP_M = 27{,}5$, $TKP_F = 20$, $TKP_W = 30$,
$TKP_S = 31{,}25$ F: 5mal, M: 4mal, W: 3mal, S: 2mal

20.4.2. BRW erhöht sich um 2.000

21. Der Preis erfüllt die Forderung.

22. 22.1. 3xC, 5xG, 6xT, 3xP, 1xS, Restbudget: 180 €.

    22.2. Reisender, da 118.000 €<500.000 €.

Abbildungsverzeichnis

Sachverzeichnis

R

Druck: Krips bv, Meppel
Verarbeitung: Stürtz, Würzburg